Imagination in der Praktischen Theologie

T V Z

Praktische Theologie im reformierten Kontext

herausgeben von Maurice Baumann, Albrecht Grözinger, Gerrit Immink, Ralph Kunz, Andreas Marti, Christoph Morgenthaler, Félix Moser, David Plüss und Thomas Schlag.

Band 2 – 2011

Die Reihe «Praktische Theologie im reformierten Kontext» versammelt Arbeiten aus der praktisch-theologischen Forschung, die in der konfessionellen Kultur der Reformierten verankert sind. Der reformierte Kontext ist einerseits Gegenstand empirischer Wahrnehmung und kritischer Reflexion und andererseits das orientierende Erbe, aus dem Impulse für die zukünftige Gestaltung der religiösen Lebenspraxis gewonnen werden. Er bildet den Hintergrund der kirchlichen Handlungsfelder, prägt aber auch gesellschaftliche Dimensionen und individuelle Ausprägungen der Religionspraxis.

David Plüss, Johannes Stückelberger, Andreas Kessler (Hg.)

Imagination in der Praktischen Theologie

Festschrift für Maurice Baumann

T V Z
Theologischer Verlag Zürich

Gedruckt mit freundlicher Unterstützung von
Lotteriefonds Kanton Bern
Paroisse réformée de Saint-Imier
Reformierte Kirchen Bern-Jura-Solothurn

Bibliografische Informationen der Deutschen Nationalbibliothek
Die Deutsche Nationalbibliothek verzeichnet diese Publikation in der Deutschen Nationalbibliografie; detaillierte bibliografische Daten sind im Internet über http://dnb.d-nb.de abrufbar.

Umschlaggestaltung
Simone Ackermann, Zürich,
unter Verwendung einer Fotografie von Andreas Hoffmann (Ausschnitt) aus der Serie «Krethi & Plethi. Christliches und Nachchristliches in Zürich», 1999 © Evangelisch-reformierte Landeskirche des Kantons Zürich und Katholische Kirche im Kanton Zürich

Druck
ROSCH BUCH GmbH, Scheßlitz

ISBN 978-3-290-17616-7

www.tvz-verlag.ch

Inhalt

Vorwort

Wissenschaft zeichnet sich nicht nur durch einen methodisch reflektierten und überprüfbaren Zugriff auf ihre Gegenstände aus, sondern auch durch innovative Ideen und überraschende Hypothesen. Wissenschaft verfährt, wenn sie voranschreiten, aktuelle Problemlagen bearbeiten und Neuland erschliessen will, nicht nur rekonstruktiv, sondern auch imaginativ, indem sie eingeschliffene Deutungsmuster gegen den Strich bürstet und bewährte Methoden mit neuen kontrastiert. Wissenschaft beinhaltet immer auch die Kunst der Imagination.

Dies gilt in besonderer Weise für die akademische Disziplin und Wissenschaft der Theologie. Sie rekonstruiert historisch fernliegende Textwelten und imaginiert deren Gehalt und Bedeutung für die jeweilige Gegenwart. Sie imaginiert die Sinnpotentiale des Christentums für politische und kirchliche Selbstdeutungen in ihrem jeweiligen kulturellen Gedächtnisraum. Besondere – inspirierte und inspirierende – Vorstellungskraft wird ihr abverlangt, wenn es darum geht, die Gottesgeschichte mit der Menschengeschichte zu verschränken, um daraus humanisierende Freiheitspotentiale zu gewinnen.

Maurice Baumann, dem dieses Buch als Festschrift gewidmet ist, ist bekannt als Praktischer Theologe mit einer grossen und vielseitigen Imaginationskraft, ein inspirierter und inspirierender Denker. «Theologie als Hypothese» ist ein für sein Verständnis von Praktischer Theologie wichtiges Programm. Theologie imaginiert Hypothesen zu den Möglichkeitsbedingungen menschlichen Lebens und Zusammenlebens, Hypothesen zum humanen Umgang mit Grenzen und Krisen, Hypothesen über den Grund christlicher Freiheit und Hoffnung. Der Praktischen Theologie kommt dabei die Aufgabe zu, die imaginierten Hypothesen auf deren Stichhaltigkeit und Bewährung hin zu prüfen. Sie ist eine Prüfungsagentur in Tuchfühlung mit religiöser Praxis in Kirche und Gesellschaft.

Maurice Baumann ist ein Grenzgänger: ein «frontalier» zwischen Universität und Kirche, zwischen Wissenschaft und gelebter Religion, zwischen Tradition und Spätmoderne. Zudem ist er «romand», mehr noch: «jurassien» und als Berner Professor ein Grenzgänger zwischen den Sprachkulturen und Mentalitäten. Er ist ein leidenschaftlicher und eigenständiger Religionspädagoge, stets um die Vermittlung und Kontrastierung von Lebenswelt und Theologie bemüht. Dabei geht es ihm nicht nur um die didaktisch kluge Vermittlung theologischer Inhalte in die Erfahrungswelt von Jugendlichen, sondern auch um die Entdeckung der theologischen Weisheit der «Laien», um die Entdeckung von Theologie in der «gelebten Religion».

Maurice Baumann ist aber nicht nur Praktologe und «jurassien», sondern auch ein «amateur des arts», ein Liebhaber der Kunst und der Künste. Er kann sich sowohl für moderne Glaskunst in den Kirchen seines Heimatkantons begeistern als auch für zeitgenössische Chormusik, für bildende Kunst, für Cabaret, für Theater und Literatur. Daneben ist er ein begnadeter Erzähler, ein Fabulierer mit Charme, Biss und zuweilen schrägem Humor.

Die Autoren dieser Festschrift waren gebeten, ihrem Beitrag ein Kunstwerk zugrundezulegen, das sie inspiriert, nicht zuletzt in ihrer Arbeit im Bereich der Praktischen Theologie. Gewählt haben sie ein literarisches Werk (Ralph Kunz, Matthias Zeindler), ein Gedicht (Christoph Morgenthaler), ein Lied (David Plüss, Andreas Marti), eine Musikimprovisation (Thomas Schlag), einen Film (Pierre-Luigi Dubied, Moisés Mayordomo), ein Bild (Kurt Schori, Christoph Müller), einen biblischen Text (Pierre Paroz), eine Raumgestaltung (Johannes Stückelberger), die Figur des Nilpferds (Ernst Axel Knauf), die Figur des Freibeuters (Albrecht Grözinger), das Phänomen der Mode (Félix Moser) sowie die Volkskunst (oder Kitschkunst?) privater Weihnachtsbeleuchtungen (Andreas Kessler).

Kunstwerke eröffnen vielfältige Vorstellungswelten. Sie haben ein riesiges Imaginationspotential. Ein Potential, von dem sich Theologinnen und Theologen seit alters inspirieren lassen in ihrem Verständnis von Theologie, im Besonderen der Praktischen Theologie sowie in ihren vielfältigen Tätigkeiten: in der Auslegung der biblischen Geschichten, in der Seelsorge, in der Religionspädagogik. Wie Kunstwerke Imagination freisetzen und stärken – und zwar auf ganz unterschiedliche Weise –, ist Gegenstand dieses Buches, sowohl in theoretischer Reflexion als auch in praktischer Anschauung.

Zusammengekommen ist ein bunter Strauss an Texten, die den (laien-)theologischen Gehalt der vorgestellten Kunstwerke zu Tage fördern. Es sind Kommentare, welche die in die Stücke sinnenfällig eingelagerten (theologischen) Hypothesen herausstellen und auf deren Stichhaltigkeit überprüfen, sie differenzieren oder gar widerlegen. Dadurch entsteht ein Stück Praktischer Theologie mit vielfältigen Bezügen zum imaginativen Potential der verschiedenen Gattungen der Kunst, welches, so hoffen wir, die Leserin und den Leser zu inspirieren vermag und den Jubilar erfreut.

David Plüss, Johannes Stückelberger, Andreas Kessler

L'autre archipel

Pierre-Luigi Dubied

« La Chrétienté a aboli le Christianisme. Il faut faire quelque chose ! Il faut réintroduire le Christianisme dans la Chrétienté ». Nous avons pris quelque avance par rapport à Kierkegaard confronté à la société danoise de son temps. Le concept de « Chrétienté » paraît désormais désuet et dépassé pour qualifier l'état de notre société. N'y a-t-il vraiment plus de Chrétienté ? Oui et non. La société chrétienne comme telle s'est bien évanouie. Mais il demeure dans la tête de nos contemporains des idées et des représentations à propos du Christianisme, et ces idées et représentations ne sont pas très éloignées de celles de la Chrétienté danoise. La différence principale c'est qu'aujourd'hui elles sont surtout négativement appréciées : une Chrétienté à rebours. On croit savoir ce qu'est le Christianisme qu'on assimile à toutes ses dérives ecclésiales et sectaires. On n'a plus rien à apprendre à ce propos. Et on a bien d'autres soucis.

Bien sûr, quand je m'associe à la citation ci-dessus, je rêve d'un Christianisme parfait. Kierkegaard le cherchait dans le Nouveau Testament. Moi aussi. Mais je suis bien forcé de reconnaître que ce Christianisme-là est d'abord varié, pas toujours uniforme, parfois presque contradictoire. C'est dire et reconnaître que le Christianisme n'existe nulle part ici bas en tant qu'unité parfaite. La situation n'est donc pas simple. Le Christianisme se trouve englué dans sa propre histoire qui commence avec lui-même, dès ses origines. Et là, nous pouvons objecter à Kierkegaard qu'il doit bien y avoir une différence au moins quantitative entre le disciple de la première génération et celui de la xème génération + 1, la nôtre : nous avons accumulé plusieures strates de glu qui font un écran presque opaque.

En pédagogie du Christianisme, nous en tenons compte lorsque nous prônons la recherche de la surprise par la simulation et la fiction afin de mettre, par exemple, les catéchumènes devant l'offre chrétienne. Nous tentons ainsi de contourner l'écran, de déplacer le point de vue par rapport aux idées acquises, de permettre la distanciation. Nous tâchons de contourner le pseudo-savoir de nos contemporains.

Au vu de la complexité de la situation, nous devons admettre que le Christianisme aurait pu prendre d'autres formes, d'autres atours, s'extérioriser en d'autres pratiques. Peut-être aurait-il connu alors un sort différent ?

Si l'on suit Kierkegaard sur sa lancée – et je le suis –, on peut penser que le Christianisme véritable aurait un intérêt essentiel à rester discret. Ou bien qu'il se cache là où on ne s'attend pas à le rencontrer. Il s'est peut-être déjà réalisé anonymement, sans bruit, sans qu'on puisse l'identifier de manière certaine : il est peut-être dans les îlots d'un archipel invisible.

L'état du Christianisme réel (*vs* parfait) en Europe occidentale, et tout particulièrement du Protestantisme, paraît alarmant. Marginalisé, ignoré, méprisé, au choix. Ses concrétions historiques ont bien pu le desservir, il n'en demeure pas moins qu'on peut trouver son sort injuste. Aucun mouvement, aucune chapelle, aucune confession ne peut vraisemblablement s'estimer aujourd'hui exempte de fautes, d'infidélité ou même de trahisons. Nous, protestants, au plan historico-mondial, portons aussi les poids de l'Afrique du Sud et de l'Irlande, pour ne parler que des périodes récentes et de traces bien visibles et connues du public. Mais ces travers, même graves, ne suffisent pas à rendre nulle la valeur du Christianisme, surtout dans ses versions néotestamentaires paulino-marcienne (autrement dit dans la théologie de la croix). La crédibilité du Christianisme n'y est jamais donnée directement. Elle passe par un retour sur soi de celui qui y est confronté, et par une nouvelle compréhension de soi qui s'opère d'abord dans l'intériorité. Or cette dernière ne se donne pas à saisir directement dans l'extériorité, même si l'on doit espérer qu'elle ne la contredira pas manifestement : elle est discrète par essence et définition. C'est ce que feignent d'oublier et transgressent nos modes de communication, en particulier la télévision quand elle prétend jouer à la réalité. La proclamation chrétienne n'est pas crédible au plan objectif, dans les termes de la sagesse ordinaire.

Dans le monde académique, la théologie se trouve peu à peu marginalisée, entre autres, par l'inflation de la science des religions. La mode veut qu'on perçoive de la religion ou du religieux partout. En général, on ne définit guère ce qu'on entend par là. Mais j'entends vibrer une certaine jubilation dans ces détections grandiloquentes.

Pour ma part, je ne perçois qu'un formidable recul des grandes organisations chrétiennes s'enfonçant dans une indifférence qui ne frémit qu'à l'occasion de manifestations spectaculaires de l'islamisme radical. Et ce frémissement est dû à la peur, effet intentionnel de leurs auteurs. Que cette indifférence se nourrisse de temps à autre de quelques bouffées irrationnelles ne la contredit pas. Je n'adhère pas (encore ?) à l'idée d'une dimension religieuse de l'homme inscrite dans son patrimoine ontologique. Ou alors il faut qu'on me précise scrupuleusement ce qu'on entend par là.

Je tiens toujours à la spécificité du Christianisme, largement oubliée et négligée même par la plupart des théologiens chrétiens protestants contemporains. La théologie dialectique est passée à la rubrique des pertes et profits. On est devenus tellement plus intelligents ! Si l'on entend par dimension religieuse l'élan ainsi que les voies et moyens par lesquels les hommes essaient de s'élever vers l'absolu et de s'en emparer d'une manière ou d'une autre, je demande qu'on mette d'abord une majuscule à cet absolu pour qu'on puisse parler de religion. La spécificité du Christianisme se dessine alors précisément là, dans la contestation radicale de cet élan. Dès lors, le Christianisme se présente comme un opposant à la religion, comme une « religion » a-religieuse et même anti-religieuse. Jusqu'ici, je n'ai rien inventé. Il ne s'agit, au fond, que d'un rappel.

Je vais maintenant me mettre joyeusement moi-même en difficulté, en parlant de l'Orthodoxie russe. Ne représente-t-elle pas, en effet, avec certains pans de la tradition catholique-romaine, la quintessence de ce que je conteste au nom du Christianisme ? N'apparaît-elle pas comme la confession la plus religieuse du Christianisme ? L'élévation vers l'au-delà n'y représente-t-elle pas le mouvement fondamental et essentiel ? Toute la liturgie n'y joue-t-elle pas ce rôle ? Une sorte de recyclage de la misère d'en bas vers la gloire d'en haut.

De plus, l'Orthodoxie semble mettre doctrinalement et pratiquement la tradition, principalement celle de certains Pères et des sept premiers conciles, au-dessus du message biblique. Le pope qui a tenté de donner au public connaissance des textes bibliques avec une critique qui nous paraît, à nous théologiens protestants, moins qu'élémentaire a été assassiné à la hache : Alexandre Men fondateur de l'Université du dimanche à Moscou. Et certains se demandent encore si ce ne sont pas des éléments conservateurs de l'Église elle-même qui ont commandité ce meurtre.

Le concept de « symphonie » qui prétend régler les rapports du pouvoir politique avec le pouvoir religieux a été restauré malgré les catastrophes qu'il avait provoquées dans l'histoire jusqu'à la chute du tsarisme : Konstantin Petrovitch Pobiédonostsev, pour éminent exemple. Je pourrais continuer l'énumération de tous les points qui me paraissent poser problème à une conception protestante du Christianisme et je n'aurais pas trop d'un ouvrage pour y parvenir.

Un ami me propose de penser que l'esprit philosophique des Russes s'est plutôt exprimé par l'œuvre littéraire que par des traités spéculatifs. Il est vrai que la philosophie russe paraît plutôt pauvre en comparaison de la philosophie allemande ou même française. Il en va de même pour la théologie. Lorsqu'elle s'exprime en forme spéculative comme la nôtre, elle devient presque mathématique ou mystique, comme chez Florensky, par exemple. Pourtant, l'essentiel de son expression est ailleurs : dans l'image (icône) et dans la musique, certes. Mais aussi dans l'œuvre littéraire laïque, par exemple celle de Dostoievsky. Malgré les méchancetés qu'il a pu déverser sur le Protestantisme (les « stundistes »), le protestant que je suis reconnaît dans ses œuvres des expressions théologiques parfaitement légitimes ou acceptables. Ce qui revient à dire qu'à travers le bain orthodoxe dont il est totalement imprégné, il a pu accéder à une compréhension qui me paraît en continuité directe de ce que je reconnais dans les textes bibliques. L'attachement à une confession n'est, très vraisemblablement, la garantie ni de la vérité ni de l'erreur. « La Beauté sauvera le monde » (Hyppolite dans « L'Idiot ») :

l'Orthodoxie produit et inspire autant et peut-être plus de vérité par ses productions esthétiques que nos catéchismes tirés au cordeau logique et verbal.

L'interprétation de la tradition biblique johannique nous fournit un thème de plus où nous pourrions opérer une critique herméneutique implacable. Le *Jean* de la tradition orthodoxe ressemble assez peu au texte de l'évangile tel que nous l'interprétons par des méthodes qui se veulent rigoureuses. Dostoievsky est cependant parvenu à opposer Jean 11 au thème, habituel et récurrent dans la piété orthodoxe, de l'expiation et du rachat par la souffrance. Même si ce dernier motif apparaît tout au long de « Crime et Châtiment », la lecture par Sonia Marmeladova du récit de la résurrection de Lazare sur ordre de Rodion Raskolnikov suggère bien plus et mieux. Le criminel exprime sa conscience de la perte de son humanité qui va le conduire à se livrer et à accepter le jugement et la peine. La lecture des « Carnets » montre bien la lente progression de l'auteur lui-même d'un thème à l'autre.

A contrario, l'approche de l'athéisme utopique dans « L'Adolescent » ou nihiliste dans « Les Démons » montre à quel point son ancrage dans l'Orthodoxie permet à Dostoievsky de pressentir certains des drames du XXe siècle.

« Les Frères Karamazov » offre une illustration presque impeccable des stades de Kierkegaard entre les trois frères légitimes : Dmitri (esthétique), Ivan (éthique) et Aliocha (religieux). La théologie implicite de Dostoievsky n'est guère contestable si on la confronte avec le Nouveau Testament.

On pourrait établir un parcours assez semblable dans l'œuvre de Soljenitsyne qui se montre cependant moins explicite et un peu moins fournie en figures et réflexions théologiques : de « Matriona » à la « Prière » écrite à l'occasion de l'attribution du prix Nobel, en passant par le Blagodariov d'« Août 14 ».

Je constate donc que du terreau orthodoxe ont pu jaillir nombre d'œuvres, de témoignages magistraux rappelant le Christianisme dans ce qui me paraît être son authenticité. Or l'Orthodoxie russe m'est lointaine autant géographiquement que dans ses représentations et pratiques. Et je note là un des grands mystères auxquels nous sommes confrontés : comment le Christianisme authentique peut-il, envers et contre tout, naître et renaître de concrétions qui l'ont desservi et qui le desservent encore ?

Comme bien on pense, je ne suis pas fervent de la vie monastique et je ne pense pas qu'on ait dans la vocation monastique un meilleur accès à la perfection du Christianisme.

Mais il y a ce moine-là qui me dérange fort heureusement : celui de « L'île » de Pavel Lounguine (2006) !

Felix Edmundovitch Dzerjinsky avait gardé de son initiation monastique polonaise le goût de la mystique. Il le transféra sur la terreur lorsqu'il fonda la

Tchéka et ce premier territoire du Goulag dans le monastère des îles Solovky sur la mer Blanche. Ainsi naissait le premier élément de son terrible archipel.

C'est aussi sur un ensemble d'îles baignées par un océan glacial que se déroule l'intrigue du film russe que je viens de mentionner. L'archipel n'est plus ici celui du Goulag, mais celui de la foi chrétienne orthodoxe. J'ai eu l'impression que ce parallèle des archipels n'était pas né d'un hasard mais de la volonté délibérée du cinéaste. Le moine qui en est le personnage principal, par ses excentricités et ses pouvoirs de guérison et d'exorcisme, a les traits d'un fol en Christ. C'est aussi une des figures spécifiques et essentielles de l'Orthodoxie russe. On en trouve déjà un portrait saisissant dans les mémoires d'Avvakoum, l'archiprêtre dont la dissidence eut pour conséquence le mouvement des Vieux-Croyants dès 1666. On en retrouve plusieurs illustrations dans la peinture, par exemple dans l'immense tableau de la boyarina Morozova dû à Sourikov et conservé à la Galerie Trétiakov de Moscou. Le fol en Christ attire l'attention par son comportement anormal et paradoxal. Ici, dans ce film, notre moine est un solitaire dont l'îlot est rattaché à l'île du monastère par une passerelle peu engageante. Il n'est pas très apprécié dans sa communauté. Mais des laïcs viennent de loin pour l'interroger et lui demander de l'aide. Bien souvent il semble les terrifier par son comportement excentrique, par l'antre qu'il habite, les vêtements qu'il porte, la brusquerie de ses paroles et de ses relations. Il n'a rien pour charmer les regards, au contraire. Et, cependant, on le consulte. Ses frères le rabrouent mais le craignent. Il paraît habité, presque possédé : mais est-ce Dieu ou le Diable ? La fin du film opère un rappel des premières images. Le moine rencontre un amiral venu lui présenter sa fille victime d'un trouble psychiatrique. Après l'exorcisme, le moine révèle à l'amiral qu'à l'époque où il était jeune matelot et lui capitaine du navire sur lequel il servait, il l'avait lâchement exécuté sur l'ordre de soldats allemands, afin de préserver sa propre vie : il renvoie ainsi aux premières images du film. Tout le reste de sa vie, il n'avait pu oublier celui qu'il croyait mort par sa faute et sa vocation était née de cette faute.

Ce film passa, l'hiver dernier sur une chaîne francophone, évidemment à une heure indue. Ce qui indique le degré de décrépitude de notre niveau culturel (même s'il a obtenu un prix en 2006 et avait passé en clôture du Festival de Cannes).

Pavel Lounguine nous avait habitué à un autre style, plutôt burlesque ou grotesque (au sens dürrenmattien) : voir par exemple « Taxi blues » (1990) ou « La noce » (2000) ou encore « Un nouveau russe » (2006). Ici tout est dépouillé, lent, baigné d'une « obscure clarté ».

Mais ce film est, pour le protestant que je suis, une merveille : à travers des motifs auxquels je suis étranger et dont, habituellement, je me méfie, il m'éclaire cependant, il me donne à me comprendre moi-même par rapport à Dieu, à la précarité humaine, à la faute, au remords et à la mort. Il m'encourage à la recherche de mon humanité.

L'expérience du visionnement de ce long métrage est une des raisons de mes prudences à l'égard de ma propre théologie et des cloisonnements confessionnels, au moins du point de vue de la transmission du témoignage. Nos pédagogies chrétiennes les plus propres et les mieux pensées n'atteignent pas l'essentiel, mais elles peuvent nous aider certainement à vérifier l'authenticité de cet essentiel. Il faut faire de la théologie rigoureuse, implacable mais ne pas croire qu'elle nous donne le salut dans un Christianisme parfait. S'il existe, celui-ci sera vécu ou représenté discrètement, comme si de rien n'était : un fragment de Christianisme parfait dans une œuvre de fiction noyée dans l'industrie du divertissement !

Pyle

Der Praktische Theologe als Freibeuter

Albrecht Grözinger

Die Praktische Theologie neigt wie keine andere theologische Disziplin zur Metaphorisierung ihres wissenschaftlichen Selbstverständnisses. Dies zeigt sich bereits in der Stunde ihrer Geburt. Die Geburtsstunde der Praktischen Theologie als methodisch begründeter und enzyklopädisch verankerter Teildisziplin der Theologie wird gemeinhin im Werk Friedrich Schleiermachers angesiedelt. In der 1. Auflage seiner «Kurzen Darstellung des theologischen Studiums» aus dem Jahr 1811 heisst es in § 31 lapidar: «Die praktische Theologie ist die Krone des theologischen Studiums.» Aus dem Kontext ist klar, welches Bild Schleiermacher evozieren möchte – nämlich den Baum. Die philosophische Theologie ist die «Wurzel», die historische Theologie wäre dann der «Körper» oder «Stamm» und die praktische Theologie die «Krone» des Gesamtbaumes Theologie. So weit so gut. Nun hat sich mit dem Zeitabstand zu Schleiermacher das Bild von der Praktischen Theologie als «Krone» des theologischen Studiums von der Baumkrone nicht selten hin zur Königskrone gewandelt. Und die Praktischen Theologen haben sich diese Krone immer wieder gerne aufgesetzt oder aufsetzen lassen. Ob in einem Anflug von Hochmut oder Ansporn mag hier dahingestellt sein. Doch die «Königsdisziplin» kann auch in Depression verfallen. So wurde sie von Friedrich Niebergall als «Stiefkind» und von Leonhard Fendt als «Aschenputtel» im Haus der Theologie bezeichnet. Rudolf Bohren schliesslich sieht in der Praktischen Theologie ein «Dornröschen», wobei er offen lässt, ob das Erwachen dieses Dornröschens im Schloss der Theologie für die übrigen Schlossbewohner Gutes oder Böses verheisst.

Solche Metaphorisierungen in der Explikation des Selbstverständnisses der Praktischen Theologie sind alles andere als unerheblich. Sie sind untergründig am Werk und lenken das strukturelle und inhaltliche Profil einer wissenschaftlichen Disziplin oft nachhaltiger als selbstreflexive theoretische Überlegungen. Solche Selbst-Bilder sind Grundmetaphern oder «absolute Metaphern» im Sinne Hans Blumenbergs, die «veranlassen, das Verhältnis von Phantasie und Logos neu zu durchdenken, und zwar in dem Sinne, den Bereich der Phantasie nicht nur als Substrat für Transformationen ins Begriffliche zu nehmen – wobei sozusagen Element für Element aufgearbeitet und umgewandelt werden könnte bis zum Aufbrauch des Bildervorrats –, sondern als katalytische Sphäre, an der sich zwar ständig die Begriffswelt bereichert, aber ohne diesen fundierenden Bestand dabei umzuwandeln oder aufzubrauchen»[1].

1 Hans Blumenberg: Paradigmen zu einer Metaphorologie (1960), in: Anselm Haverkamp (Hg.): Theorie der Metapher, Darmstadt 1983, S. 288.

Ich möchte heute versuchen, dem Kronenträger, dem Aschenputtel und Dornröschen eine ganz anders geartete Gestalt an die Seite zu stellen – den Freibeuter. Was ist ein Freibeuter und was hat er mit der Praktischen Theologie zu tun?

I

Der *Freibeuter* hat seinen deutschen Namen aus dem Französischen erhalten – vom *flibustier.* Der *flibustier* seinerseits, leitet sich her von *flibot*, ein leichtes wendiges Schiff. Bereits hier treffen wir auf eine fundamentale Eigenschaft des Freibeuters. Es handelt sich um einen wendigen Burschen, dem Sesshaftigkeit relativ fern ist. Er taucht mal da auf und mal dort. In der Schweiz würde so einer möglichst schnell ausgeschafft. Spiegelt sich da etwas wieder von der Existenz-Erfahrung, wie sie an der Schwelle vom zweiten zum dritten Jahrhundert im sogenannten Diognet-Brief aufscheint: «Die Christen sind weder durch Heimat noch durch Sprache und Sitten von den übrigen Menschen verschieden. Sie bewohnen nirgendwo eigene Städte […] und führen kein absonderliches Leben. Sie bewohnen jeder sein Vaterland, aber nur wie Beisassen […] Jede Fremde ist ihnen Vaterland und jedes Vaterland eine Fremde.»[2] In jede gute Praktische Theologie ist etwas von dieser Erfahrung eingeschrieben.

II

Der Freibeuter ist nicht mit einem Piraten zu verwechseln. Der Pirat arbeitet auf eigene Rechnung. Der Freibeuter besitzt einen Kaperbrief. Ein Kaperbrief ist ein Dokument, das in der Regel von einer staatlichen Autorität ausgestellt wurde und das dem Inhaber erlaubte, Schiffe einer anderen Nation zu plündern und/oder zu versenken. Solche Kaperbriefe sind seit dem 12. Jahrhundert bekannt und lassen sich bis ins 19. Jahrhundert hinein nachweisen. Es sind sicher keine sympathischen Dokumente, aber sie stellen den Freibeuter in eine bestimmte Verpflichtung. Worin bestünde ein Kaperbrief für den praktisch-theologischen Freibeuter? Ich sehe in dem kleinen programmatischen Aufsatz von Paul Drews über «‹Religiöse Volkskunde›, eine Aufgabe der Praktischen Theologie»[3] aus dem Jahre 1901 ein eindrückliches Exempel eines praktisch-theologischen Kaperbriefes. Der Spitzensatz dieses Kaperbriefes lautet: «Die Praktische Theologie lechzt

2 Zitiert nach Jaroslav Pelikan: Jesus Christus. Erscheinungsbild und Wirkung in 2000 Jahren Kulturgeschichte, Zürich 1986, S. 64.

3 Paul Drews: ‹Religiöse Volkskunde›, eine Aufgabe der Praktischen Theologie, in: Monatsschrift für kirchliche Praxis, 1/1901, S. 1–8. In Auszügen wieder abgedruckt in: Friedrich Wintzer (Hg.): Seelsorge. Texte zum gewandelten Verständnis und zur Praxis der Seelsorge in der Neuzeit, München 1978, S. 54–61.

nach Tatsachen, Wirklichkeiten.»[4] Hier ist die Aufgabe für den praktisch-theologischen Freibeuter klar benannt. Die Tatsachen und Wirklichkeiten liegen nämlich nicht einfach am Wege, man muss ihnen nachspüren, aufspüren und dann – kapern. Eine solche praktisch-theologische Kaperfahrt bringt, wenn sie glückt, reichlich «Beute» nach Hause. Aber diese «Beute» stört immer auch den Rest des Hauses auf: Sie bringt Unruhe in dogmatische und ekklesiologische Selbstverständlichkeiten. Und deshalb ist der praktisch-theologische Freibeuter, wenn er seinem Kaperbrief die Treue hält, immer auch ein etwas unheimlicher Mitbewohner im Hause der Theologie. Von den Freibeutern weiss man nie so genau, was sie einem ins Haus schleppen.

III

Eine Genderanmerkung. Dornröschen und Aschenputtel sind dezidiert weibliche Gestalten. Hat sich dies auch auf unsere Disziplin ausgewirkt? Der Freibeuter ist eine dezidiert männliche Gestalt. Oder doch nicht? Wir wissen von mindestens zwei prominenten Freibeuterinnen – Anne Bonny und Mary Read. Anne Bonny, um das Jahr 1690 in Irland geboren, heuert auf einem Schiff an und lernt dort Mary Read kennen, die um 1695 in London geboren ist. Beide segeln über Jahre als Freibeuterinnen durch die Karibik und ärgern sich vor allem über die Zögerlichkeit der Männer auf dem Schiff. Von Anne Bonny sind die Worte überliefert, die sie ihrem zum Tode verurteilten Mann beim Abschiedsbesuch im Gefängnis hinterlässt: «I'm sorry to see you here, Jack, but if you'd fought like a man, you wouldn't need to hang like a dog.» Von eben dieser Anne Bonny geht das Gerücht, dass sie ihr Leben als Nonne beschloss, während Mary Read im Gefängnis am Fieber starb.

IV

Der Freibeuter ist kein Kolonialist. Der Kolonialist hat mit dem Freibeuter gemeinsam, dass sie immer in der vordersten Linie agieren. Doch der Kolonialist besetzt das Land. Er errichtet zuerst Holzhütten, und dann folgen die Paläste, und mit den Palästen gehen in der Regel auch die Kasernen einher. Auf all das verzichtet der Freibeuter. Er hat weder die Paläste noch die Kasernen nötig. Er mag ein einsamer Geselle sein, aber er ist frei – und vor allem er hält frei. Der Freibeuter braucht das offene Meer. Der praktisch-theologische Freibeuter hält seine «Beute» ins Offene hinein, er setzt sie dem freien Wind aus. Er verzichtet auf theoretische Überformung dessen, was er beschreibt. Allenfalls die freie Brise

4 Zitiert nach Friedrich Wintzer (Hg.): Seelsorge (vgl. Anm. 3), S. 57.

einer «dichten Beschreibung»[5] mag ihm erlaubt sein. Die Paläste der Gross-Theorien und die Kasernen der Bescheid-Wisser meidet er.

V

Ist der Freibeuter eine intellektuelle Gestalt? Wenn ich mir die historischen Gestalten so anschaue, habe ich meine Zweifel. Einer hat jedoch – posthum gewissermassen – den Freibeuter zu einer intellektuellen Gestalt gemacht: *Pier Paolo Pasolini.* Und man kann nicht über den praktisch-theologischen Freibeuter schreiben, ohne Pasolini in Erinnerung zu rufen. In seinen legendären Freibeuterschriften (*Scritti corsari*) von 1975 hat er die Gestalt des Freibeuters philosophisch rehabilitiert. Der philosophische Freibeuter Pasolini markiert das Erkenntnisinteresse der Freibeuterschriften bereits im Untertitel seiner Essay-Sammlung: «Die Zerstörung der Kultur des Einzelnen durch die Konsumgesellschaft». Dem Freibeuter geht es um die Solidarität mit dem Individuum, das aber nicht so einfach da ist. In einer Spurensuche muss dieses Individuum gleichsam «gekapert» werden. Praktische Theologie teilt diese Leidenschaft mit dem philosophischen Freibeuter. Ihr geht es nicht einfach nur um das Vorfindliche, sondern um das im Vorfindlichen Verschüttete und Werden-Wollende. Der philosophische und der praktisch-theologische Freibeuter wissen, dass dies nur in einem Akt der intellektuellen Anstrengung möglich ist. Freibeuter kann man nur in einer intellektuellen Existenz sein und nicht ohne oder gar gegen sie.

NB: Diejenigen, die Maurice Baumann kennen, werden schon längst bemerkt haben, dass ich mit meiner Metaphorisierung der Praktischen Theologie in der Gestalt des Freibeuters auch ein kleines Porträt des Praktischen Theologen Maurice Baumann versucht habe.

5 Vgl. dazu Clifford Geertz: Dichte Beschreibung. Beiträge zum Verstehen kultureller Systeme, Frankfurt 1983.

Kenotischer Kitsch

Private Weihnachtsbeleuchtungen

Andreas Kessler

Im Advent leuchten die Balkone, Balkon- und Wohnungsfenster, Vorgärten werden in gelbes und blaues LED-Licht gehüllt und mit allerlei Lichtgestalten, Tieren und Zeichen bestückt. Der Eindruck, dass die weihnächtliche Beleuchtungsdichte bei den Privathaushalten in den letzten Jahren stetig zunimmt, wird zumindest für das Jahr 2010 bestätigt: Der Detailhandel spricht von Wachstumsraten im Beleuchtungsmarkt im zweistelligen Prozentbereich.[1] Ähnliches stellt man in Bezug auf die steigende mediale Wahrnehmung privater wie öffentlicher Weihnachtsbeleuchtungen sowie deren Vermarktung fest: Sie sind Thema von Radio- und Fernsehsendungen[2], es werden entsprechende Fotowettbewerbe auf dem Internet lanciert, und nicht zuletzt funktionieren sie als ein bewusst gepflegtes Darstellungs- und Werbeinstrument von kleineren und grösseren Städten[3] – nicht selten als emotional verhandeltes Politikum[4]. Selbst interreligiöse Annährungsmöglichkeiten durch die Mitfinanzierung der Beleuchtungen werden erschlossen.[5] Und wenn – wie im Jahr 2010 – die Stadt Zürich ihre neue Beleuchtung einschaltet, muss wegen der Tausenden (!) Schaulustigen der Trambetrieb in der Bahn-

1 Alex Hämmerli: Schweizer stehen auf viel Glitzer und LED-Dekoration, in: «20Minuten» vom 24.12.2010.

2 So hat das Schweizer Fernsehen in der Sendung «Schweiz aktuell» immer wieder über Weihnachtsbeleuchtungen in der Schweiz gesendet: eine ganze Serie im Jahr 2007 und vereinzelte Beiträge in den Jahren 2008, 2009 und 2010; vgl. http://www.videoportal.sf.tv; Stichwort «Weihnachtsbeleuchtung».

3 Vgl. z. B., wie die Stadt Baden (AG) für ihre Beleuchtung inklusive Plan mit «Weihnachtsroute» wirbt: «Seit 2007 funkelt zur Adventszeit das in dieser Grösse schweizweit einzigartige Lichtkunstwerk des renommierten Künstlers Willi Walter in der gesamten Flanierzone der Badener Innenstadt. Tausende Lichter in allen Formen und eigens geschaffene Engelsfiguren lassen die Stadt zu einem einzigen begehbaren Kunstwerk werden. Flanieren Sie durch die prächtige Weihnachtsbeleuchtung und geniessen Sie die einmalige Atmosphäre.» http://www.baden.ch/xml_1/internet/de/application/d78/d190/f2106.cfm (13.01.2011). Internetwettbewerb: vgl. z. B. «Willisauer Bote» vom 13.12.2010; Internetfotogalerien zu Weihnachtsbeleuchtungen: z. B. die Fotostrecke auf «20Minuten online» : http://www.20min.ch/diashow/diashow. tmpl?showid=34103 (14.1.2011).

4 Dabei geht es meist um Geschmack und Finanzierung. Geschmack z. B. in Zürich: Die Kontroverse um die 2005 installierte, von der Bevölkerung als kalt und unweihnächtlich wahrgenommene Beleuchtung, die nach nur fünf Jahren durch «Lucy» ersetzt wurde. Finanzierung: z. B. 2010 in der Stadt St. Gallen.

5 So hat die Gemeinschaft der bosnischen Muslime in Luzern für die Weihnachtsbeleuchtung in Emmenbrücke (LU) Geld gespendet: «Muslime spenden für Weihnachtsbeleuchtung», SDA Meldung, in: «20Minuten» vom 18.12.2008.

hofsstrasse eingestellt werden.[6] Ein entsprechendes praktisch-theologisches Interesse an dieser luminaren Populärkultur (oder gar Volksfrömmigkeit?) ist indes nicht festzustellen.

Die Elektrolämpchengirlande im Aussenbereich dient der Anzeige und Inszenierung einer speziellen Zeit. Wie kann man diese Arrangements populärer Advents- und Weihnachtskultur lesen? Im Folgenden sollen die privaten Weihnachtsbeleuchtungen aus drei Perspektiven betrachtet werden: ästhetisch, christlich-kulturkritisch und schliesslich theologisch-kenotisch. Die ersten beiden Blicke auf die illuminierten Balkone sind nicht frei von Polemik und Übertreibung. Ein dritter, experimentell-hypothetischer, Blick versucht aus theologisch-kenotischer Perspektive die Lichtinstallationen als säkulare Inszenierungen (oder gar Verwirklichungen?) christlicher Interpretationstraditionen kritisch zu sichten.

Ein ästhetischer Blick

Mit den Weihnachtsbeleuchtungen sind wir bei aller adventlichen Kerzennostalgie endgültig in «die Epoche des verwalteten Lichts»[7] eingetreten: Sie werden als vorproduzierte Dekorationselemente gekauft, dem Anwender bleibt als kreativer Moment die Assemblage der Massenware. Was entsteht dabei? Der Blick des Ästheten bildungsbürgerlicher Tradition kann nur eines erkennen: plumpen, klebrigen Kitsch – und zwar Kitsch als falscher Ausdruck falscher Bedürfnisse, im besten Fall noch als falscher Ausdruck richtiger Bedürfnisse.[8] Hier wird ohne grosse Anstrengung und zigfach gebrochenen, ambivalenten Material- und Inhaltsdiskurs buchstäblich auf Knopfdruck gemütsreiche Stimmung bzw. seichte Sehnsuchtsstillung erzeugt – kein Verzicht, keine Distanziertheit, kein Sublimierungsstreben. Pierre Bourdieu hat diese Aversion der klassischen Ästhetik als «Ekel vor dem ‹Leichten›», die letztlich in der Opposition der kultivierten Bourgeoisie und dem (niedrigen Bedürfnissen hingegebenen) Volk gründet, auf den Punkt gebracht: «Die Ablehnung alles Leichten im Sinne von ‹einfach›, ‹ohne

6 Vgl. den Beitrag im Regionaljournal Zürich-Schaffhausen von Barbara Seiler für Radio DRS 1 vom 26.11.2010http://www.drs.ch/www/de/drs/nachrichten/regional/zuerich-schaffhausen/226037.neue-weihnachtsbeleuchtung-premiere-gegglueckt.html (12.01.11): «Die neue Weihnachtsbeleuchtung über der Zürcher Bahnhofstrasse kommt an: Tausende von Menschen liessen sich am Donnerstagabend vom künstlichen Sternenhimmel verzaubern. Wegen der Volksfeststimmung musste gar der Trambetrieb auf der Bahnhofstrasse eingestellt werden. «Lucy» fand überwiegend Lob. Vor allem im Vergleich zur kühlen und verschmähten Beleuchtung der letzten Jahre fanden die Lichterketten grossen Gefallen.»

7 Gaston Bachelard: Die Flamme einer Kerze, München 1988, S. 89: «Wir sind in die Epoche des verwalteten Lichtes eingetreten. Unsere einzige Rolle ist es, einen Schalter zu drehen. [...] Wir können aus dieser Handlung keinen Nutzen ziehen, um uns mit berechtigtem Stolz zum Subjekt des Verbs anzünden zu machen.»

8 Konrad Paul Liessmann: Kitsch! Oder Warum der schlechte Geschmack der eigentlich gute ist, Wien 2002, S. 26.

Tiefe›, ‹oberflächlich› und ‹billig› deshalb, weil seine Entzifferung mühelos geschieht, von der Bildung her wenig ‹kostet›, führt ganz natürlich zur Ablehnung alles im ethischen und ästhetischen Sinn Leichten, was *unmittelbar zugängliche* und deshalb als ‹infantil› oder ‹primitiv› verschriene Freuden bietet (im Unterschied zu den aufgeschobenen Vergnügen legitimer Kunst).»[9] Es ist präzis dieser Diskurs gegen das Leichte, der auch in Bezug auf die Weihnachtsbeleuchtungen geführt wird, so z. B. im Zusammenhang mit der bereits erwähnten neuen Installation von 2010 in Zürich. Da wird unter dem Titel «Dekoratives Hintergrundrauschen» von professoraler Seite her kritisiert, dass die neue Beleuchtung mit Namen «Lucy» eine «mehrheitsfähige» (ein Frevel aus ästhetischer Perspektive!), rührselige Wunschmaschine sei, die ihren Zweck darin habe, «eine gefällige Atmosphäre» zu schaffen, eine «vermeintliche Geborgenheit» verleihe, auf «ein abgeschottetes Interieur» verweise und als arrangierte «Traumwelt in die Vergangenheit [führe]».[10] So erstaunt es nicht, dass und wie der Professor für moderne und zeitgenössische Kunst als Anwalt der «Subversionsprofis der Moderne»[11] der vom Volk so gar nicht geliebten Vorgängerbeleuchtung nachtrauert: «Das Projekt von Gramazio & Kohler evozierte weder räumliche Stimmung, noch versetzte es einen in eine Traumwelt. Es artikulierte vielmehr den zeitlichen Druck und hielt einem den Spiegel des Hier und Jetzt vor. Die meisten Menschen wollten dies nicht hören.»[12] Die hier deutlich werdende «gebildete» Abneigung des Berufsästheten gegen das Kunstempfinden der «meisten Menschen» (die der ästhetischen Sünde der Selbsterkenntnisverweigerung durch die Kunst anzuklagen sind) würde wohl auch bei der Beurteilung privater Weihnachtsbeleuchtungen gelten, vielleicht entschärft durch eine Prise elitär-paternalistischer Nachsicht des Gelehrten gegenüber den dilettierenden Kitschbastlern, die *partout* nicht auf die intellektuellen Pro-Vokationen «echter Kunst» hören wollen. Der Gedanke, dass «die Erhebung von Kitsch zum Kult selbst eine subversive ästhetische Strategie»[13] geworden ist, scheint ihm fern zu liegen.

Ein christlich-kulturkritischer Blick

Ein christlicher Blick auf die thematische Inszenierung vieler Balkone und Vorgärten bietet wenig religiöse Heimat: Kletternde Weihnachtsmänner, Schlitten ziehende Rentiere, stilisierte Schneeflocken, ja gar Eisbären und ein putziger

9 Pierre Bourdieu: Die feinen Unterschiede. Kritik der gesellschaftlichen Urteilskraft, Frankfurt a. M. 1982, S. 757–758.

10 Philip Ursprung: Dekoratives Hintergrundrauschen, 23.12.2010: http://www.uzh.ch/news/articles/2010/lucy-fuehrt-in-die-vergangenheit.html (12.01.2011).

11 Liessmann: Kitsch! (vgl. Anm. 8), S. 75.

12 Ursprung: Hintergrundrauschen (vgl. Anm. 10).

13 Liessmann: Kitsch! (vgl. Anm. 8), S. 74–75.

kleiner Hund dürfen nicht fehlen. Die traditionell christlichen Zeichen und Symbole werden quasi über den Balkon geworfen und somit die Adventszeit als solche redefiniert: Die Beleuchtungen verkünden eine innige Zeit nordisch-neoheidnischer und amerikanisierter Kunstlichtwellness, selbst die vereinzelten (Betlehem-)Sterne scheinen ihrer religiösen Botschaft entkleidet zu sein – Zitate ohne Herkunft. Es liesse sich aus dieser Perspektive eine Gleichung folgender Art aufstellen: Die Zunahme der Elektrifizierung der Balkone verhält sich proportional zur Abnahme der Essenz der christlichen Botschaft zu Weihnachten.

Was als Fest der Inkarnation Gottes einen historisch einmaligen, die Welt und den Menschen tiefgreifend verändernden Wendepunkt markieren soll, mutiert in unseren Breitengraden zum Brauchtum eines wohligen, winterlich-alpinen Lichter- und Sonnenwendfestes im Familienkreis mit Versatzstücken religiös getünchten Brauchtums. Symptomatisch für die Erwartung eines rührigen, kunstlichterfüllten Klimafestes ist hierfür die in unseren Breitengraden mit jedem Adventskalendertürchen steigende Hoffnung auf «weisse Weihnachten», sodass am «Heiligen Abend» der Schmalz von Bing Crosbys *I am dreaming of a white Christmas* oder Dean Martins *Let it snow let it snow* als Hintergrundmusik das *Fondue Chinoise* unaufgeregt und stimmig begleiten mögen. Kein religiöses Drama, kein Einbruch der Transzendenz in die Immanenz, kein lukanischer Engelsgesang, sondern gesellschaftlich normierte, hollywoodeske, hergestellte Oberflächensentimentalität: *jingle bells*. Kein Wunder, findet die Inkarnation der stillen und heiligen Nacht als Geschlechtsakt im Designerbett statt.[14]

Der christliche, kulturpessimistische Ästhet würde zudem die weihnachtlichen Lichtassemblagen wohl der «metaphsysische(n) Untiefe eines Menschen»[15] zuschreiben, bzw. als überaus tadelnswertes Exempel eines definitiven Verlustes des Sinns für das Sakrale im 21. Jahrhundert deuten: «Der Sinn für das Sakrale und das sakrale Symbol verliert sich; damit schwindet auch die Offenheit für die Tiefen der Welt und den Abgrund des göttlichen unendlichen Lebens; in der bildenden Kunst führt der Weg vom hoheitsvollen Kultraum der Romanik über den zum religiösen Individualismus einladenden gotischen Kapellenkranz bis zu den Eremitagen des Rokoko und den Lourdesgrotten des neunzehnten Jahrhunderts.»[16]

14 Ich beziehe mich hier auf einen Werbeprospekt des Berner Designhauses «intraform» aus dem Jahr 2010, der ein in Brauntönen abgestimmtes Schlafzimmer zeigt, beleuchtet von einer grossen goldenen, mit Kunstlicht angestrahlten Metallscheibe. Links unten steht: «‹Stille Nacht, heilige Nacht. Weihnachtslied von Franz Gruber und Joseph Mohr›».

15 So Richard Egenter: Kitsch und Christenleben, in: Ute Dettmar/Thomas Küpper (Hg.): Kitsch. Texte und Theorien, Stuttgart 2007, S. 233–237; 234.

16 Egenter: Kitsch und Christenleben (vgl. Anm. 15), S. 235.

Die «Weihnachts»beleuchtungen stünden also *pars pro toto* für ein allmählich verdampfendes[17], bzw. im kalten Licht eines kulturlosen, transatlantisch imperialistischen Kitschbeleuchtungsmeers ertrinkendes Christentum. Diese Sicht kann sich aller jener empirischen Daten bedienen, die einen massiven Traditionsabbruch des Christlichen, verbunden mit einer synkretistisch-beliebigen Rekomposition des Religiösen belegen wollen.[18] Und es liesse sich eine weitere Gleichung aufstellen: Die Zunahme der privaten Weihnachtsdekorationen verhält sich proportional zur Penetranz des Rufs (in Synodalräten wie theologischen Fakultäten) nach erneuerter Identität, nach Kerngeschäft, *branding* und Marke, *depositum fidei*, nach einem konfessionellen und konfessorischen Christentum.

Es ist also ein Leichtes im Verbund mit einem Heer kulturpessimistischer, bekenntnisfixierter ChristInnen und TheologInnen gegen die weihnächtlichen Elektroinszenierungen zu schnöden und ein moralinsaures Lamento über solch unchristlichen Kitsch anzustimmen – ähnlich wie man sich dies bei Weihnachtsgottesdiensten immer wieder/noch über Konsumstress, Hektik, Geschenkflut etc. anhören muss. Ein Pfarrer kann in seiner weihnächtlichen, einem fiktiven christlichen Abendland nachtrauernden Empörung offensichtlich gar so weit gehen, dass er zu Beginn des Weihnachtsgottesdienstes die zahlreich erschienen Feierwilligen nicht ohne Zynismus fragt: «Warum sind Sie überhaupt hier?»[19]

Ein kenotischer Blick

Der italienische Philosoph und Kulturkatholik Gianni Vattimo hat den christlichen Inkarnationsmythos als «Entleerung» des theistisch-metaphysischen (Willkür-)Gottes ins Menschliche (in der *kenosis*) in Gestalt der tätigen, liebenden Freundschaft (*caritas* und *amor*) zum Dreh- und Angelpunkt seiner gewagten Thesen zur Zukunft des Christentums als Säkularisierung gemacht.[20] Vattimo deutet die europäische Säkularisierung als «Modus […], in dem sich die Schwächung des Seins, und das ist die kénosis Gottes, […], verwirklicht» und dabei die Religion ihrer eigentlichen, tiefsten Berufung zuführe.[21] Wird mit Vattimo Säkularisierung verstanden als kenotisch hergeleitete, positiv zu bewertende Schwächung des Seins, die sich in den Auflösungsformen alles Heiligen und dessen

17 Vgl. hierzu die Beiträge in der Zeitschrift reformatio 3/2002, die dem Thema «Verdampft das Christentum?» gewidmet sind.

18 Zuletzt z. B. für das reformierte Christentum der Schweiz: Jörg Stolz/Edmée Ballif: Die Zukunft der Reformierten. Gesellschaftliche Megatrends – Kirchliche Reaktionen, Zürich 2010.

19 Ich verdanke diesen Hinweis Maurice Baumann, der an besagtem Gottesdienst anwesend war.

20 Ich beziehe mich auf folgende Schriften: Gianni Vattimo: Glauben, Philosophieren, Stuttgart 1997; ders.: Die Spur der Spur, in: Jacques Derrida/Gianni Vattimo: Die Religion, Frankfurt a. M. 2001, S. 107–124; Gianni Vattimo: Jenseits des Christentums. Gibt es eine Welt ohne Gott?, München 2004.

21 Vattimo: Jenseits (vgl. Anm. 20), S. 38.; ders.: Glauben, Philosophieren (vgl. Anm. 20), S. 44–45.

Gewalt zeigt, ist sie die «eigentliche Essenz des Christentums»[22]. Gott hätte quasi mit der Inkarnation die Säkularisierung und damit «die Auflösung seiner Transzendenz in die Wege geleitet»[23]. Weihnachten wäre dann das eigentliche Säkularisierungsfest, d. h. das antimetaphysische Spektakel der menschlichen Liebe, Freundschaft und Fürsorge (*amor* und *caritas*).

Nimmt man die Interpretation Vattimos als Gedankenexperiment auf, lassen sich die Weihnachtsbeleuchtungen mit ihren säkularen Symbolen und Motiven auch als kenotische, postmetaphysische Spuren des Christlichen deuten, ohne sie apologetisch oder opportunistisch zu vereinnahmen.[24]

1. Weihnachtsbeleuchtungen sind Mittel der Populärkultur, sie tragen jene Zeichen des Leichten, wie sie Bourdieu beschrieben hat, und können auf ästhetischer Ebene durchaus als Kitsch gedeutet werden. Dabei ist jedoch zu bedenken, was Konrad Paul Liessmann zur Funktion des Kitsches schreibt: «Im Kitsch befriedigt sich nicht hilflos eine Sehnsucht, der eine angemessene ästhetisch avancierte Sprache versagt geblieben war, sondern im Kitsch generiert das moderne Bewusstsein eine eigenständige Ausdrucksform gerade für jene Gefühlswelten, die durch keine Moderne wegzurationalisieren gewesen waren: Glaube, Liebe, Hoffnung und Schönheit. Wo immer der Kitsch am Werk ist, wird mit diesen Dimensionen zu rechnen sein.»[25] Hinter den sorgfältig assemblierten Naturidyllen mit leuchtenden Rehen, dem in den Himmel fahrende Weihnachtsmann oder den blau strahlenden Büschen agieren Menschen, welche die Weihnachtszeit zum ernsthaften Anlass nehmen, ihrer Hoffnung auf Liebe, Frieden und Versöhnung zumindest als fabrizierte Stimmung von Ruhe, Geborgenheit, Schönheit, Licht und Wärme Ausdruck zu geben.

2. Maurice Baumann stellt pointiert fest: «Die heutige Stammesreligiosität bzw. die heutige Weihnachtsreligiosität bewegt sich nicht mehr auf dem Terrain der grossen Erzählungen.»[26] Tatsächlich ist es so, dass die Weihnachtsbeleuchtungen ihrerseits keine grossen Erzählungen zum Leuchten bringen, sondern ebenso individualisierte wie konfektionierte Assemblagen abgeben. Insofern zeugen die Installationen von einem kenotischen Zug als Schwächung des Seins durch Fragmentierung mittels balkonesker Erzähltraditionen. Oder noch einmal mit dem

22 Vattimo: Glauben, Philosophieren (vgl. Anm. 20), S. 34; vgl. S. 48.

23 Vattimo: Jenseits (vgl. Anm. 20), S. 43. Mehrfach setzt sich Vattimo von Barth, Bonhöffer, Levinas und Derrida ab, die in der Säkularisierung so etwas wie eine «paradoxe Bestätigung der Transzendenz Gottes gegenüber jeder weltlichen Verwirklichung» sehen. Vgl. Vattimo: Jenseits (vgl. Anm. 20), S. 54–55.

24 Vor einer solchen Vereinnahmung in Bezug auf Weihnachtsreligiosität warnt Maurice Baumann. Vgl. Maurice Baumann: Diskussion. Postmoderne Religiosität und Praktische Theologie in: Maurice Baumann/Roland Hauri (Hg.): Weihnachten – Familienritual zwischen Tradition und Kreativität, Stuttgart 2008, S. 197–218; v. a. S. 200–201; 209.

25 Liessmann: Kitsch! (vgl. Anm. 8), S. 27.

26 Baumann: Diskussion (vgl. Anm. 24), S. 210.

hier zu Ehrenden: «Gott vagabundiert im menschlichen Geschwätz und in den Erzählfragmenten, die von Überlebensstrategien und Lebenshypothesen berichten.»[27] Dies geschieht auch beim Kaufen, Installieren und Inszenieren von Weihnachtsbeleuchtungen und dem darüber geführten Haustratsch.

3. Selbst oder gerade in der etwas hilflos und ungefähr angelegten roten Lichterkette bei einem Hauseingang zeigt sich die kenotische Spur des Christlichen als zur Schau gestellte Unfertigkeit und Unfähigkeit, ja als demonstrative dekorative Depression. Nicht unvorstellbar, dass dahinter einsam über den Verlust des langjährigen Lebenspartners geweint wird oder der Griff zur Flasche nicht mehr als diese ungeschickt arrangierte, materialisierte Sehnsucht zulässt. Da wird kein metaphysischer Trost erwartet, mit keinem Gott gerechnet (warum denn plötzlich?), aber es wird Existenz angezeigt, die nach irgendeiner Form von Antwort heischt und sich im Innersten nach menschlicher Zuwendung sehnt.

4. Die Elektrifizierung der Balkone ist lustvoller, konsumfreudiger Ausdruck einer Gestaltung, die auf irenischen Wettbewerb und entsprechende Bestätigung, Anerkennung sowie Kommunikation angelegt ist: «Du hast wieder eine schöne Beleuchtung, vor allem dieses ‹härzige Rehli›! Wo hast du das gekauft?» Die Diskurse über die Belegung der Waschküche und den unaufgeräumten Velokeller geraten für eine wohltuende Weile in den Hintergrund. Selbst die vielleicht neidmotivierte Überbietung des Nachbarn mit einer neuen Lichterkette bleibt weihnächtlich irenisch, die Freude am Neuen *qua* Konsum überwiegt.[28] Während sich das organisierte Christentum bis heute in antikenotischem Gestus mystisch und asketisch verirrt (gerade auch unter dem Decknamen der Spiritualität), demonstriert die säkulare, konsumgewohnte Balkondekorateurin ihre irdische Freude am Sein und Haben im Kontext der Haus- oder «Hüsli»gemeinschaft.

5. Dass an den hiesigen Balkonen keine oder kaum explizit christliche Zeichen und Symbole zum Leuchten gebracht werden, hängt weniger mit deren angeblich unchristlichen Dekorateuren zusammen als mit dem Umstand, dass das bekennende Christentum evangelikaler Prägung durch seine penetrante mediale Bewirtschaftung des alleinseligmachenden Christentums eine solche öffentliche Demonstration indirekt verhindert: Die weihnachtsfrohen säkularisierten Menschen wollen nicht mit den «Fischlichristen» im Jordan der Symbole wiedergeboren werden und einer «starken», fundamentalisierenden, zwangsläufig ausgrenzenden Identitätsbildung Vorschub leisten.[29] Sie wollen vielmehr eine spezielle Zeit begehen und dabei an eine christlich-kenotisch motivierte *fraternité* (heute:

27 Baumann: Diskussion (vgl. Anm. 24), S. 213.

28 Vattimo: Jenseits (vgl. Anm. 20), S. 106–107, versucht in Aufnahme von Colin Campbell (The Romantic Ethic and the Spirit of Modern Consumerism, Oxford 1987) zu zeigen, dass das moderne Konsumdenken das Ergebnis einer Säkularisierung des christlichen Kerns ist.

29 Vgl. Vattimo: Jenseits (vgl. Anm. 20), S. 140.

solidarité) erinnern, die im revolutionären wie kapitalistischen Rausch von *liberté* und *egalité* unterging.

Kenotischer Kitsch

Die privaten Weihnachtsbeleuchtungen sind Kitsch als richtiger Ausdruck richtiger Bedürfnisse gewisser Menschen. Sie sind zudem kenotischer Kitsch: säkularer Ausdruck christlich imprägnierter Gefühlslagen und Hoffnungen wie Liebe, Freundschaft, Frieden. Wer mit den Beleuchtungen ästhetisch nichts anfangen kann – *tant pis*, aber man sollte nicht leichtfertig übersehen, dass sie ebenso sehnsüchtig und freudig etwas anzeigen, was als christliche Botschaft bzw. kenotischer Auftrag noch nicht erledigt und somit noch nicht konsequent säkularisiert ist: die (Wohlstands-)Gemeinschaft in Freundschaft. Auch deshalb feiern viele Säkularisierte sowie sogenannte Papierchristen gerne Weihnachten und besuchen immer noch Weihnachtsgottesdienste: Sie ziehen mit eigenen kreativen Mitteln, mit ihren eigenen fragmentarischen Erzähltraditionen eine Erinnerungsspur weiter, die kenotisch darauf angelegt ist, ihre dogmatische Eindeutigkeit zu verlieren ohne auf narrativer und ethischer Ebene (*caritas*) ganz zu verschwinden.

Freilich sind dies alles Vorüberlegungen, die sich letztlich (d. h. empirisch) als irrelevant oder gar völlig falsch herausstellen können, weil bisher die Balkondekorateure selbst nicht zu Wort kamen. Die hier vorgetragenen vorläufigen Deutungshypothesen rechtfertigen oder motivieren nicht mehr als eine mögliche Untersuchung zur Bedeutung von Weihnachtsbeleuchtungen als Ausdruck einer «Praktischen Theologie der Fragmente» bzw. konkret als «Pragmatik einer existenziellen Ästhetik», wie sie Maurice Baumann skizziert hat.[30]

P.S.: Religionspädagogisch reizvoll wäre es, man würde im Rahmen der Konfirmations- oder Firmvorbereitung ein Projekt ausschreiben, bei dem man Jugendlichen grosszügig Lichtschnüre zur Verfügung stellt, mit denen diese ihre Kirche nach Lust und Laune weihnächtlich schmücken können. Man dürfte gespannt sein auf die Motive, Formen, Schriftzüge und die entsprechenden Gesprächsrunden mit den Jugendlichen.

30 Vgl. Baumann: Diskussion (vgl. Anm. 24), v. a. S. 209–213.

Ob ein Nilpferd auch im seligen Stand sein könne?

T. S. Elliots Beitrag zur Lösung eines theriosoteriologischen Problems und dessen neuere Rezeptionsgeschichte*

Ernst Axel Knauf

Auf die Frage der ewigen Seligkeit der Nilpferde, die von der bisherigen theologischen Tradition so gut wie aller Konfessionen gründlich vernachlässigt wurde,[1] bin ich erst durch das jüngste philosophisch-theologische Traktat von Thomas Cathcart und Daniel Klein[2] aufmerksam gemacht worden. Sie soll hier in der gebotenen Kürze, aber doch ihrer ganzen fachlichen Breite beantwortet werden.

Bibeltheologisch sieht es auf den ersten Blick gar nicht gut aus. Zwar kommt das Stichwort «Hippopotamus» weder in der Septuaginta, der Vulgata noch der NRSV vor, doch ist sich die Forschung seit 1663[3] einig, dass es sich beim Hapaxlegomenon *בהמות behemot* in Hiob 40,15–23[4] um eben dieses Tier[5] handelt:

* Wesentliche Anregungen zu dieser Abhandlung verdanke ich der engagierten Nilpferd-Sammlerin Ulrike Sals, die mich auch auf den unten zu besprechenden Roman von Stephen Fry hingewiesen hat, und dem Dissertationsprojekt von Eveline Martin zur Theriomorphie und Theriopragmatik des biblischen Gottes; für hilfreiche Korrekturen und Ergänzungen zu einer früheren Fassung danke ich Silvia Schroer und Thomas Staubli.

1 Das Stichwort «Nilpferd« bzw. «hippopotamus» fehlt in der «Summa Theologiæ» wie der «Kirchlichen Dogmatik», ebenso in LCI, LThK^3 und RGG^4.

2 Thomas Cathcart/Daniel Klein: Heidegger and a Hippo Walk Through Those Pearly Gates. Using Philosophy (and Jokes!) to Explore Life, Death, the Afterlife, and Everything in Between, New York 2009 (Penguin-Ausgabe 2010).

3 Vgl. Othmar Keel: Jahwes Entgegnung an Hiob. Eine Deutung von Hiob 38–41 vor dem Hintergrund der zeitgenössischen Bildkunst, in: FRLANT 121/1978, S. 127; Samuel Bochartus: Hierozoicon sive bipartitum opus de animalibus Sacræ Scripturæ, London 1663 bzw. Frankfurt 1675; Silvia Schroer: Die Tiere in der Bibel. Eine kulturgeschichtliche Reise, Freiburg i. Br. 2010, S. 118–120; Jürgen Ebach: Leviathan und Behemoth. Eine biblische Erinnerung wider die Kolonisierung der Lebenswelt durch das Prinzip der Zweckrationalität, Paderborn 1984.

4 V. 24 scheint sekundär mit Blick auf V. 25ff. (die Leviatan-Perikope) eingefügt zu sein. Metrisch wie bildlich fällt er stark vom Vorhergehenden ab. Damit erübrigen sich an dieser Stelle weitere Überlegungen, ob V. 24 als Aussagesatz («Trotzdem wird es gefangen»; vgl. KJV) oder als (rhetorischer) Fragesatz («Kann man es fangen?»; vgl. NZB) aufzufassen ist.

5 Im Neuhebräischen ist *behemot* – wie in der NRSV – als Eigenname entlexikalisiert und durch eine Lehnübersetzung aus dem Deutschen ersetzt worden: סוס היאור *sus ha-ye'or* «Pferd des Nils». Claudia Mathis plädiert dafür, in Behemot und Leviatan ein einziges mythologisches Mischwesen aus Nilpferd und Krokodil zu sehen (damit entspräche dieses Wesen der ägyptischen Thoeris – s. u. – noch enger: «Ikonographisch sind die Nilpferdgöttinnen Kompositfiguren: Leib eines trächtigen Nilpferds, Krokodilsrücken, Löwenfüsse, Menschenhände ...» (Claudia Mathis: ‹Sieh doch den Behemot!› Die zweite Gottesrede Hiob 40,6–41.26, in: BN 112/2002, S. 74–85, S. 82f). Vgl. Rolf

«Da wär das Nilpferd, das ich schuf wie dich:
Es frisst vom Gras und ist dem Rindvieh gleich,
doch sind die Lenden Orte seiner Kraft,
die Muskeln seines Bauches Sitz der Macht.
Es stellt den Schwanz auf wie 'nen Zedernbaum.
Dicht geflochten sind der Schenkel Sehnen.
Seine Knochen gleichen Bronzeröhren,
die Glieder Eisenstangen. Der Anfang ist's
von Gottes andern Werken, nur sein Schöpfer
vermag das Schwert im Kampf mit ihm zu ziehen.
Ertrag der Berge bringen Berge dar,
ihm zu, vom Spielplatz aller andern Tiere.
Zur Ruhe legt es sich bei Lotusblüten,
Papyrusstauden bergen sein Versteck.
Die Lotusblüten sind sein Schattenspender,
Weidenbäume stellen seinen Zaun.
Bedrängt vom Fluss, hat es doch keine Furcht,
es bleibt gelassen, und flösse selbst der ganze
Jordan in sein Maul.»

Wie Othmar Keel gezeigt hat, verkörpert das Nilpferd hier das primordiale, widergöttliche Chaos, das der Schöpfergott je und je überwinden muss, um sein Werk zu erhalten. Damit scheinen seine Chancen für einen Platz im Himmel aussichtslos zu sein, den das Hippo im Alten Ägypten jedoch bereits innehatte. Mit der Fähigkeit des Polytheismus, die Komplexität der Welt abzubilden, statt sie zu reduzieren, um sie an- und aussprechbar zu machen, repräsentiert das Nilpferd nicht nur das bedrohliche, weltverschlingende Chaos, sondern als Göttin Thoeris auch das kreative, gebärende Chaos. Als rundbauchiges Nilpferd im Lotus-Kleid[6] ist Thoeris Beschützerin der Schwangeren (siehe die Abbildung am Beginn des Artikels). Mir scheint, als sei dieser Aspekt des Nilpferds in Hiob 40,21–22 mit der zweimaligen Evokation des Lotus-Nests durchaus als Subtext erhalten – aber wie erklärt man das einem Dogmatiker?

Vielleicht mit den zusätzlichen Hinweisen auf die spielenden Tiere in 40,20, die spezifisch an Jungtiere denken lassen, und dem «Tribut der Berge» im gleichen Vers – nur Könige und Götter erhalten «Tribut». Und weiter: In Ägypten wird das zu bekämpfende Chaos vom Nilpferd-Mann (rot) repräsentiert, das gebärende und nährende Chaos von der Nilpferd-Frau (grün oder blau). Behemot in Hiob 40,15–23 ist also am ehesten als Transgender-Wesen aufzufassen wie der biblische JHWH selbst (vgl. nur Dtn 32,18; Hos 11,4).

Gundlach: Art. Thoeris, in: LÄ, VI/1986, Sp. 494. Der Schwanz-Zedern-Vergleich in Hiob 40,17 ist aber, gegen Mathis S. 83, nicht unbedingt vom Krokodil her zu verstehen, vgl. hier Anm. 13.

6 Vgl. Schroer: Tiere (vgl. Anm. 3), Tf. 23.

Vielleicht mit der poetischen Universalität der Vorstellung vom «gebärenden» Chaos, die sich vorchristlich ebenso wie postchristlich nachweisen lässt:

> «Eine einzige Welt, Freund, ist unsere Heimat,
> Das gleiche Chaos gebar uns Sterbliche all'.»[7]
>
> «Chaos – Zeiten und Zonen
> Bluffende Mimikry,
> Grosser Run der Äonen
> In die Stunde des Nie –
> [...]
> Keine Flucht. Kein Rauschen.
> Chaos. Brüchiger Mann.
> Frass, Suff, Gase tauschen
> Ihm was Lebendiges an
> Mit im Run der Äonen
> In die Stunde des Nie
> Durch die Zeiten und Zonen
> Leere Melancholie.»[8]

Vielleicht mit dem abschliessenden Hinweis, dass auch in der hebräischen Bibel das Chaos nicht nur die widergöttliche, von JHWH immer wieder neu zu unterwerfende Macht der ungeordneten Materie ist. Im ersten Schöpfungsbericht, an dessen Note «Sehr gut» für das Schöpfungswerk sich der Widerstand der Hiob-Autoren entzündet, wird das primordiale Chaos eingegrenzt, in dieser Begrenzung dann aber in den Kosmos übernommen (Gen 1,1–5):

> 1,1 Am Anfang als Gott Himmel und Erde schuf –
> 1,2a nachdem die Erde lange Zeit eine Wasserwüste gewesen war,
> 1,2b Finsternis auf dem Abgrund gelastet hatte,
> 1,2c während der Gottesgeist wie ein Greifvogel über dem Wasser gestanden hatte –
> 1,3a da sprach Gott:
> 1,3b Licht sei!
> 1,3c Da war Licht.
> 1,4a Gott sah dem Licht an,
> 1,4b dass es gut war.
> 1,4c Dann trennte Gott das Licht von der Finsternis.
> 1,5a Gott nannte das Licht «Tag»,
> 1,5b womit er zugleich die Finsternis «Nacht» genannt hatte.
> 1,5c Es wurde Abend,
> 1,5d es wurde Morgen:
> 1,5e ein Tag.

7 Meleagros von Gadara (Anfang 1. Jh. v. Chr): Anthologia Graeca VII 419 417, 5f.

8 Gottfried Benn: Chaos (1923), in: ders.: Gesammelte Werke in vier Bänden, hg. von Dieter Wellershof, Wiesbaden 1958–61, Bd. 3.: Gedichte, S. 82f.

In Form der «Nacht», die nur dadurch benannt wird, dass ihr geschaffenes Gegenteil den Namen «Tag» erhält, ist die schöpfungspräexistente Chaos-Finsternis Teil des Kosmos geworden und gliedert nun zusammen mit dem Tag die Zeit. Gerade im Hiob-Buch wird auch das schöpferische Potential des Chaos angesprochen: «Nackt kam ich aus meiner Mutter Leib, und nackt werde ich dorthin zurückkehren», sagt Hiob (1,21)[9] – und verflucht nicht nur den Tag seiner Geburt, sondern auch die Nacht seiner Empfängnis (3,3). So ist dann wohl die Figur des Nilpferds in Hiob 40 etwas ambivalenter zu lesen, gottnäher und gottähnlicher, als es bislang geschah.[10]

Wer einst den ägyptischen oder assyrischen Himmel bewohnte, hat es in manchen Fällen noch in den christlichen Himmel geschafft – die Gottesmutter (im Nebenberuf u. a. Königin von Polen und General der argentinischen Armee) setzt in verschiedenen Gestalten sowohl Isis mit dem Horuskind wie Ischtar im Sternenkranz fort.[11] Aber dieser Weg stand leider nur anthropomorphen Gottheiten offen[12], und unser Hippo bleibt darum einstweilen draussen vor der Himmelstür – abgesehen davon, dass im alten Ägypten ja nur die Nilpferd-Frau den Himmel bewohnte, der Nilpferd-Mann hingegen die Unterwelt.

9 Um dann freilich fortzufahren: «JHWH hat's gegeben, JHWH hat's genommen, gesegnet sei JHWHs Name». Mit dieser Coda ist das Gebären und Verschlingen des Chaos (der Magna Mater) auf den Gott Israels übertragen (eine Übertragung, die Benn im angeführten Gedicht zurücknimmt). An der Problematik des Verhältnisses des Schöpfergottes zum Chaos knabbern die Hiob-Autoren von Anfang an: «Auch ist es so, dass wir das Gute von Gott empfangen, aber das Böse empfangen wir nicht (von Gott)», sagt Hiob in 2,10 (und genau das versucht Gott selbst in seinen Schluss-Reden zu sagen, womit er hinter seiner Verantwortung für Gen 1,4–5 zurückbleibt). Hiob 2,10 wird fast durchgängig als rhetorische Frage aufgefasst («[...] sollten wir das Böse von Gott nicht annehmen?»), doch vgl. dagegen Philippe Guillaume: Caution: Rhetorical Questions, in: Biblische Notizen 103/2000, S. 11–16. Zwischen Satans-Wette (auf Hiobs Kosten) und Gen 1,4–5 einerseits, Hiob 38–41 andererseits, ist die Ambivalenz von Hiob 2,10 als intentionell zu betrachten und gerade nicht in die eine oder andere Richtung aufzulösen.

10 Aufgrund von Knochen- und Zahnfunden vom Tel Kinrot (Kinneret) schliessen Henriette Manhart und Angela von den Driesch, dass Hippopotamus amphibius «im [oberen, eak] Jordantal bis in die späte Eisenzeit endemisch war». Vgl. Henriette Manhart/Angela von den Driesch: Tierreste der Bronze- und Eisenzeit von Kinneret (Tell el-Oreme), Israel, in: Documenta Archaeobiologicae 2/2004, S. 161–203, S. 181f. (Ich verdanke diesen Hinweis Stephan Münger). Damit ist der «Jordan» in Hiob 40,23 weder ein Textfehler noch eine Metapher. Der Jordan, besonders im Norden, ist wiederum ein Ort der Gottesferne (Ps 42,7) und ein Chaos-Wasser, das vor Gott zurückweicht (Ps 114,3.5). – Silvia Schroer, in: IPIAO 3/2011, mit einer Aufstellung von Funden aus Nilpferdelfenbein aus Israel/Palästina.

11 Vgl. Othmar Keel: Gott weiblich. Eine verborgene Seite des biblischen Gottes. Katalog zur Ausstellung «Gott weiblich. Von der orientalischen Göttin zum Marienbild», Liebefeld 2008; Christian Herrmann/Thomas Staubli: 1001 Amulett. Altägyptischer Zauber, monotheisierte Talismane, säkulare Magie, Stuttgart 2010.

12 Abgesehen von tierischen Symbolen von Unschuld und Harmlosigkeit wie Taube und Lamm, die aber ganz andere Mythologien bevölkern.

Auch auf dem Weg der empirischen Theologie gibt es für das Nilpferd kein Weiterkommen. Sein Benehmen wird vom Standard-Nachklickwerk des E-Zeitalters folgendermassen beschrieben:

> «Das Sozialverhalten der Flusspferde ist variabel. Sie können einzelgängerisch oder in Gruppen leben, die einzige dauerhafte Beziehung ist aber die zwischen der Mutter und ihrem Nachwuchs. Gruppen können bis zu 150 Tiere umfassen, die übliche Herdengrösse ist jedoch 10 bis 15. Diese Herden bestehen meist aus Weibchen und Jungtieren. Seltener schliessen sich auch Männchen ohne eigenes Revier zu Junggesellengruppen zusammen, sie leben aber meist einzelgängerisch. Dominante Männchen versuchen, ein eigenes Revier zu etablieren, in welchem sich mehrere fortpflanzungsfähige Weibchen befinden. Diese Territorien umfassen 250 bis 500 Meter an Seeufern und 50 bis 100 Meter an Flussufern. Manchmal werden untergeordnete Männchen in diesem Revier toleriert, sofern sie das Zeugungsvorrecht des dominanten Männchens anerkennen. Durch Defäkation werden die Reviergrenzen markiert, oft entstehen dabei grössere Dunghaufen […] Ritualisierte Handlungen bei Begegnungen beinhalten das Schleudern des Kopfes aus dem Wasser oder das gegenseitige Anstarren aus kurzer Distanz. Auch das Auseinanderwirbeln des Kotes durch schnell kreisende Schwanzbewegungen[13], das im Wasser und an Land ausgeübt wird, wird eher einer Signalfunktion und weniger einer revieranzeigenden Funktion zugeordnet. Wenn sie sich bedroht fühlen, zeigen männliche Flusspferde mit weit geöffnetem Maul ihre grossen Schneide- und Eckzähne. Ein Verteidiger eines Reviers versucht Eindringlinge zunächst mit Imponiergehabe zu vertreiben. Gelingt das nicht, kann es zu heftigen Auseinandersetzungen kommen, die vor allem mit den unteren Eckzähnen durchgeführt werden. Viele ältere Männchen haben Narben von diesen Kämpfen, auch der Tod eines Kontrahenten ist nicht unüblich.»[14]

Kurz gesagt: Das Nilpferd zeigt auch nicht ansatzweise jene «Kultur der Kommunikation, des gegenseitigen Respekts, der Toleranz, des Friedens und der Versöhnung»[15], die nach einer unter deutschen Ökumenikern verbreiteten Haltung, die Voraussetzung zum Beitritt zur Leuenberger Konkordie ist. Ja wenn es eine Seele gibt, die keinerlei Ambitionen erkennen lässt, sich aus dem alltäglichen Schlamm ihrer Leiblichkeit zu erheben[16] – dann ist es die des Nilpferds. Damit ist sowohl bibeltheologisch wie empirisch-theologisch die Aporie gegeben, dass diesem Tier die Seligkeit wohl versagt bleiben muss, die wir ihm, sei es wegen seines stets breitmäulig-freundlichen Gesichtsausdrucks, sei es wegen uns gnadenhaft zuge-

13 Vgl. Hiob 40,17 «Es stellt den Schwanz auf wie 'nen Zedernbaum« – bei diesem Bild geht es um die Macht/Stärke des Schwanzes, nicht seine Länge.

14 http://de.wikipedia.org/wiki/Flusspferd (17.12.2010). Zur Ehrenrettung der Nilpferd-Frau muss aber festgehalten werden, dass diese ausschliesslich zur Verteidigung ihrer Jungen aggressiv wird, was ihr schlechterdings nicht zu verübeln ist.

15 Daniel Munteanu: Was ist der Mensch? Grundzüge und gesellschaftliche Relevanz einer ökumenischen Anthropologie anhand der Theologien von K. Rahner, W. Pannenberg und J. Zizioulas, Neukirchen-Vluyn 2010, S. 459–60.

16 Es sei denn, in den Abendstunden, und dann nur, um kiloweise Gras zu fressen, was transzendentaltheologisch kaum als Bemühen um Vergeistigung anerkennt werden kann.

kommener Herzensgüte – wie aller Kreatur, einschliesslich Heideggers[17] – doch so sehr wünschen.

Nur um des Nilpferds willen auf eine Allerlösungs-Theologie einzutreten (die *αοκαστασις αντων*), wäre sowohl heilsökonomisch wie ökotheologisch eine nicht zu rechtfertigende Überschreitung der diesem Beitrag schöpfungsordnungsmässig und von den Herausgebern zugewiesenen Ressourcen.[18] Aber wo die sekundäre, tertiäre, quartäre bis fantastillardäre religiöse Rede der Theologie mit ihren Alten Sprachen am Ende ist, kann die primäre religiöse Sprache der Poesie weiterhelfen. Ihr gelingt die «lyrische Reproduktion des Mythischen»[19], zu dem der westliche Mensch in den vergangenen 500 Jahren zunehmend den Bezug verloren hat.[20] Mythos wie Lyrik beschreiben nicht das Vorfindliche, sondern evozieren die Utopie. Gott ist unbeschreiblich, aber erzählbar, weil der Narrativ den Rezipierenden die Freiheit lässt, auf die «erzählte Welt» einzutreten oder auch nicht. Wie der Mythos – die Erzählung, in der ein oder mehrere göttliche Wesen als Akteure auftreten – versagt sich die Lyrik der «normativen Kraft des Faktischen», indem sie potentiell jede Faktizität zur Metapher macht, zum Hinweis auf Ungesagtes, womöglich Unsagbares. «Gott» aber ist das universale Metaphorogen[21], ein Wort, das darum in allem menschlichen Denken und Reden von Gott und in seinem Namen Gottes bleibende Unverfügbarkeit markiert.

So ist Nilpferds Himmelfahrt dem Lyriker T. S. Eliot bereits 1920 gelungen:

«The broad-backed hippopotamus
Rests on his belly in the mud;
Although he seems so firm to us
He is merely flesh and blood.

Flesh-and-blood is weak and frail,
Susceptible to nervous shock;
While the True Church can never fail
For it is based upon a rock.

The hippo's feeble steps may err
In compassing material ends,

17 Der es womöglich auch geschafft hat, aber einen Tag später (s. u.).

18 Damit ist der Rekurs auf Röm 8,19–22 ebenso unterbunden (abgesehen davon, dass im Original griechisch abgefasste Bücher der christlichen Bibel, aus der Perspektive der *hebraica veritas*, kaum als proto-kanonisch aufgefasst werden können) wie die Zuflucht zu J. Christine Janowski: Allerlösung. Annäherungen an eine entdualisierte Eschatologie, Neukirchen-Vluyn 2000 (Neukircher Beiträge zur Systematischen Theologie, Bd. 23, 1–2); wobei auch fraglich bleibt, inwieweit eine «entdualisierte Eschatologie» für Nilpferd-Frau und Nilpferd-Mann überhaupt attraktiv wäre.

19 Vgl. Hans-Peter Müller: Die lyrische Reproduktion des Mythischen im Hld, in: ZThK 73/1976, S. 23–41.

20 Karen Armstrong: The Case for God, London 2009.

21 Paul Ricœur/Eberhard Jüngel: Metapher. Zur Hermeneutik religiöser Sprache, München 1974 (Evangelische Theologie, Sonderheft).

While the True Church need never stir
To gather in its dividends.

The 'potamus can never reach
The mango on the mango-tree;
But fruits of pomegranate and peach
Refresh the Church from over sea.

At mating time the hippo's voice
Betrays inflexions hoarse and odd,
But every week we hear rejoice
The Church, at being one with God.

The hippopotamus's day
Is passed in sleep; at night he hunts;
God works in a mysterious way--
The Church can sleep and feed at once.

I saw the 'potamus take wing
Ascending from the damp savannas,
And quiring angels round him sing
The praise of God, in loud hosannas.

Blood of the Lamb shall wash him clean
And him shall heavenly arms enfold,
Among the saints he shall be seen
Performing on a harp of gold.

He shall be washed as white as snow,
By all the martyr'd virgins kist,
While the True Church remains below
Wrapt in the old miasmal mist.» [22]

Während die dritte Zeile Hiob 40,15–23 kurz zusammenfasst, dreht bereits die vierte die Blickrichtung um: Aus dem urzeitlichen Chaosungeheuer wird eine arme Kreatur in aller Schwachheit ihres Fleisches. Hier siegt fürs Erste die Empirie über die Mythologie, aber nur, um am Ende den unwahrscheinlichsten aller Kandidaten der Aufnahme in das christliche Pantheon zuzuführen, und auf eine Art und Weise, die jeder Märtyrerin Ehre machen würde. Das Gedicht bleibt schon strukturell einem zutiefst biblischen Paradigma verhaftet:

> «Dominus pauperem facit et ditat / humiliat et sublevat / suscitat de pulvere egenum et de stercore elevat pauperem / ut sedeat cum principibus et solium gloriae teneat (Hanna, 1 Sam 2,7–8); fecit potentiam in brachio suo / dispersit superbos mente cordis sui / deposuit potentes de sede / et exaltavit humiles / esurientes implevit bonis / et divites dimisit inanes.» (Maria, Lk 1,51–53)

22 The Hippopotamus, aus: T. S. Eliot: Poems, New York 1920.

Da es in Gott kein Vorher und Nachher gibt, ist in allen drei Fällen die narrative Sequenz nicht in eine zeitliche Abfolge aufzulösen, sondern als Perspektivwechsel zu lesen. Auch was aus irdischer Perspektive überaus geistig und geistlich daherkommt, erscheint *sub specie æternitatis* immer noch als rechter Erdenkloss. Die Extratemporalität des Mythos zeigt sich auch an den Leerstellen, die man einem realistischen Romancier nicht durchgehen lassen würde: Wer waren die Schwiegereltern von Kain und Seth? Wie spielt ein Nilpferd Harfe, und sei es eine goldene?

Während mir von einer theologischen Kenntnisnahme von Eliots theriosoteriologisch wegweisendem Gedicht nichts bekannt ist, hat es in der angloamerikanischen Literatur und Philosophie mindestens zwei Wiederaufnahmen gefunden. Zum ersten in Stephen Frys Roman «The Hippopotamus» (1994)[23], dessen Titel aus der Handlung nicht erklärbar ist und damit eine Anspielung auf Eliots Gedicht enthält, das Fry bei seiner tiefen Vertrautheit mit der englischen Lyrik[24] unmöglich nicht kennen konnte. Das «Nilpferd» ist der verkommene Dichter Tedward, der von arrivierten Freunden (oder «Freunden») zu einem englischen Wochenende auf dem Lande eingeladen wird. Um den pubertierenden jüngsten Sohn des Hauses ranken sich Gerüchte, die andere Gäste dazu veranlassen, in ihm einen Wunderheiler zu sehen und zu suchen. Mit gesundem Menschenverstand, Skepsis und Spott klärt Tedward das Mysterium auf, wonach die «feine Gesellschaft» gründlich blamiert dasteht. Im Schlusskapitel sehen wir ihn (und die Kinder) in einem unspektakulären Zustand wohligen Behagens. Eliots Plot ist vom Himmel auf Erden geholt worden, aber in seinen biblischen Grundzügen immer noch erkennbar. Während aber Eliots Nilpferd passiver Rezipient seines Geschickes bleibt, verkörpert Tedward aktiv die aufklärenden Heilswege der Skepsis und des Spottes, die in Eliots Gedicht auf der Sprecherebene verankert sind.

Skepsis und Spott als kritische Methoden einer – zugebenermassen aufgeklärten – Theologie? Dabei geht der biblische Gott selbst mit gutem Beispiel voran. Es genügt ihm nicht, dass ihm das «Geschrei» über Sodom und Gomorra zu Ohren gekommen ist, er macht sich auf den Weg, selber nachzusehen (Gen 18,20–21). Er glaubt nicht leichthin an das «Gute» in den Menschen, sondern unterzieht deren biologische Festplatte mit all ihren emotiven und kognitiven Inhalten (hebräisch לב *lev*, bibeldeutsch «Herz») einer genauen Inspektion (Ps 17,3; 26,2; 139,23). Er hat nichts dagegen, dass der Chef des biblischen Nachrichtendienstes, Satan, den exemplarisch – oder übertrieben? – frommen Hiob einer eingehenden

23 Warnung: Das Buch enthält explizite Szenen zwischen Minderjährigen und mit Tieren. Es ist überdies völlig respektlos, urkomisch, und wer es bis ans Ende liest, wird bei dem Toponym «Birmingham« unweigerlich bis ans Lebensende Assoziationen haben, für die Magistrat und Bürger dieser Stadt schlechterdings nicht verantwortlich zu machen sind.

24 Stephen Fry: The Ode Less Travelled. Unlocking the Poet Within, London 2005.

Inspektion unterzieht (Hiob 1–2). Und wer bei Gottes Skepsis – «Beaugenscheinung» – den Schaden hat, braucht für dessen Spott nicht extra zu sorgen (Ps 2,4; 59,9). Er erlaubt nicht nur fremden Propheten, sich lächerlich zu machen, sondern macht zugleich seinen Engel zum Gespött (Num 22,22–35).[25] Und wie finden wir einen 99-jährigen, wiederum exemplarisch frommen Abraham, der wegen drei Besuchern durch die Gegend braust wie Speedy Gonzales?[26] Also nicht nur Sara wird lächerlich gemacht (Gen 21,6). Der sowohl skeptische wie spottende Gott hat seinerseits von Skepsis und Spott nichts zu befürchten. Er hält beides gut aus.

Sieht bei Eliot Hippos Himmelfahrt doch sehr nach einem *deus ex machina* aus, so findet sich eine realistischere Beschreibung seines Weges zum Heil in der abschliessenden (und titelgebenden) Anekdote im eingangs erwähnten Werk von Cathcart und Klein. Skepsis und Spott sind nicht nur mächtige Waffen gegen Klerikalismus und Okkultismus, sondern auch gut gegen die Dunkelmänner unter den akademischen – oder pseudo-akademischen – Autoritäten einzusetzen:

> «So Heidegger and a Hippo stroll up to the Pearly Gates and Saint Peter says, ‹Listen, we've only got room for one more today. So whoever of the two of you gives me the best answer to the question 'What is the meaning of life?' gets to come in›. And Heidegger says, ‹To think Being itself explicitly requires disregarding Being to the extent that it is only grounded and interpreted in terms of beings and for beings as their ground, as in all metaphysics.› But before the Hippo can grunt one word, Saint Peter says to him, ‹Today's your lucky day, Hippy!›»[27]

25 Näheres im Bileam-Kapitel von Leszek Kolakowski: Der Himmelschlüssel. Erbauliche Geschichten, München 1966 (und mehrere Neuausgaben); auch aufgenommen in ders.: Leben trotz Geschichte, München 1977 (auch als dtv-Taschenbuch).

26 Das sieht man freilich nur, wenn man das y-qatal am Anfang von Gen 18,7 korrekt übersetzt: «Gen 18,6a Abraham hastete ins Zelt zu Sarah. 6b Er sagte: 6c Schnell, 6d 30 Liter Feinmehl knete 6e und mach Brotkuchen! [Wie diese Worte noch in der Luft hingen,] 7a da war Abraham auch schon zum Rindvieh gerannt [...].»

27 Cathcart/Klein: Heidegger and a Hippo (vgl. Anm. 2), S. 226f. Die Begründung der – bei näherem Hinsehen leicht nachvollziehbaren – Entscheidung des hl. Petrus, ebd., S. 52f. (mit Nachweis der benutzten englischen Übersetzung von «Sein und Zeit»).

Durcheinander

Über «Gott ohne Bart» und «Bart ohne Gott»

Ralph Kunz

Gott ohne Bart

Friedrich Dürrenmatt beherrscht die Kunst, einem Marzipanjesus den Kopf abzubeissen. Das war meine vage Erinnerung an den grossen Autor, als ich im Antiquariat auf das «Durcheinandertal»[1] stiess. Sitz im Leben dieser Erinnerung ist eine Predigt, die ich irgendwann in Jugendjahren gehört hatte. Den homiletischen Part hatte ich vergessen, das Bild aus der etwas schrägen Weihnachtsgeschichte war mir geblieben. Das Bild hatte mich damals verstört, die Erinnerung war entsprechend zwiespältig. Trotzdem kaufte ich das Buch und begann es zu lesen. Es war keine leichte Lektüre. Dürrenmatts «Durcheinandertal» ist grotesk, mitunter burlesk und vieles so überdreht, dass es einem schwindlig wird beim Lesen. Auch hier kommt ein Marzipanjesus vor – einer am Kreuz!

Litt Dürrenmatt unter einer Marzipanallergie? Ich jedenfalls habe keine Dürenmattallergie entwickelt und sehe auch keinen Anlass, dem «Grossen Alten» den Kopf abzubeissen. Im Gegenteil: Ich bin ein Liebhaber Dürrenmatts geworden. Gerade weil er ein überaus bissiger Religionskritiker war. Die ineinander verschachtelte und aneinander gefügte, «sowohl durcheinander- als auch durchgehende Geschichte»[2] mit ihren irrwitzigen Erzählfäden, die sich immer wieder von neuem verknoten und lösen, ist ein Geniestreich, der es mir besonders angetan hat. Vor allem verdient die Geschichte eine theologische Lektüre. Umso mehr, als sie sich um Moses Melkers bizarre Theologie dreht.

Um sich dem Werk zu nähern, empfiehlt es sich, mit dem Ende zu beginnen. Das ist notabene ein Verfahren, das der Theologie nicht ganz fremd ist. Zu guter Letzt wird Moses Melker nämlich wahnsinnig und seine Theologie in Form eines Manuskripts geht mitsamt ihrem Erfinder in Flammen auf. Aber das Feuer und der Wahnwitz bescheren dem sterbenden Theologen einen überaus klaren Gedankengang. Es lohnt sich, ihn zu zitieren:

> «Wenn Gott seine Erfindung war, musste auch die Welt seine Erfindung sein, und neben seinem von ihm erfundenen Gott und seiner von ihm erfundenen Welt musste es noch die Götter und die Weltalle geben, welche von den anderen Menschen erfunden worden waren, die Welt war ein ständig anwachsendes, von ineinandergeschachtelten Weltallen gebildetes Welthirn, dessen einzelne Neuronen wiederum aus ineinandergeschachtelten Weltallen bestanden, deren jedes aus einem Ich bestand, das dieses Weltall

1 Friedrich Dürrenmatt: Durcheinandertal, Zürich 1989.
2 Dürrenmatt: Durcheinandertal (vgl. Anm. 1), S. 21.

> dachte samt den Galaxien, Sonnen und Planeten, die es brauchte, um die Evolution in Gang zu setzen, die auf dem Weg über Einzeller, Vielzeller, Weichtiere, Wirbeltiere den Menschen erzielte, der in einem phantastischen Zirkelschluss wieder das Weltall dachte und einen Gott, einen hundertköpfigen oder tausendfüssigen, einen vielnasigen oder einen aus Holz oder Gold, oder vielbrüstige Göttin, so viele Götter wie Weltalle, unter ihnen auch den Grossen Alten von Moses Melker, der sicher anders aussähe, als sein Erdenker ihn sich vorstellte, ein Gott, der, weil er als ewig erdacht war, auch leben würde samt der Welt, die sich Moses Melker dachte und samt all den anderen Welten und Göttern, die andere dachten.»[3]

In diesem einen Satz gelingt Dürrenmatt das Kunststück, eine Kosmologie zu entwerfen, die den Projektionsverdacht konstruktivistisch wendet. Am Ende taucht in der queren Theologie des Protagonisten und im Atheismus des Autors ein Gott auf, der, «weil er als ewig erdacht war», leben würde, wenn es ihn gäbe. Freilich ist das alles im Konjunktiv, ziemlich durcheinander und im Wahn gedacht. Im Folgesatz verschwindet der Gedanke wie ein Irrlicht im Gerichtsfeuer:

> «Als Moses Melker solches noch dachte, fing er an zu lachen. Dann brannte auch er, und neben ihm brannte das Manuskript ‹Preis der Gnade›, gewidmet Cäcilie Melker-Räuchlein, und schmolz die Uhr, und der Schaukelstuhl brannte und der Kaffee, und alles brach in die Tiefe.»[4]

Und alles brach in die Tiefe. Dennoch fragt man sich, ob am Ende der «als ewig erdachte Gott» den Tod seines Erfinders überlebt. Zumindest lässt Dürrenmatt als Erdenker des Erdenkers Gottes seine Leser und Leserin diesen Gedanken mitdenken. Das wäre vor dem Sturz in die Tiefe ein grandioser Schluss. Dürrenmatt fabriziert aber ein zweites Finale, das nicht minder grandios ist. Und noch abgründiger. Von der anderen Talseite schaut nämlich Elsi dem feurigen Spektakel zu. «Sie lächelte. Weihnachten, flüsterte sie. Das Kind hüpfte vor Freude in ihrem Bauch.» Das wäre fast erbaulich und Marzipan für den religiös frustrierten Leser, wenn Elsi ihre weihnächtlichen Gefühle nicht im Blick auf die Feuerwand entwickelte, «welche die Bewohner des Dorfes verschlungen hatte und noch verschlang».[5]

Machen wir nun einen kühnen Sprung vom Ende an den Anfang des Buches. Die Geschichte beginnt nämlich mit einem fulminanten Spiel von Inkarnation und Projektion. Es geht um den Grossen Alten. Er wird auch «Gott ohne Bart» genannt, und es heisst, er habe Humor. Zumindest brach er, wie Moses Melker kurz vor seinem Ende, in Gelächter aus, als dieser ihn ansprach. Der Grund für seinen Heiterkeitsausbruch lag darin,

3 Dürrenmatt: Durcheinandertal (vgl. Anm. 1), S. 174.
4 Dürrenmatt: Durcheinandertal (vgl. Anm. 1), S. 175.
5 Dürrenmatt: Durcheinandertal (vgl. Anm. 1), S. 175f.

> «[…] dass Melker vom Grossen Alten sprach und dass der Gott ohne Bart meinte, Melker meine damit ihn, bis er dahinterkam, dass Melker mit dem Grossen Alten Gott meinte. Den Gott mit Bart.»[6]

Ein Missverständnis also! Es wird zwar nicht recht klar, wer von den beiden genannten Göttern tatsächlich Gott und wer der Grosse Alte wirklich ist, oder anders formuliert, wie viel Wirklichkeit dem jeweils gemeinten Gott zukommt. Was man zu dieser Angelegenheit meinen kann und glauben soll, wird in diesem Verwirrspiel zünftig durcheinandergewirbelt. Was ist wirklich und was nur Schein? Man kommt nicht dahinter. Nur eines scheint klar zu sein. Die Herkunft von Gott ohne Bart ist ziemlich nebulös. Es ranken sich die Legenden. Aber er hat viel Geld. Und das allein zählt. Der Gott, der auch als Grosser Alter bekannt ist, hat mehr Macht als der Gott mit Bart.

Überhaupt ist das Geld (neben der Sinnlichkeit) ein wichtiges Motiv in dieser Erzählung. Es dreht sich scheinbar alles darum. Zumindest ist es das Zentrum von Melkers Theologie. Für Moses Melker ist nämlich erwiesen, dass Geld nicht glücklich macht. Er knüpft an bei der Bergpredigt Jesu. Wenn es ein Kamel nicht durchs Nadelöhr schafft, sollten sich die Reichen in Acht nehmen (Mt 19,24). Folglich sind Besitz und Reichtum Lasten, von denen man sich befreien sollte, um selig zu werden. Zu dieser Befreiung leistet Moses Melker einen Beitrag. Er hilft den Reichen mittels Theologie und Predigt, selig zu werden. Das ist seine Berufung.

Die Geschichte entwickelt und verwickelt sich, als eine Gangsterbande den Gedanken Melkers aufnimmt und ein Kurhotel für Multimillionäre zum «Haus der Armut» umbauen lässt. Es ist dann Melker, der die Reichen dazu bringt, «in Armut zu schlemmen», auf Pritschen zu schlafen, die «von jeder Menschenrechtskommission mit Entrüstung für unzumutbar erklärt worden wären» und himmeltraurigen Frass mit Begeisterung hinunterzuwürgen. Sie erholen sich so von der drückenden Last des Reichtums, während ihre verwaisten Villen von den Gangstern ausgeraubt werden. Leser und Leserin sehen das Unheil kommen. Melker predigt Armut und ist stinkreich. Zudem leidet er unter seiner Sexsucht und hat einige Morde auf dem Kerbholz. Er bringt offensichtlich ein paar Dinge durcheinander. Auch im Dorf wächst derweil der Unmut über den Treffpunkt der Superreichen und den Zufluchtsort für organisierte Verbrecher. Das Chaos ist perfekt. Und die Geschichte nimmt ihre unheilvolle Wendung.

In der Sekundärliteratur heisst es da und dort, Friedrich Dürrenmatt provoziere mit dieser Geschichte die Gläubigen und verletze religiöse Gefühle. Mag sein. Nur was heisst schon «religiös»? Und wer sind die «Gläubigen»? Als Gläubiger könnte man ja in der grotesk verzerrten Gestalt des Religiösen auch eine Art Korrektur durch Karikatur erblicken. Ich denke, dass im absurden Traktat

6 Dürrenmatt: Durcheinandertal (vgl. Anm. 1), S. 6.

das kitschig Religiöse und das abstrakt Theologische korrigiert wurden oder besser: das zutiefst Bigotte der Religion so schamlos überzeichnet wird, dass jeder wahre Gläubige dem Grossen Alten von Neuenburg eigentlich dankbar sein müsste und dankbar sein kann – wenn er oder sie Humor hat. Lassen wir den Richter und Henker des Glaubens noch einmal sprechen:

> «Moses Melker suchte einen Menschen, Gottes Sohn. Doch wieder spielte ihm die Theologie einen Streich: sie idealisierte den Sohn Gottes. Die Huren und Zöllner wurden ihm weggedacht, bei denen er sich wohlgefühlt, deren Witze und Zoten er gehört und auch darüber gelacht hatte, er wurde nie als Mensch ernst genommen, sondern nur als Gott, der den Menschen spielte, weil er ein Gott war, der nie bei den Weibern liegen durfte. Schwarzer Rauch quoll aus dem Fussboden, durch den er den brennenden Tisch und die Stühle kaum noch sah. Gottes Sohn wurde etwas Abstraktes, abstrakter noch als der Vater, aber auch etwas Kitschiges, ein Marzipanheiland am Kreuz.»[7]

Bart ohne Gott

Die Praktischen Theologen der drei Deutschschweizer Fakultäten haben die schöne Gewohnheit, sich regelmässig zum fachlichen und persönlichen Austausch zu treffen. Ich erinnere mich an meinen Einstand in dieser Runde. Ich wurde eingeladen, etwas zu meinem Forschungsschwerpunkt zu referieren. Sehr viel zu sagen gab es noch nicht, weil ich erst gerade meine Stelle angetreten hatte. Da begegnete ich dem Weissbart zum ersten Mal. Ich hatte von ihm nur vom Hörensagen vernommen, aber nun hatte mein Auge ihn gesehen. Was mich am meisten beeindruckte war die verblüffende Gottähnlichkeit. Er hingegen war nicht beeindruckt von meinem Text. Das wurde mir anhand seiner Rückfragen deutlich. Was denn die «Liebe Gottes» bedeute, fragte ausgerechnet der Bärtige. Ich verwendete diese Formel, um das Ziel der Altersseelsorge zu umschreiben. Das war sicher nicht falsch, aber in dieser Runde vielleicht etwas naiv formuliert oder mit Dürrenmatt gesagt: abstrakt und kitschig.

Also fragte der Bärtige: Was heisst denn das: die Liebe Gottes? Wir gerieten nicht aneinander. Es quoll auch kein schwarzer Rauch aus dem Fussboden. Ich war einfach nur verblüfft. Warum fragt ein Theologe so etwas? Sitzt mir ein Bart ohne Gott gegenüber? Oder fehlt ihm einfach nur Barth? Jedenfalls brachte mich der Einwurf des Weissbärtigen durcheinander. Ich weiss nicht mehr genau, wie ich antwortete. Ungefähr so: Gott ist die Liebe, drum sag ich's noch einmal, Gott ist die Liebe.

In weiteren Gesprächen lernte ich, dass der Weissbärtige nicht nur Sonntagsschulsentenzen anfragt. Der Zweifel gehört zur Theologie, wie er sie pflegt. Ob es nun um Theologoumena geht oder um das Andenken des Genfer Reformators: Er

7 Dürrenmatt: Durcheinandertal (vgl. Anm. 1), S. 172.

akzeptiert keine Formeln, spiesst Selbstverständlichkeiten auf und ignoriert die Abkürzungen des Jargons. Und das alles mit Liebenswürdigkeit, Schalk und einer gottvaterähnlichen Gleichmut. Der Weissbärtige ist ein Meister der Dekonstruktion, ein humorvoller Durcheinanderbringer, der die Kunst der Provokation beherrscht. Er denkt dürrenmattisch. Wenn Melker am Schluss seiner Karriere den Unsinn einer Theologie, «die der Unsinn jeder Theologie war», erkennt, höre ich den Ton des Bärtigen:

> «Sie [die Theologie] fiel auf sich selber herein, tappte in die Falle ihrer Begriffe, dachte sich Gott vollkommen und die Welt unvollkommen, eine reine Gedankenkonzeption das Ganze, ohne Bezug zur Wirklichkeit.»[8]

Wenn ich ihn richtig verstanden habe, hat sich der Bärtige einer Theologie verschrieben, die diesen Unsinn nicht mitmacht und mit Vehemenz den Bezug zur Wirklichkeit einfordert. Vielleicht – um zum Schluss einen phantastischen Zirkelschluss zu wagen – kommt man auf diesem Weg über die Wirklichkeit der Einzeller, Vielzeller, Weichtiere, Wirbeltiere und Menschen wieder zu hundertköpfigen oder tausendfüssigen, vielnasigen Göttern oder vielbrüstigen Göttinnen zurück. Und wer weiss: Vielleicht versteckte sich in diesem Pantheon auch einer, der gar nichts mit Götzen am Hut hat und sicher anders aussähe, als seine Erdenker ihn sich vorstellten, ein Gott, der, weil er die Liebe ist, die unvollkommene Welt liebt. *On verra*. Oder bringe ich da etwas vollkommen durcheinander?

8 Dürrenmatt: Durcheinandertal (vgl. Anm. 1), S. 174.

Auch nach Melodie Nr. 410

T: Arno Pötzsch (1934) 1941 M: Willy Burkhard (1939) 1941

«Nun ist vorbei die finstre Nacht»[1]

Bemerkungen zum Lied, Erinnerungen und ein Blick auf das Singen mit Kindern

Andreas Marti

Ein Kunstwerk, ein Musikstück, ein Lied, zu dem ich eine persönliche Beziehung habe – so lautet die Aufgabenstellung für den Festschrift-Beitrag. Die Auswahl ist gross, die Verlegenheit ebenso; und so wähle ich ein einfaches Lied aus dem Gesangbuch, mit dem ich Kindheitserinnerungen verbinde, und das darum auch von religionspädagogischem Interesse sein könnte.

Zur Melodie

Was zuerst bei Singenden und Hörenden ankommt, ist die Musik, lange vor dem Text. Darum auch zuerst einige Beobachtungen zur Melodie. Die Textform – sechs Zeilen mit den Silbenzahlen 8. 8. 7. 8. 8. 7 – zwingt sie zu einer deutlich hörbaren Zweiteiligkeit, einem Zwischenschluss nach der dritten Zeile. Die beiden Teile stehen bezüglich ihres Tonraumes fast spiegelsymmetrisch zueinander:

Die Zeilen 3 und 4 liegen im Quintraum *d-a*, die Zeilen 2 und 6 im Quintraum *f-c* und die Zeilen 1 und 6 sind – noch stärker als die ganze Melodie – durch den Ton *a* bestimmt; zudem sind ihre Schlussbewegungen gegeneinander gespiegelt: von *f* nach *a* in Zeile 1, von *a* nach *f* in Zeile 6 (in der Notenwiedergabe mit Wellenlinien markiert).

Wenn die Häufigkeit der einzelnen Töne bereits zu erwähnen war, ist hier noch nachzudoppeln, ist sie doch für den Charakter dieser Melodie entscheidend. 46 Töne hat sie im Gesamten; siebzehnmal kommt der Ton *a* vor, zehnmal der Ton *g* und siebenmal der Ton *f*. Zu über zwei Dritteln bewegt sie sich also im Bereich der Terz *f-a*. Im Vergleich dazu sind die übrigen Töne – im Septimenambitus nicht eben weit gestreut – besondere Vorkommnisse.

In Melodien aus dem klassisch-romantischen und volksliedartigen Bereich ist meist der fünfte Ton am häufigsten, harmonisch entweder der Tonika oder der Dominante zugehörig, melodisch in Dominant- bzw. Spannungsfunktion. Hier können wir uns an die Prinzipien der kirchentonartlichen Melodiebildung erinnern, wo auf einem Rezitationston und in seiner Nachbarschaft gesungen wird; dabei baut sich Spannung auf, die sich im Abstieg auf einen darunter liegenden Finalton löst. Wenn der Ton *a* hier als Rezitations- bzw. Spannungston gelten

1 Gesangbuch der Evangelisch-reformierten Kirchen der deutschsprachigen Schweiz, Basel 1998, Nr. 577. Text: Arno Pötzsch (1934/1941), Musik: Willy Burkhard (1939/1941)

kann, liegt sein Finalton entweder eine Quinte tiefer auf dem *d* (dann hätten wir im historischen System den ersten Ton, «dorisch») oder eine Terz tiefer auf dem *f* (dann wären wir im sechsten Ton, «hypolydisch»).

Beides ist in der Melodie vorhanden: Der erste Teil schliesst dorisch, der zweite hypolydisch (die Verwendung des h anstelle des *b* in Zeile 5 hat zunächst Leittonfunktion, erinnert aber auch an die Doppelgesichtigkeit dieser Stufe im mittelalterlichen System – je nach Melodieverlauf kann sie in der tiefen oder in der hohen Variante auftreten, für uns eben *b* oder *h*, französisch *si bémol* oder *si naturel*). Neuzeitliche Ohren hören den dorischen Schluss als Moll-, den hypolydischen als Durcharakter und verbinden das wohl automatisch mit einem Wandel vom Dunkel ins Licht, entsprechend dem Gegensatzpaar in den ersten beiden Zeilen: *die finstre Nacht – die liebe Sonne.*

Bildlich zu wirken vermag auch der sequenzartige Aufstieg der Melodie in den Zeilen 4 und 5; es fällt nicht schwer, sich dabei vorzustellen, wie der Himmel im Osten heller und heller wird, bis auf einmal der erste Sonnenstrahl über den Horizont blitzt. Dass solche inhaltlichen Beziehungen nicht direkt auf die jeweiligen Textstellen in den einzelnen Zeilen gestützt sind, sondern eine selbständige bildhafte, direkt erlebbare musikalische Gestalt schaffen, ist dabei kein Problem, da sie ja mit dem Duktus des Gesamtliedes über seine drei Strophen hinweg übereinstimmen sollen.

Die Konzentration auf die drei Töne *a, g, f* in der Mitte des Tonraumes könnte die Gefahr in sich tragen, dass die Melodie statisch wird, die Zeilen wie zufällig aneinandergereiht erschienen. Dem weiss der Komponist vorzubeugen: Zeile 1 endet, wie sie begonnen hat, auf dem dominantischen Ton *a* und hält damit die Spannung auf die Fortsetzung offen, Zeile 2 endet auf dem sonst selten gebrauchten *b*, das aus dem Hauptbereich hinausführt und die Situation dadurch labil macht, Zeile 3 findet wie schon beschrieben einen Abschluss, der sich allerdings im Nachhinein als provisorisch erweisen wird, weil ja nicht *d*, sondern *f* zuletzt der Grundton ist. Die Zeilen 4 und 5 sind durch die Sequenz so verbunden, dass sie als musikalische Einheit gehört werden, und der Abschluss von Zeile 5 mit der Leittonfigur baut auf dem höchsten Ton *c* die grösstmögliche Spannung auf, welche die Schlusszeile dann zu lösen hat.

Untereinander sind die Melodiezeilen durch Rückbezüge und Entsprechungen verbunden: Die Zeilen 1 und 2 stimmen in den Tönen 4–6 *(a-f-g)* überein; diese Bewegung – eine Terz abwärts, eine Sekunde aufwärts – tritt in der Verklammerung der Sequenzglieder in Zeilen 4 und 5 in anderer Tonhöhe wieder auf (Klammern in der Notenwiedergabe), Zeilen 1 und 3 stimmen gar in den ersten fünf Tönen *(a-a-g-a-f)* überein (Ellipsen), alle drei Zeilen der ersten Hälfte beginnen auf demselben Ton. Von der Sequenz in den Zeilen 4 und 5 war schon die Rede (Bogen); die Schlusszeile übernimmt von den Zeilen 1 bzw. 3 die Tonwiederholung am Anfang, von Zeile 2 den Sprung *a-c* (Striche) und von Zeile 3 die letzen vier Töne, jedoch um eine Terz nach unten versetzt, ist also eine Art zusammenfassendes Wiederaufnehmen des gesamten ersten Teils.

Auf rhythmische Gestaltungsmittel ist konsequent verzichtet, mit Ausnahme der Dehnung der letzten betonten Silbe in den «weiblich» endenden Schlusszeilen beider Teile. Es macht den Anschein, dass angesichts der dichten melodischen Struktur eine zusätzliche Gestaltungsebene überflüssig, ja hinderlich wäre. Zudem entsprechen die gleichmässigen, allenfalls im Sprachrhythmus leicht modifizierten Tondauern der Assoziation an gregorianische Hymnenmelodien, welche durch die tonartliche Situation geweckt wird.

Zur Sprache

Waren solche «neomodale», an die Gregorianik angelehnte Gestaltungsmittel im zweiten Drittel des 20. Jahrhunderts in der Kirchenmusik verbreitet, so gilt Entsprechendes für die Dichtung, allerdings hier mit Bezug auf den Barock. So fällt gleich die schon erwähnte Gegensatzfigur in den Zeilen 1 und 2 auf; *leucht und lacht, warm und schlicht* sind typisch barocke Doppelbildungen, und durch den ganzen Text ziehen sich die Alliterationen von Wörtern, die mit *l-* beginnen: *liebe – leucht – lacht – liebe Licht – Lebenstage – Lob – leben.* Direkt aufeinander bezogen sind die Zeilen 1 und 5 der zweiten Strophe: *Wir wolln – Gott will*, ebenso die Schlusszeile der zweiten und die Anfangszeile der dritten Strophe: seine Erde – *in seiner Welt.* Die Wechselseitigkeit der Beziehung zwischen Gott und Mensch findet eine gedrängte sprachliche Darstellung in den auf den ersten Blick etwas verwickelt wirkenden letzten beiden Zeilen des Liedes.

Kaum barock ist hingegen die Wortwahl. Es fehlen die dort üblichen starken (und für uns oft übertriebenen) Bilder, es fehlen komplizierte Wortneubildungen. Die sinntragenden Begriffe sind zwar nicht völlig der Alltagssprache entnommen und muten dann und wann etwas altertümlich an (*von Herzen […] ergeben; zum Dienst bestellt*), sind aber unmittelbar verständlich: *finstre Nacht – liebe Sonne – diesen Tag – von Herzen – das liebe Licht – Gottes Strahlen – schenkt sich – des Lebens Sinn – dir gegeben*, um nur die wichtigsten zu nennen.

Es geht also um unser Leben, wir fragen, welchen Sinn es denn habe und geben die Antwort nicht einfach auf einer pragmatischen Ebene (etwa: Gutes tun, Dauerndes schaffen, für andere da sein), sondern sehen sie aufgehoben in der Gottesbeziehung. Dieser Gott wird nicht beschrieben, schon gar nicht dogmatisch oder in den traditionellen Herrschaftsbildern, sondern in seiner Zuwendung, in seiner Gegenwart in der Welt und in uns selbst. Ausgangspunkt für diese Gedanken ist die unmittelbar zu erfahrende Situation des neuen Tages, des Sonnenscheins, und sie sind eingebettet in einer tief gegründeten Heiterkeit. Aus dieser Atmosphäre heraus ist das Lied leicht aufzunehmen und in seinen Grundgedanken zu verstehen.

«kindgemäss»

Und nun der katechetische Bezug: Als ich 1956 in die Schule kam, war das damalige Deutschschweizer Kirchengesangbuch noch ganz neu, erst wenige Jahre im Gebrauch. Meine Lehrerin war, wie viele in ihrer Generation, von der Singbewegung geprägt und hat sich konsequent für die Lieder des Gesangbuchs eingesetzt. So hat sie mit uns regelmässig gesungen, und zwar gerade die Lieder, die damals neu im Gesangbuch waren, unter anderem *Nun ist vorbei die finstre Nacht.* Ich erinnere mich noch gut, wie schnell und selbstverständlich wir diese Melodie in den Ohren hatten und singen konnten, und wie mir – als Siebenjährigem – der Text eingeleuchtet hat. Später war ich erstaunt, als ich feststellte, dass wir da ein fast zeitgenössisches, «modernes» Lied gelernt und gesungen hatten. Es muss sich also hier um ein wahrhaft «kindgemässes» Lied handeln. Das ist entlang den oben beschriebenen melodischen und sprachlichen Strukturen auch leicht nachvollziehbar: einfacher Rhythmus, kleiner Tonumfang, wiederholte bzw. abgewandelte Melodiebausteine, dazu eine zwar dichte, aber in den Grundbegriffen gut zu fassende Sprache.

Das müsste wohl zur Korrektur dessen führen, was heute ausgesprochen oder unausgesprochen weitherum als «kindgemäss» gilt: kunstlose Trällermelodien mit phantasielosen Dreiklang- und banalen Kadenzfiguren, möglichst mit einigen «popularmusikalischen» Versatzstücken etwas aufgepeppt – einer Synkope hier, einem Sixt-ajoutée- oder Septimenakkord dort, sprachlich entweder auf simpelste Formeln reduziert oder in einem schrägen «Sauglattismus»-Stil, etwa so: «Als Jesus in die Wüste kam, da war der Teufel los. Der lud ihn gleich zum Essen ein und zeigte ihm sein Schloss.»[2] Für die Deutschschweiz kommt natürlich noch die Forderung nach Dialekt dazu, ungeachtet der Tatsache, dass Standarddeutsch den Kindern heute sehr viel früher vertraut ist als vor einem halben Jahrhundert.

Und dann das Wichtigste: die Nachhaltigkeit. Was hat es für einen Sinn, den Kindern Lieder beizubringen, die sie dann zusammen mit der Kindheit zurücklassen werden? Das Regenbogenlied (*Mini Farb und dini*), das berühmt berüchtigte *Danke* und auch *Kumbayah my Lord* sind bei vielen Jugendlichen inzwischen zu Karikatur-Objekten geworden. «Als ich ein Kind war, dachte ich wie ein Kind» – und sang wie ein Kind ...

Kinder haben das Recht, die Lieder der Erwachsenen zu lernen (oder genauer: *auch* zu lernen), damit ihnen später ein musikalisches und sprachliches Vokabular erhalten bleibt, mit dem sie im Glauben sprachfähig sind und an der Kirche als Sprach- und Erzählgemeinschaft teilhaben können. Das bedeutet Zurückhaltung gegenüber den zahlreichen Sammlungen religiöser Kinderlieder, die sich auf dem Markt mit schöner Regelmässigkeit ablösen. Und es bedeutet Arbeit mit dem Kirchengesangbuch, das eine deutlich längere Lebenszeit hat.

Zu diesem Zweck gibt es inzwischen eine «Kernliederliste»[3]. Sie enthält die Lieder, die am verbreitetesten sind und von denen wir annehmen dürfen, dass sie die Chance haben, auch künftig gesungen zu werden. So kann ein minimales Repertoire erhalten werden, das über Regionen, Gemeinden oder gar nur Unterrichtsklassen hinausreicht und die Kontinuität über die Generationen hinweg erhalten kann.

Freilich kann man sich fragen, wie «kindgemäss» manche alten Texte sind. Aber damit meint man meist eigentlich Schwierigkeiten, die man selbst als Erwachsener mit den Texten hat. Die problematischen sind schon gar nicht auf der Kernliederliste enthalten, und dann müssten wir differenzierter überlegen, was es denn mit dem Verstehen auf sich hat. Es kann ja nicht darum gehen, in einem überholten hermeneutischen Schema zu durchschauen, was der Autor gemeint habe oder gar, «was er mir sagen will». Gerade von einem Kunstwerk (der Begriff ist für ein Lied aus dem Gesangbuch wohl überzogen, aber sei es denn ...) erwarten wir, dass es im Prozess der Rezeption Sinn konstituiert, ein Vorgang, an

2 Christian Pfarr, in: Reimund Hess/Wilfried Röhrig/Markus Schöllhorn (Red.): beherzt. Gotteskindermenschenlieder, Mainz: Arbeitskreis Kontrapunkt und Bischöfliches Jugendamt/Viernheim: Rigma Musikverlag 2003, Nr. 5. Ein Kommentar von Andreas Marti zu dieser Sammlung in: Musik und Gottesdienst, 57/2003, S. 208–210.

3 www.kernlieder.ch (17.8.2011)

dem es selbst wie der Rezipient gleichermassen beteiligt ist. Dazu muss es ausreichend «gut» strukturiert sein, d. h. sich trivial-kurzschlüssiger Rezeption entziehen können und dennoch seine Strukturen transparent machen – wenn auch nicht primär auf der rationalen Ebene. Und es muss inhaltliche Anhalts- und Orientierungspunkte für die Sinnkonstitution liefern. Ob ein Text dabei restlos entschlüsselt wird oder nicht, ist im Grunde nicht von Belang. Gerade für Kinder dürfen wir auch mit einer (mindestens partiellen) «Rezeption auf Vorrat» rechnen, der Bereitstellung von sprachlichem Ausdruck, der vielleicht in späteren biographischen Situationen reaktiviert und aktualisiert werden kann. Darum teile ich auch nicht die Skrupel, denen ich manchmal in katechetischen Kreisen begegne, ein Text sei zu alt, sei nicht gut verständlich. Wo ich hingegen Vorsicht walten lassen würde, sind Fixierungen auf problematische Verengungen der theologischen Tradition, etwa in der Passionstheologie oder im Gottesbild. Aber hier sind manche der neuen «kindgemässen» Lieder keinen Deut besser, vor allem dann, wenn sie eher aus der freikirchlichen Ecke kommen. Und Texte von hoher Qualität halten die Räume offen, in denen sich Bedeutung bilden und gegebenenfalls neu interpretieren lassen kann.

Schliesslich ist mit dem Vorurteil aufzuräumen, Kinder und Jugendliche könnten nur Musik akzeptieren, die irgendeine Verwandtschaft mit Stücken aus der Hitparade haben (man spricht dann summarisch, aber sachlich unpräzise und im Grunde falsch von «Popularmusik»). Kinder sind musikalisch «vielsprachig»; bei Jugendlichen kann es freilich hier Schwierigkeiten geben, aber diese sind nicht eigentlich musikalisch, sondern eher psychologisch und soziologisch bedingt und können durchaus bewältigt werden. Ein erstaunliches Beispiel zum Schluss, das mir ein Organistenkollege erzählt hat: Ein Pfarrer, der auf klassische Orgelmusik «steht», setzt im Konfirmandenlager durch, dass jeder Tag mit dem Anhören von Bachs Passacaglia c-Moll beginnt. Erst murren die Jugendlichen, wie sie es dem Image ihrer Altersgruppe schuldig sind, dann fangen sie an zuzuhören, und schliesslich verlangen sie, dass die Passacaglia im Konfirmationsgottesdienst gespielt wird.

Also: Unterfordern wir unsere Kinder und Jugendlichen nicht. Nicht jeder und jede hat dieselben Möglichkeiten bereit, aber ohne anspruchsvolle Musik – welcher Gattung auch immer –, ohne Literatur, Bilder, Architektur oder andere symbolische Ausdrucksweisen ist eine nachhaltige Religionspädagogik nicht zu haben.

The Bright Side of Jesus, oder Einführung in die Brianologie

Wirkungsgeschichtliche und theologische Annäherungen an «Monty Python's Life of Brian»

Moisés Mayordomo

Zu Entstehung und Handlung[1]

«He's not the Messiah! He's a very naughty boy!»
(Mandy Cohen, Mutter von Brian)

«Monty Python's Life of Brian» (1979, dir. Terry Jones) gilt als die gelungenste Kinoproduktion der britischen Komikergruppe[2] und erfreut sich bis in die Gegenwart grosser Beliebtheit. Anstelle der episodenhaften Aneinanderreihung von Sketchen, spannen die Pythons in diesem Film von Anfang bis Ende einen narrativen Bogen.[3] Die teilweise abenteuerliche Entstehung des Films ist ebenso häufig wie die von Blasphemievorwürfen geprägte Rezeptionsgeschichte erzählt worden –

1 Zum Film vgl. Randall E. Auxier: A Very Naughty Boy. Getting Right with Brian, in: Gary L. Hardcastle/George A. Reisch (Hg.): Monty Python and Philosophy (Popular Culture and Philosophy 19), Chicago, Ill. 2006, S. 65–81; Lloyd Baugh: Imaging the Divine. Jesus and Christ Figures in Film, Franklin, WI 1997, S. 48–51; Philip R. Davies: Life of Brian Research, in: J. Cheryl Exum/Stephen D. Moore (Hg.): Biblical Studies/Cultural Studies (Journal for the study of the Old Testament supplement ser. 266), Sheffield 1998, S. 400–414; Monica S. Cyrino: Big Screen Rome, Oxford 2005, S. 176–193; David Nash: Blasphemy in the Christian World. A History, Oxford 2007, S. 211–219; Kevin Schilbrack: «Life's a Piece of Shit». Heresy, Humanism, and Heroism in Monty Python's Life of Brian, in: Hardcastle/Reisch (Hg.): Monty Python (a.a.O.), S. 13–23; Jeffrey Lloyd Staley/Richard G. Walsh: Jesus, the Gospels, and Cinematic Imagination. A Handbook to Jesus on DVD, Louisville 2007, S. 101–108. Das Drehbuch liegt auf Englisch und auf Deutsch vor: Monty Python: The Life of Brian, London 1979; Monty Python: Das Leben Brians. Drehbuch und apokryphe Szenen, übers. Michel Bodmer, Zürich 1992. Das Drehbuch enthält auch ausgelassene Szenen, auf die hier nicht weiter eingegangen werden kann, die jedoch ein interessantes Licht auf das Gesamtprojekt werfen. Für Korrekturvorschläge und Denkanregungen danke ich Samuel Blapp und Vivian Kellenberger.

2 Unter dem Namen «Monty Python» schrieben und spielten von 1969 bis 1983: Graham Chapman (1941–1989), John Cleese (*1939), Terry Gilliam (*1940), Eric Idle (*1943), Terry Jones (*1942) und Michael Palin (*1943).

3 Die Kunst der Pythons wandelt sich damit – ähnlich wie die Jesus-Überlieferung – von den eher zusammenhanglosen Logiensammlungen zur narrativ-episodischen Struktur eines Markusevangeliums.

auch von den Beteiligten selbst.[4] Nachdem die Pythons 1975 in «Monty Python and the Holy Grail» die Arthur-Sage und das Genre des Ritterfilms mit den Mitteln ihres ganz eigenen Humors verarbeitet hatten, war eine Steigerung im Prinzip nur noch in Richtung der grundlegendsten abendländischen Geschichte möglich: der Geschichte von Jesus von Nazaret. Während der gemeinsamen Arbeit am Drehbuch wurde den Pythons bald bewusst, dass sich Jesus nicht als satirische Angriffsfläche eignet. Mit der Parallelgeschichte des unfreiwilligen Messias Brian fanden sie einen Weg, die Jesusgeschichte samt ihrer Wirkungsgeschichte im Film aus «sicherer Distanz» zu parodieren.[5] Kurz vor Beginn der Dreharbeiten trat die EMI von der Finanzierung des Projekts zurück, weil das Drehbuch vom Vorstandsmitglied Bernard Delfont als anstössig empfunden wurde. Kurzzeitig sprang der Ex-Beatle George Harrison ein und finanzierte das ganze Projekt mit eigenen Mitteln.[6] Die Dreharbeiten in Tunesien erlaubten den Pythons – ironischerweise – auf Kulissen für Zeffirellis «Jesus of Nazareth» (1978) zurückzugreifen. Im August 1979 wurde der Film in New York uraufgeführt.

Der Film erzählt die tragisch-komische «Parallelbiographie» von Brian Cohen (Graham Chapman), der am gleichen Tag wie Jesus zur Welt kommt und ebenso wie dieser am Kreuz endet. Die Trennung der beiden Erzähllinien (Jesus und Brian) erfolgt gleich in der Anfangsszene: Die drei Weisen aus dem Morgenlande erscheinen irrtümlich im Haus von Mandy Cohen (Terry Jones)[7] und ziehen gleich einen Stall weiter zum «wahren Jesus»[8]. Die eigentliche Handlung beginnt mit Jesu Bergpredigt, die aus der Perspektive der Zuhörer in der letzten Reihe in Szene gesetzt wird. Nach einigen Missverständnissen begleitet Brian seine Mutter zu einer Steinigung, an der beinahe ausschliesslich Frauen mit falschen Bärten (dazu s. u.) teilnehmen. Als er von seiner Mutter erfährt, dass sein wahrer Vater ein römischer Hauptmann ist, keimen in ihm jüdisches Selbstbewusstsein und antirömische Ressentiments auf. Daraufhin kommt Brian in Kontakt mit der «Volksfront von Judäa» (VVJ), deren Leiter Reg (John Cleese) ihn in die Gruppe aufnimmt. Brian verliebt sich in die Revolutionärin Judith (Sue Jones-Davis).

Als Bedingung zur Aufnahme in die Gruppe erhält Brian den Auftrag, antiimperialistische Graffiti («Romans, go home!», analog dem berühmten «Yankee,

4 Neuerdings wieder im fünften Teil der sechsteiligen BBC-Dokumentation «Monty Python. Almost The Truth» (2009). Vgl. Robert Hewison: Monty Python. The Case Against, London 1981, S. 58–95. Zuverlässige und sehr ausführliche Informationen zum Film finden sich auch in der Online-Enzyklopädie Wikipedia: http://de.wikipedia.org/wiki/Das_Leben_des_Brian (22. Juli 2011). Die Produktionsgeschichte wird hier lang und präzise dokumentiert.

5 Dass es in diesem Film um Brian und nicht um Jesus geht, gilt in der weiteren Rezeption des Films als sicherste Abwehr gegen Blasphemievorwürfe.

6 Mit der einfachen Begründung, dass er den Film unbedingt sehen wolle.

7 Dass Mandy Cohen von einem Mann gespielt wird, entspricht bester Monty Python-Tradition.

8 Die Anführungsstriche sind deswegen notwendig, weil die kurze Szene von Jesus im Stall deutlich in Form einer religiösen Kitsch-Postkarte stilisiert ist.

go home!») an die Wand zu schreiben. Dank einer etwas launigen Lateinlektion (Korrektur von «romanes eunt domus» zu «romani ite domum») durch einen römischen Soldaten (John Cleese) wird die Aktion ein grosser Erfolg. Im Hauptquartier der VVJ kann Brian an der grössten anti-imperialistischen Terror-Aktion teilnehmen: der Entführung der Frau des Pilatus mit der Forderung, den gesamten imperialistischen Staatsapparat in zwei Tagen aufzulösen. Bei der anschliessenden Nacht-und-Nebel-Aktion in den Kloaken der Stadt geraten die Revolutionäre an eine konkurrierende Terror-Gruppe («Feldzug zur Befreiung Galiläas»), die genau das gleiche Ziel verfolgt. Das anschliessende Handgemenge überlebt nur Brian, der von Soldaten festgenommen und Pontius Pilatus (Michael Palin) vorgeführt wird. Brian kann jedoch fliehen und wird «zufälligerweise» von einem Raumschiff gerettet. Während seiner weiteren Flucht hält Brian zur Ablenkung eine kurze öffentliche Rede. Diese wenigen Worte bringen ihm unfreiwillig eine wachsende und zunehmend fanatisierte Gefolgschaft ein, die sich durch nichts davon abbringen lässt, Brian für den Messias zu halten. Seine linke Sandale und seine Kürbisflasche werden zu Zeichen der Gefolgschaft. Der Höhepunkt der Massenverehrung ist erreicht, als Brian am nächsten Morgen erwacht und von einer Menschenmenge vor seinem Fenster als der Auserwählte begrüsst wird. Mittlerweile haben die Revolutionäre der VVJ erkannt, dass sie Brians Popularität für ihre Sache nutzen können.

Brian wird daraufhin endgültig von römischen Soldaten gefasst und erneut Pontius Pilatus vorgeführt. Er wird zum Tode verurteilt. Während die VVJ Resolutionen aufsetzt und die 140 Todeskandidaten in einer (gut britisch) geordneten Schlange ihre Kreuze entgegennehmen, kann Judith die Menge dazu bewegen, Brians Freilassung von Pilatus zu erwirken. Brian wird dennoch gekreuzigt. Am Kreuz wird er von fünf Parteien besucht: a) Die Revolutionäre der VVJ gratulieren ihm zum Martyrium und singen «For he's a jolly good fellow». b) Ein römischer Hauptmann kommt mit dem Auftrag, Brian zu befreien. Doch leider meldet sich ein anderer Gekreuzigter, und der echte Brian verpasst seine Chance zur Rettung. c) Ein Suizidkommando jüdischer Nationalisten begeht vor den Kreuzen kollektiven Selbstmord. d) Judith verabschiedet sich von Brian und dankt ihm für seinen heldenhaften Tod. e) Mandy, Brians Mutter, schimpft ihn ein letztes Mal aus. Zum Abschluss singen die Gekreuzigten «Always look on the bright side of life». Brian – naiv, gutmütig und unter der Kontrolle einer dominanten Mutter – stirbt als ein tragischer Held in einer absurden Welt.[9]

9 Zur Dimension des Absurden im Zusammenhang mit dem Werk von Albert Camus vgl. Schilbrack: Heresy (vgl. Anm. 1), S. 19–23. Im Abschlusslied heisst es explizit: «For life is quite absurd and death's the final word. You must always face the curtain with a bow.»

Wirkungsgeschichtliche Annäherungen

«The events portrayed by this picture occucrred in Palestine nineteen centuries ago»
(Cecil B. de Mille, The King of Kings, 1927)

«Judea A. D. 33. Saturday afternoon. About tea time.»
(Monty Python's Life of Brian, 1979)

Der Begriff der Wirkungsgeschichte lässt sich auf drei Weisen auf einen Film anwenden: 1. Hermeneutisch – im Sinne Gadamers – als jenes Prinzip, das ins Bewusstsein ruft, wie geschichtliche Entwicklungen auf unser Verstehen einwirken, 2. literaturwissenschaftlich-intertextuell als Konzept, das die Relationen zwischen Film und früheren schriftlichen wie filmischen «Texten» ins Zentrum rückt, und 3. rezeptionsgeschichtlich als historische Erzählung der Nachgeschichte eines Films.[10]

Hermeneutischer Horizont

«Life of Brian» gehört zunächst in die Wirkungsgeschichte des Jesusfilms – ein in der frühen Filmgeschichte besonders prägendes Genre.[11] Mediengeschichtlich bildet dieser die Fortführung des Passionsspiels mit anderen Mitteln. Der Kinosaal wird damit zu einem sakralen Raum, aus dessen Dunkel die Mythen des Abendlandes neu zum Leben erweckt werden. Die klassischen, historisch ausgerichteten Jesusfilme bewegen sich im Grenzgebiet von Biographie und Hagiographie, Illustration und Sakralspektakel. Der Verwirklichung künstlerischer oder kritisch-theologischer Ansprüche sind dadurch sehr enge Grenzen gesetzt. Schliesslich gilt es die hohen Publikumserwartungen im Hinblick auf historische Authentizität, Treue zum Bibeltext, sakrale Repräsentation und religiöse Erbaulichkeit gleichzeitig zu erfüllen.[12] Man mag diese Gratwanderung als Widerspiegelung der Zwei-Naturen-Lehre (Jesus als Mensch und Gott zugleich) lesen oder im Medium des

10 Dieser letzte Aspekt soll hier am wenigsten interessieren.

11 Vgl. Fred L. Bakker: The Challenge of the Silver Screen. An Analysis of the Cinematic Portraits of Jesus, Rama, Buddha and Muhammad (Studies in Religion and the Arts 1), Leiden 2009, S. 13–42; Baugh: Imaging the Divine (vgl. Anm. 1); Stephenson Humphries-Brooks: Cinematic Savior. Hollywood's Making of the American Christ, Westport 2006; Adele Reinhartz: Jesus of Hollywood, Oxford 2007; W. Barnes Tatum: Jesus at the Movies. A Guide to the First Hundred Years, Santa Rosa, CA ^{2}2005; Richard G. Walsh: Reading the Gospels in the Dark. Portrayals of Jesus in Film, Harrisburg, PA 2003; Reinhold Zwick: Evangelienrezeption im Jesusfilm. Ein Beitrag zur intermedialen Wirkungsgeschichte des Neuen Testaments (Studien zur Theologie und Praxis der Seelsorge 25), Würzburg 1997.

12 Aufgrund dieser Schwierigkeiten sind Jesus-Filme häufig nicht unterhaltsam, geschweige denn spannend. Der Stoff ist übermäßig vertraut, kann aber aufgrund seiner «Heiligkeit» kaum verändert oder ausgebaut werden.

Films sogar einen grundsätzlichen Hang zum Doketismus (also zur Scheinbarkeit oder Virtualität der Leiblichkeit Jesu) vermuten. M. E. gibt sich darin v. a. ein grundsätzliches wirkungsgeschichtliches Problem zu erkennen: Das intermediale Verhältnis zwischen Evangelientext und Jesusfilm ist kein unmittelbares, sondern eines, welches durch die ganze Konfliktgeschichte abendländischer Christologie mitgeprägt wird. Gerade anhand des Jesusfilms lässt sich zeigen, dass Wirkungsgeschichte nicht einfach die unmittelbare Wirkung eines Textes auf einen Rezipienten ist, sondern v. a. die Wirkung der Geschichte auf das Bewusstsein deutender Subjekte.[13]

In der Produktion und Rezeption von Jesusfilmen verdichtet sich daher die Geschichte der Christologie und ihre Problematisierung in der säkularen (bzw. halbsäkularisierten) Gesellschaft. Die Begegnung mit dem Göttlichen durch die Suggestion der Gleichzeitigkeit (der filmische Realismus als virtuelle «Pilgerfahrt») gelingt in diesem Kontext immer seltener. Die Filmschaffenden sind diesem Dilemma unterschiedlich begegnet: durch Verzicht auf Jesusfilme[14], durch Verfremdung des Jesusstoffes[15], durch explizite Thematisierung der Problemgeschichte[16], durch Säkularisierung der Jesus-Story[17] oder neuerdings durch ein hyperrealistisches Gewaltspektakel[18]. Dass nur sehr selten humoristische Mittel (Ironie, Satire, usw.) zur Anwendung gelangen, mag als Hinweis darauf gewertet werden, wie sehr sich die Geschichte der Christologie durch Humorlosigkeit auszeichnet.[19] Dabei ermöglicht Humor ironische Distanz zum Gegenstand, vermag Kritik an herrschenden Deutungssystemen zu üben und trägt dazu bei, dem Absurden, dem

13 Vgl. Hans Georg Gadamer: Hermeneutik I. Wahrheit und Methode. Grundzüge einer philosophischen Hermeneutik (Gesammelte Werke, Bd. 1), Tübingen [5]1990, S. 346–384.

14 Dass zwischen den Jahren 1930 und 1960 keine grösseren Jesusfilme gedreht wurden, verdankt sich vorwiegend der Bildung von Filmzensurbehörden: 1912 wurde in Großbritannien die «British Board of Film Censors» (heute eleganter: British Board of Film Classification) gegründet. In ihrem ersten Jahresbericht von 1913 wurde die bildliche Darstellung von Jesus als ausreichender Grund für die Ablehnung eines Films betrachtet. 1927 erschien der erfolgreichste Jesus-Film der Stummfilmära, Cecil B. de Mille's «Kings of Kings», und konnte auf der Insel nur mit Ausnahmegenehmigungen gezeigt werden. Das Verbot der Darstellung Jesu wurde offiziell jedoch erst 1961 aufgehoben, um Nicholas Ray's Remake zeigen zu können. Vgl. James C. Robertson: The Hidden Cinema. British Film Censorship in Action, 1912–1975 (Cinema and Society), London 1989, S. 32f.

15 Etwa in den Musicals «Jesus Christ Superstar» (USA, 1973, dir. Norman Jewison) oder «Godspell: A Musical Based on the Gospel According to St. Matthew» (USA, 1973, dir. David Greene).

16 Etwa in «Jésus de Montréal» (KAN, 1989, dir. Denys Arcand), dem wenig beachteten Film «Mary – This is my Blood» (IT/FR/USA, 2005, dir. Abel Ferrara) oder der Dramatisierung der Jesus-Geschichte im südafrikanischen Kontext in «Son of Man» (SA, 2005, dir. Mark Dornford-May).

17 Zur Christus-Figur in Filmen wie «Au hasard Balthazar» (FR, 1966, dir. Robert Bresson) oder «Dead Man Walking» (USA, 1996, dir. Tim Robbins) vgl. Baugh: Imaging the Divine (vgl. Anm. 1), S. 150–156; 185–204.

18 «The Passion of the Christ» (USA, 2004, dir. Mel Gibson). Vgl. dazu Reinhold Zwick et. al. (Hg.): Die Passion Christi. Der Film von Mel Gibson und seine theologischen und kunstgeschichtlichen Kontexte, Münster 2004.

19 Die Nähe des Komischen zum Blasphemischen wäre eine eigene Untersuchung wert.

Tragischen und auch dem Schrecklichen so etwas wie spielerische Lust und Vergnügen entgegenzusetzen. Die zuweilen peinlich berührende Ernsthaftigkeit der grossen Jesusfilme der 60er und 70er Jahre[20] hatte geradezu nach einer solchen «komischen Erleichterung»[21] verlangt. «Monty Python's Life of Brian» kommt ganz ohne Zweifel das Verdienst zu, dem Genre des Jesusfilms eine Parodie hinzugefügt zu haben.[22] Auf die zunehmend drängende Frage, wie und ob sich Jesus überhaupt darstellen lasse, gibt dieser Film eine verblüffend einfache Antwort: gar nicht, bzw. nur als jemand anderes: als «Brian».[23] Und wer ist Brian? Brian ist ein Jedermann, wie die Kreuzigungsszene deutlich macht: Als ein römischer Soldat nach einem Gefangenen namens Brian fragt, schreien alle Gekreuzigten «Ich bin Brian».[24] Der Verstehenshorizont von «Life of Brian» ist also durch eine zweifache «Übersättigung» gegeben: die religiös-kirchliche Vereinnahmung des historischen Jesus und die künstlerische «Reproduktion» des ikonischen Jesus durch den epischen Hollywood-Film.

Intertextuelle Referenzen

Anhand von «Life of Brian» lässt sich gut zeigen, dass Rezeptionsgeschichte immer auch frühere Rezeptionen mit einbezieht. In gewisser Weise kann man hier von einer Rezeption (oder Wirkung) «zweiter Ordnung» sprechen, weil als unmittelbarer «Pre-Text» nicht die Evangelien dienen, sondern die klassischen Jesusfilme, die vorgeben, eine text- und geschichtstreue Darstellung der Evangelien zu sein.

Die Referenzen zur Jesus-Figur und zu den Evangelien bewegen sich auf unterschiedlichen Ebenen:

1. Visuelle Referenzen im chronologischen Plot: Die beiden wichtigsten Bezüge finden sich gleich zu Beginn des Films. Die «richtige» Krippe in Betlehem wird im Stil einer religiösen Kitsch-Karte mit Stall, Krippenfiguren, leuchtendem Kind und Engelschören dargestellt. Direkt nach dem Vorspann folgt ein kurzer Ausschnitt aus der Bergpredigt, in dem Jesus die Seligpreisungen aus Mt 5,3–12 spricht. Auch hier bewegt sich die Darstellung relativ nah am religiösen Kitsch. Interessant an dieser Szene ist die Kameraführung: Der Fokus bewegt sich immer

20 Ich denke dabei besonders an «King of Kings» (USA, 1961, dir. Nicholas Ray), «The Greatest Story Ever Told» (USA, 1965, dir. George Stevens) und die mehrteilige TV-Produktion «Jesus of Nazareth» (IT, 1977, dir. Franco Zeffirelli).

21 Mit dem Begriff der «komischen Erleichterung» greife ich ein Stichwort der Philosophie des Humors von John Morreal auf: John Morreal: Comic Relief. A Comprehensive Philosophy of Humor, Oxford 2009. Zur Krise des religiösen Films in den 70er Jahren vgl. Pamela Grace: The Religious Film. Christianity and the Hagiopic (New Approaches to Film Genre), Oxford, 2009, S. 40–41.

22 Wirkliche Vorläufer für diesen Film gibt es m. E. nicht. Am ehesten kommen jedoch die Jesus-Sequenzen in Luis Buñuels «La Voie lactée» von 1969 in Frage.

23 Walsh: Reading the Gospels (vgl. Anm. 11), S. 39: «‹Life of Brian› reminds us of the absent hero and vacuous signifier at the heart of the Jesus films.»

24 Besonders subtil ist die Aussage eines Gekreuzigten: «I am Brian and so's my wife.»

weiter von Jesus weg und blendet damit symptomatisch Jesus als Handlungsfigur aus dem Film aus.

2. Dialogische Verweise auf Jesus: In einem kurzen politischen Kommentar von Reg, dem Anführer der VVF, werden die Worte Jesu kommentiert. Weiter kommt in der Erzählung eines Ex-Leprakranken Jesus als Heiler vor.

3. Intertextuelle Referenzen als Zitat oder Anspielung auf Worte der Evangelien: So finden sich z. B. in der kurzen öffentlichen Rede von Brian Zitate aus Mt 6,19–34, die Menge begrüsst Brians Mutter mit den Worten «Behold his mother» (vgl. Joh 19,27) oder Brians Botschaft an die Menge «There's no need to follow anyone» kehrt den Ruf zur Nachfolge Jesu in sein Gegenteil um.

4. Intertextuelle Referenzen als Hinweis auf Figuren der Jesusgeschichte: Der Name der Mutter «Mandy» erinnert an «Mary», «Judith» ist die weibliche Form von «Judas».[25] Neben Jesus ist die einzige namentlich aus den Evangelien erwähnte Figur Pontius Pilatus. Weiterhin erscheinen aus den Evangelien und Jesus-Filmen bekannte Gruppenfiguren: römische Soldaten, Kranke, Besessene und politische Widerstandstruppen, die an Barabbas, Zeloten oder die Makkabäer erinnern.

5. Intertextuelle Referenzen als Anspielung auf Szenen der Evangelien: Als Brian von einem Turm fällt, wird er von Ausserirdischen gerettet (vgl. Mt 4,5–6), die Menge fordert ein Zeichen (vgl. Mk 8,12; Mt 12,38; Lk 21,7)[26], es geschieht ein «Naturwunder»[27], eine Heilung Jesu wird thematisiert, Besessene säumen das Haus Brians, die Menge spricht Brians Mutter auf die Jungfrauengeburt an, Pontius Pilatus erlässt eine Passa-Amnestie (Mk 15,6), auf dem Weg zur Kreuzigung bietet sich ein Freiwilliger als Kreuzträger an (vgl. Mk 15,21 par.) und schliesslich: die Kreuzigung als Höhepunkt der Geschichte. Diese wird allerdings als Massenkreuzigung gegen die Ikonographie der drei Kreuze in Szene gesetzt.[28]

Des Weiteren gibt es viele ironische Referenzen auf die jüdische Geschichte (bes. Josephus), die epischen Jesus-Filme und weitere Filme (etwa Star Wars, Ben-Hur, Quo Vadis)[29] und den politisch-revolutionären und feministischen Diskurs der 70er Jahre.[30]

25 Zur Judith/Judas-Typologie in «Life of Brian» vgl. Richard Walsh: The Gospel According to Judas. Myth and Parable, in: J. Cheryl Exum (Hg.), The Bible in Film – The Bible and Film, Leiden 2006, S. 37–53; S. 49f.

26 Da sie von Brian keines erhalten, wählen sie Sandale und Kürbisflasche als Zeichen des Messias.

27 Dem Wunsch der Menge, in der Einöde gespeist zu werden (vgl. Mk 6,35–44; 8,1–9), begegnet Brian mit dem Hinweis auf einen Wacholderbaum. Dies wird umgehend als Naturwunder gefeiert.

28 Nach langer Diskussion unter den Pythons wurde die Kreuzigung nicht mit Nägeln, sondern mit Seilen inszeniert.

29 Die Szene in der römischen Arena z. B. ist eine völlige Umkehrung der berühmten Wagenkampfszene in Ben Hur. Ebenso wird die ehrwürdige Diktion des römischen Prokurators Pontius Pilatus durch einen lächerlichen Sprachfehler parodiert.

30 Die historische und bibelwissenschaftliche Genauigkeit des Films wird besonders von Davies: Life of Brian Research (vgl. Anm. 1), S. 401–406, herausgearbeitet.

Zwei wirkmächtige Symbole: Steine und Bärte

Die Komik der Pythons ist in so hohem Maße selbstreflexiv, dass sie immer wieder ihre eigene Vorgehensweise thematisiert. Bereits die Titelsequenz mit den detailreichen Scherenschnitten von Terry Gilliam endet mit einem in die Höhe steigenden Engel, der, oben angelangt, abgeschossen wird. In diesem Sturz des Kitsch-Engels kündigt sich bereits das ikonoklastische Programm der Pythons an. Eine Schlüsselszene findet sich gleich im Anfangsteil des Films: die berühmte Steinigungsszene. Sie ist für den Plot völlig unerheblich, die Hauptfigur Brian spielt darin auch keine Rolle. Die englische Tradition der Verkleidung von Männern als Frauen[31] (die ja auch für das gesamte Werk der Pythons prägend ist) wird hier umgekehrt: Durch lächerliche Bärte geben sich Frauen als Männer aus, um endlich jemanden steinigen zu dürfen.[32] Der jüdische Beamte (John Cleese) verliest die Anklage gegen einen gewissen Matthias, der den Namen Gottes (im Film: «Jehova») ausgesprochen hat. Rechtlich betrachtet ist für die Anklage nicht die Intention der Gotteslästerung massgeblich, sondern lediglich die formale Tatsache des Aussprechens. Im Verlauf der absurden Szene kommt es natürlich unweigerlich dazu, dass eine der vermännlichten Frauen «Jehova» ausspricht und prompt von einem Steinhagel zu Boden gestreckt wird. Schlimmer noch, der Beamte selbst muss bei der Verlautbarung der Regeln für die Steinigung «Jehova» als Zitat aussprechen und wird schliesslich selbst gesteinigt.

Diese Verwechslung von Performanz und Zitat zeigt die Gefahrenzone des Blasphemischen auf. Damit nehmen die Pythons direkten Bezug auf die bereits vor der Produktion absehbare Rezeptionsgeschichte des Films, die wesentlich vom Blasphemie-Vorwurf geprägt sein würde (und es in den Jahren nach Erscheinen auch war). In der englischen Rechtsprechung galt Blasphemie zum damaligen Zeitpunkt als ein Strafdelikt, bei dem die Intention der Verdachtsperson keine Rolle spielte, sodass es prinzipiell möglich war, Anklage zu erheben, wenn jemand ein bestimmtes Kunst-Produkt als blasphemisch betrachtete.[33] Aus diesem Grund haben die Pythons den Filmstart auch in die USA verlegt, wo der Film von vornherein durch das Recht auf Meinungsfreiheit vor einem legalen Blasphemievorwurf geschützt war. Weiterhin macht diese Szene auf zwei Dinge aufmerksam: Blasphemie ist ein selbstzerstörerischer Mechanismus, und den religiösen Eiferern geschieht es recht, wenn sie selbst in die Mühlen ihrer Vorgehensweisen geraten. Damit ist aber auch das humoristische Programm der Pythons umrissen: die Mechanismen von «dogmatischen» religiösen und politischen Systemen zu entlarven und humoristisch diejenigen mit Steinen zu bewerfen, die das Feld des Religiösen mit unmenschlicher Strenge zu kontrollieren versuchen.

31 Vgl. Davies: Life of Brian Research (vgl. Anm. 1), S. 407, Anm. 13.

32 Man würde denken, dass der Zugang von Frauen zu männerdominierten religiösen Systemen ehrenwerteren Zielen dienen sollte.

33 Hewison: Monty Python (vgl. Anm. 4), S. 61–62.

Der falsche Bart ist vielleicht das subtilste und damit aussagekräftigste Symbol für die Künstlichkeit der Jesusfilme. Wer immer Nicholas Ray's «King of Kings» unter dem Gesichtspunkt der Ausstattung betrachtet hat, kann sich nur über die aufgesetzten Bärte der Revolutionäre um Barabbas wundern. Diese sind so offensichtlich unecht wie die Papp-Kulisse der Kreuzigungsszene am Ende von «The Greatest Story Ever Told» (1965). In «Life of Brian» sind jedoch nicht nur die meisten Bärte der Figuren aufgesetzt, es werden auch zweimal im Film falsche Bärte zum Kauf angeboten und verwendet: in der Steinigungsszene und während der Flucht vor den Römern. Die Bärte sind also nicht nur ein intertextueller Verweis, sondern zugleich eine Form, den Anspruch auf Authentizität der Jesusfilme zu hinterfragen. Sie weisen auch auf den ökonomischen Aspekt der Jesusfilme hin: Als Brian den falschen Bart kaufen will, um sich vor den Römern zu schützen, muss er zuerst mit dem Händler feilschen. Die Szene thematisiert dabei die Regeln des Feilschens, indem diese vom Händler offengelegt werden. Er wechselt zu Brians Verwirrung ständig zwischen der Rolle des Verkaufenden («Wollen Sie damit sagen, dass der keine zwanzig Schekel wert ist?») und des Kommentators («Richtig feilschen. Der ist keine neunzehn wert.»). Damit sind nicht nur die Bärte ein Symbol für die aufgesetzte Künstlichkeit organisierter Religion, sondern auch eines für die Mechanismen der Vermarktung von religiöser Kunst.

Theologische Annäherungen

Die Masse und das Problem des Verstehens

Die eigentliche Hauptfigur in «Life of Brian» ist die Volksmenge. Sie alleine bringt die Handlung voran und macht aus der unscheinbaren Hauptfigur Brian einen gekreuzigten Messiasanwärter. Die handlungslenkende Macht der Masse steht jedoch in einem auffälligen Kontrast zur Dürftigkeit ihrer religiösen Deutungskompetenz. Bereits in der ersten Szene sind die Worte Jesu in den letzten Reihen so schlecht hörbar, dass das Gehörte nur mit den Mitteln der Allegorie gedeutet werden kann:

> «GREGORY: Could you be quiet, please? What was that?
> MR. CHEEKY: I don't know … I was too busy talking to big nose.
> MAN FURTHER FORWARD: I think it was ‹Blessed are the Cheesemakers›.[34]
> WIFE OF GREGORY: What's so special about the cheesemakers?
> GREGORY: It's not meant to be taken literally. Obviously it refers to any manufacturers of dairy products.»

Kurz danach:

34 Das Wortspiel geht von der englischen Bibelübersetzung «Blessed are the peacemakers» (Mt 6,9 KJV) aus.

«ANOTHER PERSON: I think it was ‹Blessed are the Greek.›[35]
GREGORY: *The* Greek?
ANOTHER PERSON: Apparently he's going to inherit the earth.
GREGORY: Did anyone catch his name?
[Zwischendurch streiten einige der Herumstehenden.]
WIFE: Oh it's the Meek … Blessed are the meek! That's nice, I'm glad they're getting something 'cos they have a hell of a time.»

Die Szene wird beendet mit einem Kommentar der links-politischen Revolutionäre:

«FRANCIS: Well, Blessed is just about everyone with a vested interest in the status quo, as far as I can tell, Reg.
REG: What Jesus blatantly fails to appreciate is that it is the Meek who are the problem.»

Jesu Botschaft über Frieden und Sanftmut wird nicht nur missverstanden und banalisiert, sie wird auch ironischerweise durch den Ausbruch von Gewalt unterbrochen.[36] Die Macht der Masse im Akt des Missverstehens markiert auch den Anfang von Brians unfreiwilliger Karriere als Messias. Seine «Antrittspredigt» wird fortwährend unterbrochen.

«BRIAN: Don't pass judgement on other people, or you might get judged yourself. [vgl. Mt 7,1]
COLIN: What?
BRIAN: I said ‹Don't pass judgement on other people or else you might get judged too›.
COLIN: Who, me?
BRIAN: Yes.
COLIN: Oh right. Thank you.
BRIAN: Well … not just you, all of you. […]
BRIAN: Yes. Consider the lilies … [vgl. Mt 6,28] […]
GEOFFREY (puzzled): Consider the lilies?
BRIAN: Well, the birds then. [vgl. Mt 6,26]
EDDIE: What birds?
BRIAN: Any birds.
EDDIE: Why?
BRIAN: Well … have they got jobs?
ARTHUR: Who?
BRIAN: The birds.
EDDIE: Have the birds got jobs?
FRANK: What's the matter with him? […]

35 Auch diese Verwechslung setzt die englische Übersetzung voraus: «Blessed are the meek: for they shall inherit the earth» (Mt 6,5 KJV).

36 Davies: Life of Brian Research (vgl. Anm. 1), S. 408: «The contrast between preaching and reception is brutal enough: while peacemaking is being proclaimed, fighting breaks out over the most trivial matter, and the dominical words are immediately exegeted […] into a statement about the dairy industry.»

BRIAN: O.K. And you're more important than they are, right? Well, there you are then. What are you worrying about? There you are. See?
EDDIE: I'm worrying about what you got against birds. [...]
BRIAN: Look, there was this man and he had two servants ...
ARTHUR: What were their names? [...]
BRIAN: I don't know. And he gave them some talents. [vgl. Mt 25,14ff]
ELSIE: You don't know. [...]
BRIAN: They were called Simon and Adrian. Now.
ARTHUR: Oh! You said you didn't know.
BRIAN: It really doesn't matter. The point is there were these two servants ...
SAM: He's making it up as he goes along.
BRIAN: No I'm not ... or wait a moment, were there three?
EDDIE: Oh he's terrible isn't he?
ARTHUR: Terrible.
BRIAN: Three ... well stewards really ... [...]
BRIAN: Er... hear this! Er... Blessed are they ... who convert their neighbour's ox ... for they shall inhibit their girth ... and to them only shall be given ...»

An dieser Stelle unterbricht Brian seine Rede, weil die römischen Soldaten abziehen. Die Menge fragt «Shall be given what?» und «Hey! What were you going to say?» und kommt schnell zu der Überzeugung, dass Brian das Geheimnis des ewigen Lebens kennt und es nicht mitteilen will. Diese Ellipse ist der Ausgangspunkt einer religiösen Konstruktion, gegen die sich Brian nicht mehr zu wehren vermag. «Brianologie» gründet im Wesentlichen auf den unbedingten Willen zum Missverstehen durch eine religiös fanatisierte Menschenmenge. Nirgendwo wird dieser Wille deutlicher als im folgenden absurden Dialog zwischen der Menge und Brian:

«ARTHUR: Hail Messiah!
BRIAN: I'm not the Messiah.
ARTHUR: I say you are Lord, and I should know, I've followed a few.
ALL: Hail Messiah! [...]
BRIAN: I am not the Messiah, will you please listen! I am not the Messiah. D'you understand. Honestly!
GIRL: Only the true Messiah denies his divinity.
BRIAN: What!? Oh! What sort of a chance does that give me? ... All right! I am the Messiah!
CROWD: He is! He is the Messiah!»

Religiöse Eiferer können zwischen formaler Rede und Aussageabsicht oder zwischen wörtlicher und metaphorischer Sprache nicht unterscheiden. Diese «fanatisierte Hermeneutik» führt zum Tod des jüdischen Beamten, der «Jehova» ausspricht, zum Tod des Eremiten, der an Brians Messianität zweifelt, und schliesslich zum Tod von Brian. Theologisch gibt diese Religionskritik zu denken: Welche Möglichkeiten sind der religiösen Sprache gegeben, wenn es neben dem Willen zum Verstehen auch einen Willen zum Missverstehen gibt? Wenn missglückte

Deutungen aus einem so gewöhnlichen Menschen wie Brian einen «Messias» machen können, was sagt das über die Gestaltwerdung des Christentums im Verhältnis zu Jesus von Nazareth aus? Ist am Ende eine Ellipse verantwortlich für die Christologie? Eine Antwort deutet sich im Film an: Überall dort, wo religiöse Gemeinschaftsbildung in Ausschluss und Gewalt endet[37], ist der Bezug auf die Worte Jesu ebenso aussichtslos wie echte Kommunikation.[38] Obwohl Brian nicht Jesus ist, hat die absurde Brian-Handlung destabilisierende Rückwirkungen für die Rückführungsversuche der Kirche auf den historischen Jesus.

Das Banale im Sakralen

Ein wichtiger Aspekt der satirischen Kunst in «Life of Brian» besteht darin, das Banale und das «Erhabene» in einer Weise miteinander zu konfrontieren, die sich nur im Lachen entladen kann.[39] Bei den banalen Elementen greifen die Pythons auf humoristische Mittel der frühen Schulzeit zurück: Personen werden mit Witznamen bedacht (wie «Biggus Dickus»), der mächtige Pontius Pilatus leidet an einem lächerlichen Sprachfehler, ein römischer Soldat erteilt eine Lateinlektion in Form einer Lehrerparodie, usw.[40] Auch die vielfältigen Formen von Gewalt werden mit Elementen des Banalen konfrontiert: die jüdische Steinigung, die römische Kreuzigung, die gegenseitige Zerstörung von zwei anti-imperialistischen Bewegungen mit exakt den gleichen Zielen, die Tötung des friedlichen Eremiten durch die fanatisierten Anhänger Brians und der kollektive Selbstmord jüdischer Revolutionäre vor den Kreuzen. Der Höhepunkt der Banalität ist mit dem Abschlusslied der Gekreuzigten erreicht:

> «Always look on the light side of life ...
> If life seems jolly rotten there's something you've forgotten
> And that's to laugh and smile and dance and sing ...»

Die Kategorie des Blasphemischen ist an dieser Stelle deswegen unangebracht, weil dadurch die Möglichkeit verschenkt wird, aus dieser Konfrontation Einsichten zu gewinnen, die für jede religiöse Selbstkritik unerlässlich sind. Die Banalität im/des Sakralen deckt nämlich auf, wie das Sakrale in der organisierten Religion, im pseudo-revolutionären Diskurs und implizit im Hollywood-Jesusfilm instrumentalisiert wird.

37 Einen ersten Mord begeht Brians Anhängerschaft an einem Eremiten, der Brian nicht für den Messias hält.

38 In der Criterion-Edition-DVD kommentiert einer der Pythons: «You get two thousand years of blood and torture because people couldn't agree on what sort of love and peace the original prophet was talking about. Suddenly that became the gist of the film.» (zitiert in: Grace: Religious Film (vgl. Anm. 21), S. 40).

39 Auxier: A Very Naughty Boy (vgl. Anm. 1), S. 72: «So the issue is not whether religious fundamentalists are utterly comic, the crux of the matter is whether anyone will point it out so that we can all laugh.»

40 Vgl. Baugh: Imaging the Divine (vgl. Anm. 1), S. 49f.

«Monty Python's Life of Brian» ist in seiner bewussten Verletzung epischer Regeln eine der tiefgründigsten filmischen Auseinandersetzungen mit der Jesusgestalt. Dem Film gelingt wie sonst wenigen Filmen gleichzeitig eine kritische Reflexion des historischen und des kulturell-ikonischen Jesus. Damit zielt die Kritik der Pythons weniger auf Jesus selbst als vielmehr auf Religion als Institution, auf die Kommerzialisierung von Glauben und – bezeichnenderweise – auf den Absolutismus linker wie rechter Ideologien. Der Humor von «Life of Brian» ist ein Plädoyer für das Heterodoxe des religiösen wie des politischen Glaubens.

Praktische Theologie, der Tod Gottes und die Ironie

Christoph Morgenthaler

Wer Lourdes besucht hat, kann die Faszination verstehen, die in Pedro Lenz' gleichnamigem Gedicht mitschwingt.[1] Religion erhält hier ihren farbigen Auftritt, mit ihren Figuren, Szenerien, ihren Versprechen, ihren Antworten auf die Sehnsucht nach Sinn, Heil, Erlösung, Geborgenheit und mit ihren Paradoxien – Keusche küssen Kreuze –, ihren Abgründen. Dies alles umkreist Pedro Lenz in seinem Text wie seine Kapuziner die Kathedrale. Wer Lourdes besucht hat, kann – zumindest als Reformierter – auch die Ironie der Schlusszeilen nachvollziehen: Sie setzen eine ikonoklastische Pointe in das durch Alliterationen gefasste Gemälde gelebter Religion. Gott wird herbeizitiert, aber nur noch in Form der Erinnerung an einen Verstorbenen. Die Pointe sitzt wie ein spitzer Dorn. Sie lässt offen, was Gott zum religiösen Betrieb sagte, wenn er dies noch erleben könnte. Sie deutet an, dass es Gott ganz und gar nicht gefallen könnte, was er zu sehen bekäme. Sie legt die Frage nahe, ob Gott gar am florierenden Betrieb seiner Kirchen zugrunde gegangen ist.

Pedro Lenz ist hier ganz «Slampoet». Mit der Kraft der Ironie hebt er das zuerst kunstvoll gemalte Bild gelebter Religion aus seinen Angeln, mit denen es an einer langen Geschichte festgemacht ist. Das Gegenteil der so sinnenfälligen Religion könnte zutreffen und wahr sein. Eine religionskritische Pointe stellt alles, was auch Praktische Theologie will und tut, in einen fraglichen Zusammenhang. Es ist nicht die verzweifelte Suche nach einem Verschollenen wie bei Nietzsche, die hier zum Ausdruck kommt, kein Verstummen vor einem Unsagbaren wie bei Meister Eckhardt. Es ist Kleinkunst gelebter Religion und ein kurzer «slam», ein gezielter Schlag ins Gesicht dieser Religion – eben: «slam poetry».

Natürlich wäre es billig, eine solche Pointe nur hinter katholische Pietät zu setzen. Es liessen sich süffige Texte zur Esoterik entwerfen. Es liesse sich sogar über den Protestantismus schreiben: Glocken klingen, Orgeln brausen, Blätter rascheln, Leute singen. Blumenschmuck prangt putzig im Chor. Pfarrer schreiten schwarzberockt. Predigt perlt über Psychen. Schnurrbart schnäuzt sich und Ohrlöffel spitzen sich. Allerdings: Das Gemälde will nicht richtig gelingen. Die Farblosigkeit ihres öffentlichen Auftritts führt dazu, dass protestantische Kirchen so leicht nicht einmal mit einer ironischen Pointe zum Witz gemacht werden können. Katholizismus ist die bessere Marke. Seine Wiedererkennbarkeit ist durch Jahrhunderte gesichert. Seine Versatzstücke kann Lenz mühelos in seinen Text montieren, um sie dann ironisch zu konterkarieren. Aber hinter jegliche Aktivität,

1 Pedro Lenz: Lourdes, in: ders.: Die Welt ist ein Taschentuch. Gedichte von da, von dort und von drüben, Bern [2]2002, S. 39. Das Gedicht ist auf der gegenüberliegenden Seite abgedruckt.

Lourdes

Krüppel und Kapläne
rollen hin zur Quelle.
Kapuziner kreisen
um die Kathedrale.
Krücken tragen kranke,
weiche, krumme Körper.
Kinder halten Kerzen.
Kirchenlieder klingen,
Kyrie aus tausend Kehlen.
Keusche küssen Kreuze
kniend in der Krypta.
«Königliche Mutter
wärm' uns in der Kälte.»

Ach, hätte Gott,
dies alles noch erleben dürfen!

tät, die sich religiös regt, liesse sich sein Seufzer setzen: Ach, hätte Gott, dies alles noch erleben dürfen.

Ich möchte im Folgenden eine These entfalten: Die Praktische Theologie findet sich in einer ungemütlichen Lage vor, auf jener leeren Zeile nämlich, die sich zwischen die Ästhetik eines florierenden Kirchenwesens und die Ironie eines Seufzers schiebt.

Praktische Theologie und das florierende Kirchenwesen

Praktische Theologie hat in ihrer kirchenleitenden Funktion die Aufgabe, zur Zirkulation des religiösen Bewusstseins in der Gemeinde beizutragen, so hatte der reformierte Ahnvater der Disziplin, Friedrich Daniel Schleiermacher, die Aufgabe der Praktischen Theologie umrissen. Ihr Zentrum findet sie im darstellenden Handeln des Kultus, dessen erbauende Wirkung «vorwiegend auf der Mitteilung des zum Gedanken gewordenen frommen Selbstbewusstseins»[2] beruht. Die einzelne Person ist darauf angewiesen, mit anderen in einen Austausch zu kommen. Diesem Mitteilungsbedürfnis entspricht die uneingeschränkte Geselligkeit im Gottesdienst. Zugleich soll die einzelne Person in ihrem religiösen Bewusstsein zur Entfaltung kommen. Dieses Prinzip gilt auch für andere Bereiche kirchlichen Handelns. So sieht Schleiermacher eine doppelte pädagogische Aufgabe: Entwicklung der Individualität und Einordnung in die Gesamtheit. Ähnliches charakterisiert die Seelsorge: Jedes Gemeindeglied steht in unmittelbarer Beziehung zum göttlichen Wort «und kann sich aus demselben selber beraten»[3]. Der einzelne Mensch kann aber auch aus dem Ganzen herausfallen. Aufgabe der Seelsorge ist es dann, dem Einzelnen in Respekt vor Freiheit und Mündigkeit den Zugang zur Gemeinschaft wieder zu ermöglichen. Dieses ideale Bild von Kirche soll als kritisches Prinzip wirken. Beseitigung von Störungen im Austausch ist Kirchenleitung und Kirchenleitung ist Aufgabe der Praktischen Theologie.

In dieser Tradition stehen Entwürfe der Praktischen Theologie bis heute. Deren Aufgaben wurden gerade in den letzten Jahrzehnten in die einzelnen Fächer ausdifferenziert und innerhalb dieser Fächer weiter ausgefächert. Eine differenzierte Wahrnehmung kirchlicher Wirklichkeit im heutigen gesellschaftlichen Kontext, ein vertieftes Nachdenken über die normativen Traditionen, auf die Kirche baut, und der Entwurf konkreter Handlungsmodelle, die zukunftsorientierte Gestaltung kirchlichen Handelns, gehören zu ihrem Handwerk. Sie sucht als «scientia» und «ars» insgesamt zur «poiesis», zur Gestaltung einer Kirche beizutragen,

2 Friedrich Schleiermacher: Kurze Darstellung des theologischen Studiums zum Behuf einleitender Vorlesungen, hg. von Heinrich Scholz, Leipzig 1910, S. 108 (§ 280).

3 Friedrich Schleiermacher: Die Praktische Theologie nach den Grundsätzen der evangelischen Kirche im Zusammenhange dargestellt. Aus Schleiermachers handschriftlichem Nachlasse und nachgeschriebenen Vorlesungen hg. von Jacob Frerichs, Berlin 1850, S. 430.

die bewegt, heilt, aufrichtet, tröstet und aus der unendlichen Kälte der Verlorenheit in einem stummen Weltall in den wärmenden Mantel der Mutter Gottes (oder der Gnade) birgt, wie dies auch Pedro Lenz in seiner Lourdes-Miniatur mit verhaltener Faszination beschreibt.

Praktische Theologie versucht also, konstruktiv-kritisch zu einer florierenden, farbigen kirchlichen Wirklichkeit beizutragen. Das ist ihr Alltagsgeschäft. Aber es ist nicht alles. Es ist nur die eine Flanke. Die Pointe des Textes lässt danach fragen, wie denn das Verhältnis dieser kirchlichen Wirklichkeit zu Gott bestimmt sei und was dies für das Geschäft der Praktischen Theologie bedeute. Und sie tut dies auf eine Art, welche die leere Zeile, auf der sich Praktische Theologie einzurichten versucht, zum ziemlich ungemütlichen Ort macht.

Gotteserinnerung und Ironie

Das Verhältnis dieser Kirche zu ihrem Gott könnte das Verhältnis einer Hinterbliebenen zu ihrem Verstorbenen sein. Das suggeriert der Schluss des Textes. Die sorgsam gemalte Miniatur zerbröselt. Die blosse Möglichkeit, dass Gott längst schon das Zeitliche gesegnet haben könnte, macht florierendes Kirchenwesen zum schlechten Witz. Und wenn er denn gestorben sein sollte, dieser Gott, wo bleibt die Trauer, wo das Gedenken, wo das kleine Lächeln, wenn eine kauzige Eigenart des Verstorbenen erinnert wird? Die Erinnerung an einen verstorbenen Gott wird im Text von Pedro Lenz zum Anlass einer höchst ironischen Wende.

Ironie ist eine der rhetorischen Grundfiguren.[4] Wenn eine Metapher die Ähnlichkeit zweier unterschiedlicher Dinge nahelegt, zeigt Ironie das besondere Potential eines Sachverhalts, nicht das zu sein, was er zu sein scheint. Beides sind schockierende Redeformen, die durch einen Identitätswechsel überraschen. Was eines ist, zeigt seine überraschende Potenz, auch etwas anderes zu sein. Stumm und zugleich beredt zeugen sie von der Dualität und Ambivalenz von Erfahrung und Wahrnehmung. Sie weisen darauf hin, dass man der Welt nie ganz vertrauen kann, dass man aber darauf vertrauen kann, dass ihr nicht ganz zu vertrauen ist. Alle Kategorien sind instabil, weil sie unvollkommen sind, und diese universale Instabilität durchzieht Makro- und Mikrokosmos. Ironie fragt danach, was wäre, wenn die Welt perfekt unperfekt wäre.

Solche Ironie hat eine visionäre Kraft, wie der geniale Ironiker Søren Kierkegaard, der mit seiner beissenden Kirchenkritik nicht auf Anhieb zum Ahnvater der Praktischen Theologie taugt, formulierte: Ironie ist eine «Bestimmung der Subjektivität. In der Ironie ist das Subjekt negativ frei; denn die Wirklichkeit, welche ihm Inhalt geben soll, ist nicht vorhanden, das Subjekt ist frei von der Ge-

4 Vgl. dazu: Christoph Morgenthaler: Der religiöse Traum. Erfahrung und Deutung, Stuttgart 1992, S. 148ff.

bundenheit, in welcher die gegebene Wirklichkeit das Subjekt hält, aber es ist negativ frei und als solches in der Schwebe, weil nichts da ist, was es hielte. Eben diese Freiheit aber, dieses Schweben verleiht dem Ironischen einen gewissen Enthusiasmus, indem er sich an der Unendlichkeit der Möglichkeiten gleichsam berauscht, indem er, soweit er gegen alles des Untergehenden eines Trostes bedarf, zu dem ungeheuren Reservefonds der Möglichkeit seine Zuflucht nehmen kann.»[5]

Verschliesst sich die Praktische Theologie dieser Ironie nicht gänzlich, stellt sich ihr die Frage, ob der Grund, auf dem Kirche gebaut ist, auch trägt. Ob die leere Zeile, auf die sie sich gestellt hat, nicht tatsächlich leer ist. Ob nicht alles noch ganz anders sein könnte. In dieser schockierenden Redeweise der Ironie wurzelt die negative Freiheit eines Praktischen Theologen. Ironie entbindet ihn wieder von der Wirklichkeit, der er sich verbunden sieht und zu deren Verbindlichkeit er beizutragen versucht. Ironie lässt diese Wirklichkeit in einem äusserst prekären Licht erscheinen. Auch florierender menschlicher Religion ist nicht zu trauen, wir können vielmehr darauf vertrauen, dass ihr nicht zu vertrauen ist. Und eine kritische Funktion Praktischer Theologie besteht genau darin, darauf hinzuweisen, dass ihr nie ganz zu vertrauen ist. Das Ironische verleiht dadurch auch der Praktischen Theologie einen gewissen Enthusiasmus, angesichts der möglicherweise untergehenden kirchlichen Wirklichkeit zum ungeheuren Reservefonds der Möglichkeit Zuflucht zu nehmen.

So wäre allerdings der Text von Lenz nur in seiner formalen Eigenart ernst genommen. Seine Pointe weist aber auf einen sachlichen Kern: Es könnte sein, dass Gott nicht mehr lebte. Es könnte sein, dass er tot ist und wir seiner höchstens noch wehmütig gedenken können.

Gott ist tot –

Es ist ja eine theologische Hypothese sinnfällig in dieses Kleinkunstwerk eingelagert. Lenz' Erinnerung an den verstorbenen Gott, die er gegen den florierenden Kirchenbetrieb aufführt, ist selbst eine Erinnerung an die Gott-ist-tot-Theologie der 1960er Jahre. Sie weckt Erinnerungen an Namen, die verweht sind: Gabriel Vahanian, Paul van Buren, William Hamilton. Ihrer wird noch in Lexikonartikeln gedacht. Exemplarisch dafür ist das Schicksal von «Honest to God»[6]. Robinson verabschiedete den Begriff eines im Jenseits agierenden Gottes und deutete Gott neu als Tiefe der eigenen Existenz. Die deutsche Ausgabe erlebte in zwei Jahren zehn Auflagen. Bereits in den 1980er Jahren wurde dem Buch dann attes-

5 Søren Kierkegaard: Über den Begriff der Ironie. Mit ständiger Rücksicht auf Sokrates, Düsseldorf/Köln 1961, S. 266f.

6 John Arthur Thomas Robinson: Honest to God, London 1960 (deutsch: Gott ist anders, München [1]1963).

tiert, es wirke «wie ein Museumsstück»[7]. Lenz' Erinnerung an einen verstorbenen Gott ist aber auch Erinnerung an höchst faszinierende Theologien, über welche die Zeit nicht ganz hinweggegangen ist: an Vertreter einer jüdischen Theologie wie Rabbi Richard Rubenstein[8] oder David R. Blumenthal[9], die den Holocaust oder den Missbrauch von Kindern ins theologische Denken einzubeziehen suchten; an Dorothe Sölle, die in ihrem Buch «Stellvertretung» ein Kapitel Theologie nach dem «Tode Gottes» schrieb[10]; an Thomas Altizer, der eine radikale Theologie des Todes Gottes entwickelte und Theologie als eine Form von Poesie begriff, mittels derer sie die göttliche Selbstentleerung in die Geschichte hinein nachzeichnet.[11]

Diese Theologie des Todes Gottes der 1960er-Jahre verstand sich als ernsthafte Fortführung einer Religionskritik, welche bereits in den biblischen Schriften ihre Wurzeln besitzt. Sie radikalisierte die Auseinandersetzung mit ihren ureigenen Traditionen, welche die Moderne in ambivalenter Art, als «Dialektik der Aufklärung»[12], ja als «Verhängnis»[13], geprägt haben. Sie war eine Reaktion auf das neuzeitliche Auseinanderbrechen von Christentum und Gesellschaft, ein radikalisiertes Fragen, was Theologie angesichts einer sich unaufhaltsam säkularisierenden Gesellschaft und angesichts ihrer eigenen Spur von Zerstörung und Tod noch bedeuten könne. Nicht wenige dieser theologischen Entwürfe konvergieren in einer Christologie, die Gott als in die Welt hinein gestorben verstehen. So macht es Inkarnation nach Altizer unmöglich, an einen transzendenten Gott zu glauben; stattdessen ist sie – als reales und anhaltendes Ereignis – das Versprechen und die Möglichkeit der Transformation und Erlösung der Welt. Der «radikale Christ sieht eine allmähliche Umwandlung des Geistes in Fleisch, einen in Hinbewegung auf ein eschatologisches Ziel sich fortwährend verneinenden oder vernichtenden göttlichen Prozess.»[14]

Angesichts des bis heute ungebrochenen Florierens von Lourdes, angesichts der in den Medien beschworenen Wiederkehr der Religion, angesichts aufgeheizter öffentlicher Debatten zu Minarett und Kopftuch und angesichts des Marktes

7 Mark D. Chapman: Art. Robinson, John Arthur Thomas, in: Religion in Geschichte und Gegenwart (RGG), Bd. 7, Tübingen [4]2004, Sp. 564.

8 Richard Rubenstein: After Auschwitz. Radical Theology and Contemporary Judaism, Indianapolis 1963.

9 David R. Blumenthal: Facing the Abusing God. A Theology of Protest, Louisville (Ky.) 1993.

10 Dorothee Sölle: Stellvertretung, Ges. Werke, Bd. 3, hg. von Ursula Baltz Otto et al., Stuttgart 2006.

11 Thomas J. J. Altizer: … dass Gott tot sei, Zürich 1968 (englisch: The Gospel of Christian Atheism, Philadelphia 1966); ders./William Hamilton: Radical Theology and the Death of God, Indianapolis 1966.

12 Max Horkheimer/Theodor W. Adorno: Dialektik der Aufklärung. Philosophische Fragmente, Frankfurt a. M. [17]2008.

13 Karl Löwith: Das Verhängnis des Fortschritts, in: ders.: Die Idee des Fortschritts. Neun Vorträge über Wege und Grenzen des Fortschrittsglaubens, hg. von Erich Burck, München 1963.

14 Altizer, Gott (vgl. Anm. 11), S. 123.

der Esoterik wirkt diese Theologie des Todes Gottes allerdings merkwürdig veraltet. Unglaublich viele Menschen glauben heute unglaublich viel Unglaubliches, so hatte es der verstorbene Berner Praktologe Theo Müller staunend auf den Begriff gebracht. Die Gott-ist-tot-Theologie scheint in die Jahre gekommen. Die Erinnerung an einen Tod Gottes verblasst ihrerseits und scheint zu einem Kapitel der Theologiegeschichte des 20. Jahrhunderts geworden zu sein.

Eine Praktische Theologie, welche die theologische Pointe von Pedro Lenz' Text auch heute inhaltlich ernst nähme, dürfte dem nicht auf den Leim gehen. Sie hätte den Verdacht zu hegen, dass auch dieser Renaissance des Religiösen nicht zu trauen ist. Sie hätte darauf aufmerksam zu machen, dass Gott aus seinem Betrieb möglicherweise klammheimlich weggestorben ist. Ironischerweise müsste sie gerade in einer Zeit der religiösen Renaissance ihre religionskritische Potenz beweisen. Inmitten der zerbröselnden Vielfalt von Perspektiven unserer Zeit, die einen erhöhten Orientierungsbedarf wachsen lassen, müsste sie nicht nur eine positive, sondern auch eine negative Theologie als ihre Basis wiedergewinnen.

Wieso? Weil sie sich so eine kritische, prophetische Kraft erhalten kann. Weil sie so jene negative Freiheit aufschliesst, die es ihr ermöglicht, beim ungeheuren Reservefonds der Möglichkeit Zuflucht zu nehmen. Weil sie als ihre Mitte nicht den zeitenthobenen Pantokrator, sondern den Tod Gottes hätte, der in seiner anwesenden Abwesenheit eine ungeheure Leerstelle offen gelassen hat, welche Menschen bis heute poetisch zu füllen suchen. Weil sie so die Stärke ihrer Schwäche entdeckte.

Sie könnte sich dabei von Denkern inspirieren lassen, welche die Gedanken der Gott-ist-tot-Theologie philosophisch und theologisch in einem postmodernen Kontext weitergedacht haben. Beispielweise von John Caputo und Gianni Vattimo.[15] Der Philosoph und Theologe Caputo versucht, den Übergang vom Tod Gottes zu einem postmodernen Verständnis von Glauben zu denken. In seiner berühmten Interpretation Derridas – «The prayers and tears of Jacques Derrida» – verbindet er das dekonstruktive mit dem hermeneutischen Denken in einem Verständnis von «Religion ohne Religion» und entwickelt eine Theologie der Schwäche, welche das Schwachsein mit dem ethischen Imperativ verbindet, den Schwachen, Armen und Bedürftigen zu dienen, «praying and weeping in the desert»[16]. Im Gegensatz zu den starken abrahamitischen Theologien entwickelt er eine Theologie mit einem offeneren Ende, eine Theologie des Ereignisses, verstanden als «gardening of the event»[17], welche geschwächt ist «by the restlessness and flux of things»[18], eine Theologie ohne Theologie, welche die religiösen Traditionen gegen sie selbst neu liest. Das Ende der Metaphysik bedeutet auch den Tod des Todes

15 John D. Caputo/Gianni Vattimo: After the Death of God, New York 2007.

16 John D. Caputo: Spectral Hermeneutics, in: Caputo/Vattimo: Death (vgl. Anm. 15), S. 85.

17 Caputo: Hermeneutics (vgl. Anm. 16), S. 48.

18 Caputo: Hermeneutics (vgl. Anm. 16), S. 48.

Gottes, da mit der Konstruktion eines absoluten Seins auch die aufklärerische Religionskritik ihre Allgemeingültigkeit verloren hat. Ähnlich und doch anders setzt Gianni Vattimo, der italienische Philosoph und linksdemokratische Abgeordnete im Europaparlament, an. In einem postmetaphysischen Zeitalter gibt es keine absoluten Wahrheiten mehr, nur noch unterschiedliche Interpretationen. «Objective being has gradually, little by little, consumed itself».[19] Er versteht den Tod Gottes und den Prozess der Säkularisation als Formen eines «kenotischen», sich selbst entäusserten christlichen Glaubens, die es diesem möglich macht, sich neu an seiner Essenz, der Agape, zu orientieren. Dem entspricht der «pensiero debole», das schwache Denken, das sich an die Stelle eines «starken» metaphysischen Denkens schiebt und auf Bemächtigung seines Gegenstandes verzichtet.

Praktische Theologie als «slam poetry»

Praktische Theologie ist also ein Zwitter. Sie ist «poetry» und «slam» in einem, ist Poetik und Ironik. Sie erinnert sich Gottes, und sie erinnert sich daran, dass dies die Erinnerung an einen am Kreuz verstorbenen Gott ist. Sie sorgt durch ihre kirchenleitende Funktion dafür, dass Menschen Kirchen erbauen können, und hält gleichzeitig das Bewusstsein wach, dass sich der Spott der Spötter darüber ergiessen könnte. Sie weiss darum, dass auch praktisch-theologisch optimierte Kirchlichkeit im besten Fall perfekt unperfekt wäre. Sie bliebe auch in ihren am wietesten entwickelten Formen Anwältin der Schwachen und eines schwachen Denkens, das sich der Wirklichkeit nicht bemächtigen kann und will. Sie stimmte deshalb eine «éloge à la tiédeur»[20] an und bekennte: «Je suis, Dieu merci, pas trop croyant (Anonyme)».[21]

Als Poetik fragt Praktische Theologie also nach den besten aller möglichen Welten in den schlechtesten aller kirchlichen Welten. Sie klopft kirchliche Wirklichkeit auf ihr Potential der Veränderung ab. Sie entwickelt eine Poesie der immanenten Transzendenz Gottes mitten in der schlechtesten seiner Welten. «Dass Gott schön werde», so hat Bohren die Aufgabe der Praktischen Theologie benannt, welche an der «Kirche als Kunst» und der «Kunst als Kirche» – auch an «slam poetry» – geisterfüllt mitwirkt.[22] Sie hält die Möglichkeit offen, dass Gott sich freuen könnte an dem, was ist, wenn er denn noch lebte, da er in seinen irdischen Ereignissen – auch in Lourdes – als schön erfahren werden kann.

19 Gianni Vattimo: Toward a Nonreligious Christianity, in: Caputo/Vattimo: Death (vgl. Anm. 15), S. 39.

20 Maurice Baumann: Le Protestantisme et l'école. Plaidoyer religieux pour un nouvel enseignement laïc, Genève 1999, S. 16ff.

21 Baumann: Protestantisme (vgl. Anm. 20), S. 16f.

22 Rudolf Bohren: Dass Gott schön werde. Praktische Theologie als theologische Ästhetik, München 1975, S. 158ff.

Als Ironik fragt Praktische Theologie auch nach den schlechtesten aller Möglichkeiten in den besten aller kirchlichen Welten. Sie fragt, was wäre, wenn das Gegenteil des Offensichtlichen zuträfe. Sie rechnet mit der Möglichkeit, dass Gott zürnte über das, was ist, wenn er denn noch lebte, ja, dass er traurig gestorben sein könnte an dem, was ist. Sie erinnert daran, wie die Welt wäre, wenn sie nicht so wäre, wie sie ist.

So ist Praktische Theologie durch und durch Poetik. Sie nimmt in ihren unterschiedlichen Formen Urwünsche der Menschheit auf und sucht ihnen Gestalt zu geben. Als Liturgie: dass das Leben ein Fest sei; als Hymnologie: dass die Welt klingen möge; als Poimenik: dass zerschlagene Menschen heil werden; als Katechetik: dass es etwas Sinnvolles zu lernen gibt; als Kybernetik: dass menschliche Gemeinschaft gelingen kann.

Und so ist Praktische Theologie durch und durch Ironik: Sie hält eine Erinnerung wach und weiss gleichzeitig darum, dass sie dies dadurch tut, dass sie sich an eine Erinnerung erinnert. Sie schützt die Story des Glaubens, indem sie Ironie deren Führer sein lässt. Sie macht keine Bilder, sondern überwacht das Schicksal der Bilder. Sie komponiert keine Melodien, sondern transponiert sie. Sie ist eine Denkform, mittels derer sich der menschliche Geist selbst schachmatt setzt, um über sich hinauszugehen. Ironie ist mitten im Strom der Bilder die subversive Strategie des Bilderverbots, ein Gegengift gegen den tödlichen religiösen Ernst, ein Mittel gegen die Gravitation des Irdischen auch im Religiösen. Auch dafür steht Praktische Theologie ein. Ihr Ziel ist es, dass die Erinnerung an Gott auch in dieser Zeit nicht stirbt, selbst wenn Gott gestorben wäre. Denn ohne diese Erinnerung stirbt die Poesie. Ohne die Erinnerung stirbt die Ironie. Und ohne Poesie und Ironie stirbt der Mensch.

Le théologien face aux phénomènes de la mode vestimentaire

Félix Moser

« Observez les lis des champs, comme ils croissent ; ils ne peinent ni ne filent »[1].

« O homme de peu de foi, [...] apprends de la fourmi la sagesse, mais apprends du lis combien il est magnifique d'être homme »[2].

A. Pourquoi parler du phénomène de la mode ?

« La mode est la plus excellente des farces, celle où personne ne rit car tout le monde y joue »[3]. Cet adage dévoile l'attitude spontanée que nous avons à l'égard de la mode, vestimentaire surtout. Nous rions des extravagances et des idées saugrenues qu'elle suscite. Mais si nous nous moquons tous de certains comportements liés à la mode, en même temps, nous sommes entraînés sur l'eau tantôt calme, tantôt tumultueuse des grandes tendances du jour. Dans ces lignes, nous nous en tiendrons essentiellement à la mode vestimentaire. Une analyse plus exhaustive se devrait de prendre en compte le phénomène de la mode dans une extension plus large. Les célèbres descriptions d'un Roland Barthes[4] avaient déjà montré que la mode peut investir finalement n'importe quel objet : de l'automobile aux meubles, en passant par les manières de se nourrir, ou les lieux de destination de vacances. Les études concernant la mode pourraient également prendre en compte le monde des idées et des courants de pensée philosophique ou religieuse. Ce type d'analyse éclairerait la compréhension de notre société à partir des moyens de production et de diffusion des idéologies. Cet article, en se limitant à une réflexion sur la mode « vestimentaire », permettra toutefois de rencontrer un questionnement plus profond qu'il n'y paraît de prime abord.

1 Mt 6,28.

2 Søren Kierkegaard : Ce que nous apprennent les lis des champs et les oiseaux du ciel. Trois discours (1847), dans : Søren Kierkegaard, Œuvres complètes, tome 13, trad. de l'allemand par Paul-Henri Tisseau/Else-Marie Jacquet-Tisseau, Paris 1996, p. 181.

3 André Suarès, cité par Daniel Roche : La culture des apparences. Une histoire du vêtement XVIIe–XVIIIe siècle, Paris 1989 (Points Histoire 139), p. 11.

4 Roland Barthes : Mythologies, Paris 1957 (Points Essais 10).

Mais en fait, comment se situe le théologien face au phénomène de la mode ? Il ne diffère guère des autres chercheurs en sciences humaines pour qui « la mode est reléguée dans l'antichambre des préoccupations intellectuelles réelles [...] ; elle est ce qui suscite le réflexe critique avant l'étude objective »[5]. Mais les temps changent et l'étude de la mode n'est plus reléguée parmi les objets accessoires et futiles. Des études transversales, couplant analyse socio-économique avec une sociologie des tendances, ouvrent de nouvelles pistes qui nous amènent finalement au cœur de la vie de notre société. La mode dicte, en partie, nos conduites et nos habitudes. De la mode au modèle, il n'y a finalement qu'un pas.

La mode nous intéresse à plus d'un titre. D'abord, son étude est très utile pour comprendre la complexité des rapports entre des individus et une société. Ensuite, elle ouvre sur les codes et les signes de toute vie sociale. Elle est à la fois miroir de toute société et aspect original de celle-ci. Pour étudier le phénomène de la mode, je vous propose de commencer par découvrir la pensée de Georg Simmel[6] (1858–1918). Cet auteur cherche à repérer les contraires qui façonnent la vie. Il tente de montrer quelles sont les synthèses partielles effectuées par l'être humain. Cette méthode prend acte de multiples dualités d'éléments qui donnent forme à la vie sociale. Il en découle une analyse qui permet de prendre acte des contradictions et des tensions qui habitent le phénomène de la mode. Cette approche se donne à lire comme un outil heuristique très riche, car elle dévoile les ressorts psychologiques essentiels qui amènent les être humains à suivre la mode. Publié à Vienne il y a plus d'un siècle, ce texte garde aujourd'hui son actualité.

B. Le phénomène de la mode et ses diverses caractéristiques

La mode en tant que reflet de la tendance humaine à l'imitation et à la différenciation

Georg Simmel montre que l'origine du phénomène de la mode se joue d'abord entre la fascination et le rejet. Elle prend naissance dans deux désirs irréconciliables qui cohabitent chez l'être humain : celui d'appartenance et celui de singularisation, par rapport à un groupe donné. En ce sens, la mode révèle deux attitudes fondamentales qui commandent nos comportements : à la fois une incitation à la suivre et un besoin de la personnaliser. En d'autres termes, Georg Simmel décrit

5 Gilles Lipovetsky : L'empire de l'éphémère. La mode et son destin dans les sociétés modernes, Paris 1987 (Bibliothèque des Sciences humaines), p. 11.

6 Georg Simmel : Die Mode, dans : id. : Philosophische Kultur. Gesammelte Essais, Leipzig 1911 (Philosophisch-soziologische Bücherei, tome 27), p. 25–57. Malgré sa date de parution très ancienne pour un thème d'actualité, les fines analyses à la frontière entre la philosophie, la psychologie et la sociologie éclairent, à notre sens, très bien le phénomène de la mode. Nous nous référons à la traduction française : Georg Simmel : Philosophie de la modernité, traduction de l'allemand par Jean-Louis Vieillard-Baron, Paris [2]2004, p. 122–150 (dans ce début d'article, les citations renvoient toutes à cet ouvrage ; les pages sont indiquées entre parenthèses).

chez l'individu une tendance à l'imitation et une tendance à la différenciation. La première vise à fusionner notre individualité dans le général voire l'universel, et ce par l'imitation d'un modèle standard. Mais ce mouvement de fusion qui valorise ce qui existe déjà entre en opposition avec l'aspiration à créer de nouvelles formes de vie. Caractérisons tour à tour ces deux tendances.

L'imitation, qui va du singulier vers l'universel, constitue une « sorte d'hérédité » de la vie du groupe, que l'individu s'approprie de façon non réfléchie. L'imitation n'est nullement créative et personnelle. Son bénéfice psychologique pour la personne est essentiel, puisqu'il lui permet d'échapper à la solitude et de conforter son sentiment d'appartenance. L'individu devient réceptacle des contenus sociaux. L'imitation le libère de l'obligation de choisir et de l'angoisse qui en découle parfois. De plus le besoin d'imitation satisfait notre désir d'être soutenu par la société ambiante. Elle nous permet de nous y baigner pour nous y sentir en sécurité. Mais cette imitation entraîne avec elle le cortège de l'égalisation et de l'uniformisation. Moment essentiel de la formation de l'être social, elle est aussi un principe qui nie et entrave le processus d'individualisation. C'est la raison pour laquelle l'être humain aspire également à entrer dans un autre mouvement, celui de la *différenciation*. Suivre la mode implique aussi une volonté de se démarquer pour se distinguer du groupe, « de s'arracher à l'universalité » (p. 124). Imitation et différenciation cohabitent et se combattent, car l'aspiration à être et à faire comme les autres bataille avec une autre aspiration, elle aussi contraignante, celle d'être une personne singulière et unique. La vie sociale apparaît alors comme une sorte de synthèse partielle instable, une sorte de réconciliation provisoire entre ces deux tendances contraires.

Le besoin de se lier et de se séparer

La mode apparaît comme un fruit de la distinction entre différentes classes sociales. Nous retrouvons ici la dualité chère à Georg Simmel : la mode à la fois nous rassemble et nous détache. Elle rassemble ceux qui cherchent à se distinguer des autres. Ainsi pour Georg Simmel, la mode est une des formes visibles qui permet de distinguer les classes sociales aisées des classes sociales pauvres[7]. La mode rassemble ainsi un cercle restreint d'hommes et de femmes en les coupant du cercle beaucoup plus vaste de Monsieur et Madame tout le monde. La mode, pour reprendre les images suggestives d'un autre des articles de Georg Simmel[8], est à la fois une porte qui permet de se séparer d'autrui et un pont qui permet de rejoindre ceux qui nous sont semblables. Le rôle distinctif de la mode entre diffé-

7 Cette formulation mériterait d'être nuancée, tant il est vrai que la mode aujourd'hui, a perdu en partie cette fonction. C'est un des aspects qui nous fait mesurer la distance qui nous sépare de Georg Simmel.

8 Voir Georg Simmel : Brücke und Tür. Essays des Philosophen zur Geschichte, Religion, Kunst und Gesellschaft, Stuttgart 1957, p. 1.

rentes couches sociales pose la question de l'aspect économique et ouvre sur la dualité suivante.

La légèreté de la mode et son existence économique objective
La mode n'a d'autres motivations que des raisons sociales ; autrement dit, le recours à la mode ne se justifie pas pour des raisons d'ordre utilitaire, pratique ou médical. Par exemple, les souliers pointus (ou non) font partie de la mode, mais n'aident pas particulièrement à mieux marcher. Si la mode n'est pas d'abord utilitaire, et qu'en ce sens elle peut apparaître comme futile, il faut reconnaître par contre qu'elle a engendré une économie florissante. Celle-ci est fort lucrative, parce qu'elle fonctionne sur le principe de la distinction nécessaire entre les classes. Pour se distinguer, les classes sociales supérieures opèrent des métamorphoses constantes dans leurs habillements et dans leurs possessions. Aussitôt les classes inférieures cherchent à les imiter. A ce moments-là, la distinction s'efface et n'est plus opérante. Il ne reste alors aux classes supérieures qu'une solution : se mettre à porter d'autres signes distinctifs qui les différencieront de la masse (voir p. 127).

Être dans le général, tout en n'en étant pas complètement
Pour que le phénomène de la mode advienne, celle-ci doit donc être singulière, mais elle doit aussi nécessairement s'appuyer sur « un style général » relativement consensuel. Car une mode par trop extravagante ou bizarre, qui sortirait par trop d'un cadre conventionnel, ne pourrait plus prétendre devenir une tendance. Il faut que « la manifestation singulière ne *tombe* jamais hors du général, mais *s'élève* toujours au-dessus de lui » (p. 129). De fait, ce qui est fatal à la mode, c'est le mélange de vies communautaires. C'est la raison pour laquelle la mode doit souligner les distinctions existantes dans la société. Celui qui veut marquer sa différence portera ainsi des habits neufs. Or si nous nous sentons moins à l'aise dans un vêtement neuf que dans un vieil habit, c'est que d'une certaine manière ce nouvel habit nous impose sa loi et un nouveau conformisme (voir p. 129).

Mais qu'en est-il alors des vêtements qui marquent une uniformité ? Georg Simmel répond par un exemple instructif : l'habit noir du deuil constitue d'une certaine manière une absence de mode. Pourtant dans ce cas aussi, les deux polarités entre cohésion et séparation sont bien présentes : « Le symbolisme des vêtements noirs place celui qui est en deuil à part de l'agitation multicolore des autres gens, comme s'il appartenait en quelque mesure au royaume du non-vivant du fait qu'il est resté lié avec le mort » (p. 130).

Rupture avec le passé et valorisation du présent

Les développements de Georg Simmel sur « la nervosité de notre époque » me paraissent encore actuels lorsque cet auteur souligne que le siècle présent est marqué par une impatience de plus en plus grande : « Notre rythme interne réclame des périodes de plus en plus courtes dans le changement des impressions » (p. 131). Cette impatience a un effet direct sur le phénomène que nous étudions, en ce sens qu'elle accélère le rythme des changements de mode. Il s'en suit une concentration sur le présent. Cette valorisation du présent est en même temps rupture avec la permanence du passé et valorisation du changement en tant que tel. Mais pourquoi alors ce changement accéléré peut-il fonctionner et d'une certaine manière faire fonctionner la société ?

« Un mélange manifestement bienfaisant de consentement et de jalousie » (p. 133)

On ne jalouse vraiment que ce qui est proche. En effet, on n'envie quelqu'un que s'il n'est pas exclu totalement de notre champ de vision. Or les contenus de la mode offrent une forme modérée et conciliante de la jalousie et de l'envie humaines. « La mode est *absolument* refusée par personne » (p. 133), parce que les circonstances de la vie peuvent changer et offrir à celui qui est envieux de devenir à son tour quelqu'un qui a le pouvoir d'imposer une certaine mode. En ce sens, la mode est un terrain de jeu où l'insignifiant (en tant qu'il devient le représentant d'une totalité) peut être mis à l'honneur (p. 134). Mais qui est le gagnant dans ce jeu de la mode ?

Le meneur n'est pas celui qui croit être mené

A première vue, celui qui lance une nouvelle mode apparaît comme celui qui a le pouvoir et qui peut influencer ces contemporains. Mais dans les faits il n'en va pas ainsi. La mode, en un certain sens, comporte une dimension démocratique. Le pouvoir appartient en réalité non pas à celui qui lance une nouveauté, mais il appartient bel et bien au public qui suit ou décide de ne pas suivre. Devant ce mélange où le meneur est le mené et où ceux qui semblent menés sont en réalité aussi soumis à la loi du conformisme, peut-on encore échapper au phénomène de la mode et la refuser purement et simplement ? La réponse est non, en ce sens que « la volonté de ne pas être à la mode en est l'imitation avec un signe inversé » (p. 135). Au départ, le refus de la mode comporterait une signification certaine. Mais pour perdurer, il faut bien que ce refus soit autre chose qu'une indignation individuelle, qu'il construise à son tour un mouvement d'adhésion et qu'autour de lui des personnes l'imitent et créent ainsi une nouvelle mode, à savoir le refus de la mode ! Sommes-nous alors définitivement prisonniers de ce phénomène collectif ?

La mode, entre esclavage et liberté

A première vue, nous sommes esclaves de la mode, car si la mode donne le pouvoir de se singulariser, ce pouvoir n'appartient pas à la personne elle-même. Il est une ressource que la personne doit puiser à l'extérieur d'elle-même. Car la mode, comme le droit, ne saisit que l'extérieur de la vie. Cependant, le conflit entre la liberté et l'obligation peut être résolu par celui qui suit la mode, pour cela, il lui faut se souvenir que le fait d'être pris dans des conformismes extérieurs et collectifs ouvre une liberté personnelle qui se joue des éléments extérieurs et qui joue avec ces éléments sans se laisser détruire par eux. Ce jeu est possible à condition de rester une personne et non de devenir un personnage qui jouerait à s'imiter soi-même et à être à la mode. Mais quel est alors le prix à payer pour être à la mode sans se laisser asservir par elle ?

Le carrousel des changements et la valse des prix

La rapidité des changements est le signe d'une sorte d'essoufflement du phénomène de la mode elle-même. Elle n'arrive plus à suivre pour maintenir la distinction aristocratique ; elle est rattrapée à chaque fois plus rapidement par le mouvement de l'imitation démocratique. Or, plus un article est soumis à un rapide changement de mode, plus fort est le besoin de produits bon marché du même genre (voir p. 146). Cette démocratisation des tendances se fait tant pour les habits que pour les meubles par exemple. Ne reste alors à l'évidence des marques que ce qui les caractérise : la stabilité de leur renommée ; ainsi, les grands parfums vendent un nom et son prestige plutôt que le produit lui-même.

Conclusion et limites de l'essai

L'étude de Georg Simmel met en évidence les principaux ingrédients qui forment la mode. Celle-ci se situe à la frontière entre le rêve et le réel ; éternelles se veulent ses apparitions qui sont pourtant éphémères ; elle souligne le clivage entre une aristocratie qui cherche à se différencier et le plus grand nombre qui cherche à imiter la première ; la mode peut devenir un phénomène qui asservit ceux qui la subissent, et pourtant elle laisse du jeu pour exprimer une liberté intérieure et une touche d'originalité.

Nous avons retenu cet essai, car les principales études autour de la mode s'en inspirent indirectement. Elles développent certains aspects évoqués, en leur donnant une assise scientifique. Par contre, nous pouvons reprocher à Georg Simmel *une perspective anhistorique* du phénomène. En d'autres termes, son essai dénote d'une forme essentialiste. Pour rendre pleinement justice à la mode, il nous faut alors montrer brièvement que la mode est tributaire d'une époque, immergée dans une histoire qu'elle subit mais aussi d'une certaine manière qu'elle accomplit. Une histoire de l'interprétation du phénomène de la mode, pour passionnante qu'elle soit, nous entraînerait trop loin[9]. Par contre, nous pouvons et devons faire quelques constats, tant la mode a une place différente tout au long de l'histoire des hommes.

C. Quelques constats historiques à propos de la mode

La mode possède une histoire

La mode en tant que phénomène n'a pas toujours existé. On peut certes repérer dans les civilisations antiques des signes de parures et une volonté d'esthétisme. Par exemple : « à Rome, sous l'Empire, les hommes se teignaient et se faisaient friser les cheveux, ils se parfumaient et se faisaient apposer des ‹ mouches › pour rehausser leur teint et paraître jeunes »[10]. Mais cette volonté de se singulariser et de s'embellir ne doit pas masquer le fait essentiel lié à l'histoire de la mode : tant les civilisations égyptiennes, grecques et romaines que celles de Chine et des Indes se caractérisent par une grande stabilité dans leur habillement[11] ; elles n'ont pas à proprement connu ce que l'on appelle des phénomènes de modes.

y cet aspect de la société, il nous faut attendre le milieu du XIVe siècle. Ce n'est qu'à partir de cette époque que nous pouvons suivre les évolutions liées à la mode et en déceler des conséquences sur les habitudes et la vision du monde qui en découle. Par exemple, nous apprenons que « les ventres plats » n'ont pas toujours été la référence à suivre ! Un célèbre tableau de Jan van Eck, intitulé «Le mariage des époux Arnolfini» (1434)[12], nous présente une mariée au ventre légèrement arrondi. En fait, à l'époque, les femmes glissaient sous leur jupe de petits sacs pour donner à leur ventre une forme plus proéminente. D'autres changements montrent à quel point les conventions implicites de la mode méritent d'être relativisées et dépendent aussi des circonstances socio-économiques de leurs utilisateurs. Ainsi, en 1915, la peau brunie par le soleil était mal vue dans les classes aisées ; le teint hâlé traduisait en effet une activité professionnelle exercée en plein air par des paysans ou des manœuvres : la peau tannée était le signe de l'appartenance à un milieu pauvre et rural[13]. Ces exemples suffisent pour montrer le caractère éphémère et versatile des grandes tendances liées à la mode. Mais qu'en est-il du regard chrétien sur ce phénomène ?

9 On en trouve d'excellents aperçus par exemple dans : Guillaume Erner : Sociologie des tendances, Paris 2008 (Que sais-je ? 3796).

10 Lipovetsky : L'empire (voir note 5), p. 38.

11 Lipovetsky : L'empire (voir note 5), p. 30–31.

12 Reproduit sur la page de gauche au début du présent article. Nous avons choisi ce tableau comme illustration de notre article, pour bien montrer que les préoccupations actuelles autour de la sveltesse n'ont pas toujours existé.

13 Cet exemple est tiré du journal « Coopération » no. 17 du 26 avril 2011.

Christianisme et mode

La mentalité populaire et les idées reçues associent, non sans raison, christianisme et rejet de la mode. En effet, au nom de la lutte contre le luxe et la frivolité, on peut lire des condamnations sans appel qui vouent aux gémonies la luxure liée à la mode. Il s'agit souvent de transpostions directes de textes tirés arbitrairement des Proverbes ou des Épitres. Mais l'histoire de l'interprétation chrétienne de la mode offre la surprise de voir que ce premier jugement doit être pondéré sinon revisité. L'appréciation de la mode est plus positive que l'on ne pourrait s'y attendre de la part d'un christianisme tenu pour systématiquement prude et moralisateur par ses détracteurs. La mode est acceptée et habilitée par le biais de l'art chrétien. Voici très brièvement pourquoi.

Dès le XIIIe siècle, les artistes ont apporté une plus grande attention à la nature et ont redécouvert le monde sensible. L'art médiéval s'ouvre également au concret et au réel. Ainsi, les représentations de la Vierge se féminisent et les modèles du Christ sont empreints de douceur et d'humanité. La mode va se servir de cette ouverture au monde sensible et mondain. Les deux sphères, celle de l'art et celle de la mode, vont d'ailleurs se développer et s'interpénétrer. Ainsi, le christianisme, par le biais de l'œuvre artistique et de l'attention que celle-ci porte à l'incarnation, a paradoxalement et indirectement favorisé l'émergence de la mode. « Par le dogme du dieu-homme et la revalorisation-légitimation qu'il permet de la sphère terrestre, des données sensibles et visuelles, la religion de l'incarnation a incontestablement favorisé l'apparition de la mode »[14]. L'art chrétien a eu cette fonction éminente et originale de réconcilier la religion avec le monde créé, et donc avec la beauté de sa nature et de ses créatures. L'originalité et le charme du paraître pourront gagner une légitimité, le costume pourra dessiner et amplifier les beautés du corps. « La mode n'a pu prendre racine qu'en Occident, là même où la religion du Christ s'est développée »[15].

La thèse de l'émergence de la mode au nom même d'un art qui exalte l'incarnation et les beautés terrestres est audacieuse et séduisante. Un peu trop, me semble-t-il, pour être tout à fait convaincante. Elle présuppose, en effet, que la doctrine classique du salut et la religion de la peur qui lui était liée, soient évincées au profit des découvertes artistiques. Or l'histoire des Églises montre au contraire que la religion de la peur et le rejet du monde qui lui était lié, sont restés dominants pendant les XVe et XVIe siècles. Le rôle du vêtement (et ceci dès le XVIIe siècle) sera lié, dans la réflexion religieuse, au débat sur le nécessaire et le superflu, sur la richesse et la pauvreté. Ainsi, l'extériorité du vêtement traduit indirectement les « dispositions de l'âme » et tout habillement doit donc être modeste, discret et pudique.

14 Lipovetsky : L'empire (voir note 5), p 78.
15 Lipovetsky : L'empire (voir note 5), p. 79.

Parmi les diverses interprétations du rôle du vêtement, il nous semble opportun d'en mentionner une dernière. Faite de sagesse et de pondération, elle réhabilite le vêtement seyant et propre. « La négligence dans les habits est une marque qu'on ne fait pas attention à la présence de Dieu, ou qu'on n'a pas assez de respect pour lui ; elle fait aussi connaître qu'on n'a pas de respect pour son propre corps, qu'on doit cependant honorer comme le temple animé du Saint-Esprit, et le tabernacle où Jésus-Christ a la bonté de vouloir bien se reposer souvent »[16].

D. Le théologien face au phénomène de la mode

La mode comme miroir déformé de notre société

La mode intéresse le théologien, car elle est révélatrice de la compréhension que nos contemporains ont d'eux-mêmes et des autres. Elle exprime quelque chose des convictions et des croyances ainsi que du système de valeurs et de normes qui les régissent. Elle met en lumière de façon privilégiée les attitudes et les comportements de nos contemporains. Elle révèle les codes et les conventions souvent implicites qui gouvernent notre société industrielle avancée. Elle est une sorte de miroir, sans doute déformé, qui manifeste les goûts et les désirs de toute société. Plus tapageuse et démonstrative que tous ceux qui chantent un requiem pour les idéologies soi-disant défuntes, la mode rappelle que nous vivons dans un monde médiatique, qui fait de la culture de l'apparence un des modèles dominants de notre être ensemble. A l'instar de tout un chacun, les croyants doivent essayer non seulement de comprendre la société dans laquelle ils vivent, mais aussi de *se* comprendre dans cette société qui est la leur.

Le rapport du théologien à son époque

Les brèves incursions historiques ci-dessus montrent que le christianisme ne peut se contenter ni d'un rejet ni d'une approbation sans nuances du phénomène de la mode. Ces aperçus historiques sollicitent notre lucidité et invite les théologiens à clarifier le rapport qu'ils entretiennent avec leur époque ainsi que la position qu'ils occupent dans le champ social. Personne ne vit hors de son époque, pourtant notre rapport à Dieu et à l'Évangile nous incite à rester critiques envers les grandes tendances qui dominent la société. Ainsi, les lois implicites qui commandent notre société peuvent être mises à jour et contestées ou relativisées au nom du point de vue de l'Évangile de libération qui est le nôtre. Le théologien est appelé alors à trouver une juste distance d'avec ses contemporains.

Pour habiter librement le présent, l'Évangile propose une nouvelle compréhension de soi-même et des autres devant Dieu. Pour découvrir cela, je vous

16 Roche : La culture (voir note 3), p. 14.

propose de relire un texte biblique indémodable, qui parle de vêtements encore plus beaux que ceux portés jadis par l'illustre roi Salomon.

E. Matthieu 6,24–34 et son commentaire

Le texte biblique

24 Nul ne peut servir deux maîtres : ou bien il haïra l'un et aimera l'autre, ou bien il
s'attachera à l'un et méprisera l'autre. Vous ne pouvez servir Dieu et l'Argent. 25 Voilà
pourquoi je vous dis : Ne vous inquiétez pas pour votre vie de ce que vous mangerez,
ni pour votre corps de quoi vous le vêtirez. La vie n'est-elle pas plus que la nourriture,
et le corps plus que le vêtement ? 26 Regardez les oiseaux du ciel : ils ne sèment ni ne
moissonnent, ils n'amassent point dans des greniers ; et votre Père céleste les nourrit !
Ne valez-vous pas beaucoup plus qu'eux ? 27 Et qui d'entre vous peut, par son inquié-
tude, prolonger tant soit peu son existence ? 28 Et du vêtement, pourquoi vous inquié-
ter ? Observez les lis des champs, comme ils croissent ; ils ne peinent ni ne filent, 29 et
je vous le dis, Salomon lui-même, dans toute sa gloire, n'a jamais été vêtu comme l'un
d'eux ! 30 Si Dieu habille ainsi l'herbe des champs, qui est là aujourd'hui et qui demain
sera jetée au feu, ne fera-t-il pas bien plus pour vous, gens de peu de foi ! 31 Ne vous
inquiétez donc pas, en disant : « Qu'allons-nous manger ? qu'allons-nous boire ? de
quoi allons-nous nous vêtir ? » 32 – tout cela, les païens le recherchent sans répit –, il
sait bien, votre Père céleste, que vous avez besoin de toutes ces choses. 33 Cherchez
d'abord le Royaume et la justice de Dieu, et tout cela vous sera donné par surcroît.
34 Ne vous inquiétez donc pas pour le lendemain : le lendemain s'inquiétera de lui-même. A chaque jour suffit sa peine.

Nul ne peut servir deux maîtres

Ce texte paraît simple et léger dans le meilleur sens du terme. Les images qui dessinent l'invitation à ne pas se faire de souci sont tirées d'une théologie de la création et de ses créatures. Mais que l'on ne s'y trompe pas, ce texte touche aux racines de l'être, dans le lieu où naissent ses occupations et préoccupations quotidiennes. Il revient à Søren Kierkegaard[17] d'avoir thématisé de la façon la plus explicite, mais aussi la plus poétique, une des grandes originalités de l'offre chrétienne telle qu'elle apparaît dans ces versets. L'Évangile appelle chacun à vivre de la grâce de Dieu en mettant *toute* sa confiance dans un Dieu qui s'est incarné en Jésus-Christ pour rencontrer les humains. Ces derniers sont souvent perdus dans la recherche insensée de l'apparence, qui vise précisément à se montrer mieux et meilleurs qu'ils sont. L'Évangile se fait parole radicale, car il émet une exigence inconditionnée qui ne saurait être écartée ou édulcorée. Et dans le contexte danois qui était le sien, en situation de chrétienté, dans une société et une Église aisées, le penseur danois n'a cessé de montrer et d'illustrer qu'il vaut mieux

17 Kierkegaard : Les lis (voir note 2), p. 151–204.

avouer le décalage entre les exigences évangéliques et la manière que nous avons de les mettre en pratique.

Dans le premier verset (Mt 6,24), il en va de notre rapport à « l'Argent ». Ce dernier est symbole personnifié des choses acquises ou que les hommes voudraient acquérir par l'argent. Or ces possessions finissent par *nous* posséder : elles nous occupent et nous préoccupent tellement qu'elles deviennent le souci principal de notre vie. Les acquisitions et les achats liés à la mode font partie de ces possessions. Dans la foulée, on peut s'interroger sur le besoin humain de changements permanents qui donnent son impulsion fondamentale au cycle sans cesse renouvelé de la mode. Pourquoi ce besoin irrépressible de changer et d'aller vers la nouveauté ? Pourquoi vouloir sans cesse remplacer vêtements, voiture, ordinateur ou téléphone portable ? Pourquoi ce rêve de nouveautés dont il faut avouer que la réalisation effectuée nous laisse souvent dans la déception ? Une réflexion sur la finalité et le sens de nos vies se pose à la lumière de cette fuite dans l'accessoire. Nous sommes appelés à reconnaître qu'il existe un décalage entre les exigences du Christ et notre manière de vivre. Mais cet aveu devient le lieu où l'être humain, conscient de ses limites, peut découvrir que Christ s'est fait notre rédempteur ou pour le dire en d'autres termes notre libérateur.

L'histoire de la réception atteste que le lien entre le refus de se laisser asservir par l'argent et la libération des soucis, ont été constamment liés dans la péricope de Mt 6,24–34, péricope du quinzième dimanche après la Trinité[18]. Ce lien est hélas aujourd'hui supprimé dans le découpage des péricopes bibliques telles qu'elles sont présentées dans de nombreuses traductions bibliques[19]. Pourtant, il atteste que l'invitation à choisir son maître et à ne pas se faire de soucis n'est pas une forme de sagesse humaine qu'il suffirait de mettre en pratique. Mais, au contraire, cette incitation à se libérer des soucis et des préoccupations quotidiennes apparaît comme le fruit d'un don de Dieu.

Une libération pour tous

Les destinataires de l'invitation à une relativisation des soucis humains sont « les gens de peu de foi » (Mt 6,30). Autrement dit, Matthieu s'adresse ici à tous les pécheurs qui se caractérisent par leur capacité – s'il nous est permis d'employer ce terme – à se faire du souci, qui ont le regard tourné uniquement sur eux-mêmes. Les gens de peu de foi sont frères en humanité des Hébreux qui, dans le désert, avaient peur de manquer de pain (Ex 16,14). Ils sont semblables à tous

18 Sur ce point, voir Ulrich Luz : Das Evangelium nach Matthäus (Mt 1–7), Düsseldorf/Zürich 1985, p. 483, note 65 (Evangelisch-Katholischer Kommentar zum Neuen Testament, I/1).

19 C'est notamment le cas de la traduction de la Traduction Œcuménique de la Bible que nous reprenons ici et qui sépare le texte cité en deux péricopes, la première intitulée « Ou Dieu ou l'argent » (Mt 6,24) et la seconde intitulée « Les soucis » (Mt 6,25–34). Voir Traduction Œcuménique de la Bible. Edition intégrale. Nouveau Testament, Paris 1976 ([1]1972), p. 60–61.

qui oscillent entre la foi et le doute, et qui demeurent toujours en souci ou encore qui sont paniqués (voir le récit de la tempête apaisée en Mt 8,26). Tous sont interpellés par l'Évangéliste. Le texte veut délivrer ceux qui se reconnaissent habités par ce manque de confiance. Or cette dernière, reçue comme une grâce permet d'établir comme priorité la quête du Royaume de Dieu.

Observer les lis des champs[20]

Deux types d'implications découlent de l'observation des lis des champs. Le premier est d'ordre existentiel, le second d'ordre éthique. Prenons le temps de nous y arrêter.

Dans toute société, les êtres humains s'ingénient à jeter des regards obliques sur les autres, pour voir s'ils valent plus ou moins que leur voisin. La comparaison joue sur ce qui est comparable. Le souci sur lequel le commentaire jette une lumière crue consiste donc dans le souci *mondain* de l'être humain, rendu inquiet par l'image qu'il renvoie aux autres. Le soucieux est tellement occupé de lui-même qu'il ne voit plus ce qui l'entoure. La fixité de son regard trahit un regard obsédé par lui-même. L'Évangile alors invite à un déplacement du regard par une observation des lis. Celle-ci libère du souci de se prendre soi-même trop au sérieux. Se prendre au sérieux signifie dans ce cas s'identifier à son apparence, confondre son être et l'image de soi présentée aux autres. Or une identification aussi forte peut conduire à croire que tout dépend du regard que les autres projettent sur nous. En ce sens, la mode risque de transformer les humains en personnages plus préoccupés de l'effet qu'ils produisent sur les autres que de leur propre identité. L'Évangile déjoue cette quête souvent désespérée, il ramène le personnage joué au statut de personne. Cette exhortation à s'accepter dans son identité et dans la place qui est la sienne est nourrie par une théologie de la Providence et de la grâce : « Quand l'homme, à l'exemple du lis, se contente de sa condition, il évite la maladie du souci d'ordre temporel ; indemne, il reste à la place qui lui est assignée et, quand il y demeure, il est alors vrai que, par sa condition d'homme, il est plus magnifique que la gloire de Salomon »[21]. L'examen des lis nous permet de renouer avec notre état de créatures et donc d'accepter notre finitude. Ainsi le caractère éphémère et fragile des lis renvoie au caractère fragile de la vie humaine. Cette première conséquence de la contemplation des lis permet alors à une hiérarchisation des valeurs, et Matthieu invite ses lecteurs à faire de la recherche du Royaume de Dieu et de sa justice la priorité des priorités. Ce qui conduit à découvrir les implications éthiques de ce texte biblique.

20 Pour rester dans le thème de la mode, nous nous limitons aux versets liés aux lis des champs et aux vêtements, ainsi qu'à la quête prioritaire du Royaume. Tout ce passage s'inspire du commentaire de Kierkegaard : Les lis (voir note 2), p. 151–204.

21 Kierkegaard : Les lis (voir note 2), p. 165.

Les critiques adressées par les adversaires du christianisme à cette invitation matthéenne de se dépréoccuper des soucis matériels méritent d'être entendues. « Chercher d'abord le Royaume de Dieu et tout cela vous sera donné par surcroît » (Mt 6,33) peut apparaître d'une naïveté folle, vivable seulement pour des personnes célibataires habitant la Galilée ensoleillée.[22] Les soucis matériels peuvent légitimement ronger ceux qui y sont exposés.[23] Les besoins indispensables de tous les êtres humains quant à la nécessité de manger et de se vêtir, doivent être distingués de la préoccupation d'une culture de l'apparence. Le texte sur l'insouciance face aux biens matériels ne peut se transformer en une sorte d'apologie romantique de la pauvreté, même s'il était sans doute destiné en premier aux prédicateurs charismatiques itinérants qui étaient appelés à vivre dans une extrême simplicité. Mais le texte de Matthieu rappelle la priorité de la recherche du Royaume et de sa justice sur toute autre considération. Il me semble que sur ce point, il faudrait accentuer la recherche de la justice, et ce avec la même liberté d'interprétation du texte biblique dont a usé Søren Kierkegaard[24]. Cette prise en compte nécessite que nous nous mettions à l'école des lois de l'économie pour mieux cerner le caractère des injustices actuelles et pour tenter d'y remédier. Pourquoi la dépréoccupation de soi-même et la lutte sociale pour plus de justice, sont à ce point séparées dans nos pratiques ecclésiales et sociales ? Pourquoi Søren Kierkegaard et Karl Marx restent-il si séparés dans nos analyses ? Pour moi subsiste une énigme historique : la publication des «Discours édifiants» (dont « Ce que nous apprennent les lis des champs ») date de 1847 et la publication du «Manifeste du parti communiste»[25] date elle de 1848, et pourtant ces deux mondes – celui de la recherche du Royaume et celui de la quête d'une plus grande justice sociale – semblent étrangers l'un à l'autre. Certes, ces penseurs ne vivaient pas dans les mêmes conditions[26] ; et sans doute le Danemark, l'Angleterre et l'Allemagne ouvrière ne sont pas forcément comparables. Mais pour nous qui venons *après*, et qui lisons et interprétons le monde après coup, ne devons-nous pas prendre radicalement au sérieux Søren Kierkegaard, Karl Marx et Friedrich Engels ? Le premier nous apprend la nécessaire réforme de nous-mêmes pour rechercher le Royaume de Dieu, les seconds nous apprennent de façon non moins nécessaire qu'il existe des formes humaines et aliénantes de travail. L'ère

22 Voir Ulrich Luz : Evangelium (voir note 18), p. 476.

23 Kierkegaard note avec finesse que les soucis de ce type-là sont hélas toujours au pluriel, ce qui les distingue du souci lié au culte de l'apparence. Voir Kierkegaard : Les lis (voir note 2), p. 166.

24 Cet auteur a finalement recontextualisé les intuitions du Réformateur Martin Luther quant à sa théologie de la grâce, en soulignant que cette grâce ouvrait aussi sur l'exigence du devenir chrétien. Ne devons-nous pas, dans la même ligne, insister sur le fait que l'appropriation de la foi chrétienne ouvre sur une expropriation qui prend en compte les besoins matériels de tous les êtres humains ?

25 Rédigé par Karl Marx et Friedrich Engels.

26 Encore qu'il ne faut pas idéaliser la position financière de Kierkegaard, surtout à la fin de sa vie.

de la consommation de masse qui fait tourner la mode est bien au service d'une économie mondialisée et d'un libéralisme excessif qui a dérégulé le marché.

F. Conclusion

Terminons par une note plus légère. Celle-ci est liée à l'eschatologie incluse dans le Règne du Royaume de Dieu. La recherche du Royaume nous invite à distinguer les réalités dernières qui appartiennent à Dieu et les réalités avant-dernières qui appartiennent aux humains. La nature humaine investit de façon excessive les réalités les plus immédiates, entre autres celles liées à la place et au rôle que nous tenons dans la société. Elle les absolutise. Or la recherche du Royaume invite à un rapport serein avec le présent et ce que nous y vivons. En ce sens, le théologien et le styliste de mode ne sont peut-être pas si éloignés l'un de l'autre. Ils se rejoignent dans une même liberté dans leur rapport au temps immédiat et à ses impératifs. Dans ce rapport libre à son époque, le styliste de mode se fait parabole pour le théologien. Il reflète indirectement *la position qui peut être la nôtre dans notre rapport* au temps et à l'actualité qui le compose. En effet, le styliste est en décalage très léger avec son temps. Englué et emprisonné dans le présent, il ne pourrait pas créer du neuf. Cet affranchissement de la pression du présent le libère des contingences de l'immédiateté. L'espace ainsi ouvert lui permet de penser le futur, et aussi, sans complexe, de réhabiliter le passé dont il peut ainsi retrouver les richesses et les vertus ; le rétro est aussi une mode. Le théologien chrétien est appelé à user de la même liberté[27]. Son horizon n'est pas bouché par le présent et les contingences de l'immédiateté. Il peut penser librement l'ouverture du futur et citer au sens juridique le passé, c'est-à-dire en rappeler les potentiels encore inexplorés.

27 Nous reprenons ici librement les intuitions de Giorgio Agamben : Qu'est-ce que le contemporain ?, trad. de l'italien par Maxime Rovere, Paris 2008 (Petite Bibliothèque 617).

«... dass man niemals eine gute Frage gegen eine Antwort eintauscht ...»

Eine Collage

Christoph Müller

Eine jüdische Geschichte

«Ein Mann wurde von schweren Zweifeln über das Wesen der Wahrheit geplagt. Er beschloss deshalb, zu einem Rabbi in einem weit entfernten Dorf zu reisen, der für seine Weisheit im ganzen Land bekannt war. Als er nach einer langen und beschwerlichen Reise in dem Dorf ankam, erkundigte er sich sogleich, wo er den berühmten Weisen antreffen könne. Doch die Leute im Dorf lachten ihn nur aus: ‹Der Rebbe hat sich schon vor zwanzig Jahren aus der Welt zurückgezogen, und jetzt so ein dahergelaufener Fremder wie du, er könne ihn einfach so besuchen!›

Das konnte den Mann jedoch nicht von seiner Sache abbringen. Er wartete einen Moment ab, in dem die engsten Schüler des Rabbiners einmal nicht aufpassten, und stahl sich in die Studierstube des alten Mannes. Es verging einige Zeit, bis der Rabbiner endlich von seiner Arbeit aufsah: ‹Ich bitte um Verzeihung, ehrwürdiger Rebbe, aber ich bin von weit her gekommen, weil mich seit langem eine Frage nicht mehr loslässt. Ich hoffe, dass ihr mir in Eurer grossen Weisheit eine Antwort geben könnt.›

‹Nun, wie lautet deine Frage›, wollte der Rebbe wissen, und sein Tonfall war dabei durchaus freundlich. ‹Was ist das Wesen der Wahrheit?›, erwiderte der Besucher. Der Rabbiner sah ihm tief in die Augen, stand auf – und gab ihm eine Ohrfeige.

Der Mann wusste nicht, wie ihm geschah. Vollkommen verwirrt rannte er davon und lief ins nächste Wirtshaus, um dort seine Enttäuschung in Alkohol zu ertränken. Ein junger Bursche aus dem Dorf sah dies und fragte ihn, was passiert sei. So bekam dieser die ganze Geschichte zu hören. Dann sagte er nachdenklich: ‹Weisst du, wenn der Rebbe etwas tut, hat er einen Grund. Es muss eine Erklärung dafür geben.› Jetzt mischte sich auch ein Schüler des Rabbiners ein, der am Nebentisch sass und zugehört hatte. ‹Der Rebbe hat dir eine Ohrfeige gegeben, damit du lernst, dass man niemals eine gute Frage gegen eine Antwort eintauscht.›»[1]

Maurice Baumann würde wahrscheinlich dem von schweren Zweifeln über das Wesen der Wahrheit belasteten Menschen keine Ohrfeige verabreichen. Ich könnte mir vorstellen, dass er den Fragenden auf seine unverkennbare Art anblicken und dann in sein ebenso unverkennbares Gelächter ausbrechen würde – wobei «Gelächter» vielleicht nicht das zutreffende Wort ist und möglicherweise doch. Es ist darin unverkennbar, dass es nichts mit einem Von-oben-herab-Geläch-

1 Nilton Bonder: Der Rabbi hat immer recht. Die Kunst, Probleme zu lösen, Zürich/München 2001, S. 35f.

SAG MIR, ZAUN! SAG MIR!!
1974
Distr. Bulls
EXISTIERT EIN LEBEN HINTER DIR?! GIBT ES DAS PARADIES FÜR HUNDE WIRKLICH?!
WOZU ALL DIESE GEHEIMNIS-SE?! WIE SOLL ICH OHNE BE-WEISE DARAN GLAUBEN?!
www.bucklescomic.com
©2005 by King Features Syndicate, Inc. World rights reserved.
DAS PROBLEM AM GLAUBEN IST, DASS ES KEINE DIREKTEN ANTWORTEN GIBT.

lächter zu tun hat, das demütigt und blossstellt. Es öffnet vielmehr den Raum, weitet den Horizont, verbindet über vielerlei Differenzen, lässt einen durchatmen und steckt an – listig-witzig, befreiend-überraschend.

Und damit sind wir wieder beim Fragen. Wenn ich nämlich einen Satz von Maurice Baumann nennen müsste, den ich sicher nicht mehr vergesse, so wäre es ein Satz, den er selber öfters (frei) zitiert, aus dem Werk «Frankenstein pédagogue» des französischen Pädagogen Philippe Meirieu: dass wir nämlich «alle Kinder derselben Fragen [sind], alle auf der Suche nach provisorischen Antworten»[2]. Der Jubilar (ich bin etwas unsicher, ob ihm diese Bezeichnung zusagt) hat übrigens, so ist mir aufgefallen, diese Fragen nicht aufgezählt. Welche Fragen sind es, deren Kinder wir alle sind? Sicher nicht jedwelche Frage. Welche dann? Und was kennzeichnet sie? Das Zitat wird dann selbst zu einer nicht ganz leichten Frage.

Wenn ich davon ausgehe, dass «verbindende» Fragen viel mit einem «verbindenden» Lachen zu tun haben, mit dem «Komischen», das geradezu erlösend wirken kann[3] – und wenn ich annehme, dass diese Art Fragen auch mit denjenigen Antworten verbandelt sind, die nicht als abschliessende Fest-Stellungen verstanden werden, eher als «mögliche Lebenshypothese»[4] – was sind dann gemeinsame Kennzeichen?

Wenn Leute davon erzählen, dass Lehrerinnen oder Pfarrer ihre Fragen als «dumme» Fragen abqualifiziert haben, meinen sie oft, dass ihre Fragen nicht ernst genommen wurden, nicht als Fragen auf gleicher Augenhöhe wie die der Autoritätspersonen. Diese fühlten sich durch die Frage in ihrer Autorität angegriffen, in ihrer Definitionsmacht in Frage gestellt. Die Autoritätspersonen spürten, dass diese Fragen eine andere Art von Antworten erforderten: zuerst mitfragen, sich auf die ungewohnten Fragen einlassen, sich selbst und die eigenen Überzeugungen oder das eigene Wissen in Frage stellen lassen. Solche Antworten liegen nicht vorgefertigt vor. Gefragt wäre ein gemeinsames Suchen – und vielleicht ein gemeinsames Finden von Antworten, die in Fragen verwurzelt sind und verwurzelt bleiben.

Die Reaktion «dumme» Frage (auf unerwünschte Fragen) versucht die Fragenden zu demütigen und blosszustellen, also eine Von-oben-herab-Autorität und eine Antwort von oben herab durchzusetzen.

2 So in Maurice Baumann/Christoph Müller: Zuerkennung der Kompetenzen mündiger Christinnen und Christen. Konfirmation als Kasus und als Ritual, in: ZPTh 58/2006, S. 340–354; das Zitat S. 342.

3 Dazu Peter L. Berger: Erlösendes Lachen. Das Komische in der menschlichen Erfahrung, Berlin 1998 (amerik. Originalausgabe: Redeeming Laughter, Berlin 1997).

4 Baumann/Müller: Zuerkennung (vgl. Anm. 2), S. 353.

Die Ohrfeige des Rebbe als paradoxe Intervention?
Der Rebbe gibt keine (verbale) Antwort, er handelt, agiert. Es wären andere Handlungen denkbar gewesen, z. B. eben das Gelächter. Der Rebbe hätte auf das drängende Fragen des Zweiflers auch mit Schweigen reagieren können. Ist die Ohrfeige nicht eine Aktion von oben herab: demütigend, blossstellend und distanzlos?

Der Fragende ist irritiert und enttäuscht. Er wird, weil man es ihm ansieht und er seine Enttäuschung im Wirtshaus zu ertränken versucht, selbst zum Gefragten. Bei den Schülern provoziert die Geschichte Nachdenklichkeit. Die Deutung liegt nicht auf der Hand. Aber es muss eine Erklärung dafür geben, ist der erste überzeugt. Der Schüler am Nebentisch findet dann seine Antwort: «[...] damit du lernst [...].»

Überraschend ist die Ohrfeige sicher, schockierend auch. Wäre sie für den Fragenden sinnvoll ohne die Deutung des Schülers? Oder ist die Handlung des Rebbe nicht mehr gewalttätig und autoritär, wenn sie als Gleichnis- oder Symbolhandlung gelesen wird: als eine Art paradoxe Intervention?

Aber genügen dann die Antworten der Schüler? Wollte der Zweifler seine Frage gegen eine Antwort eintauschen? Und was wollte der Rabbiner? Sein Tonfall war, als er zum Besucher sprach, «durchaus freundlich». Wollte er den Fragenden wirklich etwas «lehren»? Oder ist es der Schüler, der für den Zweifler zum Hermeneuten wird und es ihm vielleicht ermöglicht, seine Frage neu zu stellen – und dann auch in eine andere Richtung nach anderen Antworten zu suchen? sodass es manchmal spannender und erhellender wäre, sich vom Lehrer zu verabschieden, sich in der Kneipe zu den Schülern (vielleicht auch Schülerinnen) zu setzen und dann den eigenen Weg zu suchen?

Der Zwischenhalt in der Kneipe könnte auch deshalb sinnvoll sein, weil dort einsichtig werden könnte, dass es neben der Frage nach dem Wesen der Wahrheit noch andere Fragen gibt, die gute Fragen sind und trotzdem gegen Antworten eingetauscht werden können. Etwa die Frage nach einer guten Unterkunft oder nach den Möglichkeiten für die Rückreise. Und wer weiss, ob solche Fragen nicht sogar auf eine Spur zum «Wesen der Wahrheit» führen?

Wenn ich in einer fremden Stadt bin und jemanden nach dem schnellsten Weg zum Bahnhof frage (weil ich sonst den Zug verpasse), bin ich dankbar für eine knappe und direkte Antwort. Ich bin nicht darauf erpicht, dass die Gefragte nach den Fragen in meiner Frage fragt, sich empathisch nach meinem Ergehen erkundigt – oder nun einen kulturwissenschaftlichen Vortrag über die einzigartige Stadtarchitektur zu hören.

Es gibt offensichtlich Fragen und Fragen. Verallgemeinerungen zum Wesen der Frage könnten dazu führen, dass der Fragende den Zug verpasst und nicht mehr nach Hause kommt (wobei nicht auszuschliessen ist, dass diese Erfahrung wiederum unvermutet etwas zur Frage nach dem «Wesen der Wahrheit» beitragen könnte).

Und was ist mit Beule?[5]

Beule stellt nach einem Appell («Sag mir, Zaun! Sag mir!!») eine Reihe von Fragen: «Existiert ein Leben hinter dir?! Gibt es das Paradies für Hunde wirklich?!» und weiter: «Wozu all diese Geheimnisse?! Wie soll ich ohne Beweise daran glauben?!» Dass nicht diese *Fragen* gegenstandslos sind, zeigt sich an Beule's Einsicht: «Das Problem am Glauben ist, dass es keine direkten Antworten gibt.» Ohne seine insistierenden Fragen, auf die der Zaun oder wer auch immer keine Antwort gibt, würde Beule nicht zu *seiner* Antwort gelangen.

Sie klingt zuerst möglicherweise eher resignativ, jedenfalls gemessen an der anfänglichen Erwartung. Vielleicht entdeckt Beule aber auch, dass Antworten (und Fragen), die nicht «direkt» erfolgen, nicht nichts sind und auch nicht eine Ausrede oder defizitär sein müssen.

Vom Comic zu den Gleichnissen Jesu

Wenn die Gleichnisse bzw. Beispielerzählungen Jesu nicht mit direkten, eindeutigen und abschliessenden Antworten beendet werden, sind sie deshalb nicht defizitär oder gar beliebig. In der Beispielerzählung vom barmherzigen Samaritaner (Lk 10,29–37) antwortet Jesus auf die erste Frage des Toragelehrten mit einer Gegenfrage: «Was ist in der Tora geschrieben? Wie liest du?» Der Gelehrte antwortet aus der Schrift und Jesus bestärkt ihn darin: Es ist eine Antwort, die er handelnd erproben kann – «[...] und du wirst leben». Auf das insistierende Weiterfragen des Gelehrten antwortet Jesus mit der Beispielerzählung und nochmals mit einer Gegenfrage: «Was meinst du, welcher von den dreien sei der Nächste dieses Mannes geworden, der den Räubern in die Hände gefallen war?» Wieder gibt der Gelehrte selber die Antwort und Jesus bestärkt ihn darin: Es ist eine Antwort, die er handelnd erproben kann.

Der Fragende wird also mehrmals dazu ermächtigt, selber eigene Antworten zu finden – oder Lebenshypothesen, die nun erprobt werden können.

Wer sich auf die Gleichnisse Jesu einlässt, wird selbst einbezogen, beteiligt, gerät in einen spannenden und ebenso anspruchs- wie lebensvollen Prozess des Suchens, Antwortens, Erprobens und Neu-Findens von Antworten als Lebensperspektiven.

... und nochmals Beule

Vielleicht fragt sich Beule im übernächsten (uns nicht überlieferten) Bild: «Oder ist es vielleicht so mit dem Glauben: [nächstes Bild] Er gibt mir Antworten in der

5 Vgl. die Abbildung zu Beginn dieses Artikels.

Weise, [nächstes Bild] dass ich sie selber entdecken [nächstes Bild] und erproben kann?»

Dann wäre eine lebensförderliche oder auch glaubensstarke Antwort eine Antwort, die nicht das Ende des Fragens wäre, sondern deren aufbrechend-lebensvoller Neu-Anfang?

Ob es deshalb gar nicht so simpel ist, lebensförderliche oder auch glaubensstarke Antworten zu entdecken?

Eine Hypothese: Lebenstaugliche Fragen und Antworten als offenes Spannungsverhältnis und kreative Ambivalenz

Meine Hypothese: Fragen und Antworten, wenn sie lebenstauglich und kreativ sein (und die Kraft zum «Komischen» nicht verlieren) sollen, stehen zueinander in einem ambivalenten Spannungsverhältnis.

Zu dem damit ins Spiel gebrachten differenzierten Verständnis von «Ambivalenz» nehme ich Definitionen von Kurt Lüscher als Ausgangspunkt: «Das Konzept der Ambivalenz dient dazu, im persönlichen und gemeinschaftlichen Fühlen, Denken und Wollen Erfahrungen zeitweiligen oder dauernden Oszillierens zwischen polaren Gegensätzen zu umschreiben, denen Bedeutung für die Identität und dementsprechend für die Handlungsbefähigung, die sozialen Beziehungen sowie die Gesellschaftlichkeit individueller und kollektiver Akteure zugeschrieben werden kann.»[6] In einer früheren Definition brauchte Lüscher die Metapher des Hin-und-her-gerissen-Werdens..

Dieses Ambivalenzverständnis bleibt nicht beim üblichen Wortgebrauch stehen («ambivalent» im Sinn von «doppeldeutig» oder «widersprüchlich», in der Regel mit einem negativen Beigeschmack). Es wird vielmehr eine Polarität wahrgenommen, vergleichbar der Spannung einer Saite, die nun als klingend erfahren werden kann. Damit werden kreative Zugänge zu bestimmten Phänomenen der Lebenswirklichkeit eröffnet. Irreführende Gegensätze (entweder/oder) werden in einem Spannungsverhältnis aufeinander bezogen und in ihrem oft lebenswichtigen Potential zugänglich.

Die Beziehungen zwischen Fragen und Antworten kommen kraft einer solcherweise ambivalenten Polarität neu in Sicht: *Antworten* setzen bestimmte Fragen voraus und schliessen andere aus. Welche Fragen impliziert eine Antwort? Welche Ziele? Welche Fragen und Ziele schliesst sie (jedenfalls vorderhand) aus?

Und umgekehrt: *Fragen* sind nicht nur Fragen. Sie sind nicht voraussetzungslos, vielmehr immer auch antworthaltig und zielhaltig. Und sie schliessen (jedenfalls vorderhand) bestimmte andere Fragen und Antworten aus.

6 Kurt Lüscher: Ambivalenz. Eine soziologische Annäherung, in: Walter Dietrich/Kurt Lüscher/Christoph Müller: Ambivalenzen erkennen, aushalten und gestalten. Eine neue interdisziplinäre Perspektive für theologisches und kirchliches Arbeiten, Zürich 2009, S. 17–67.

Spannend ist auch die Achtsamkeit gegenüber Bereichen des *Nicht-Wissens,* sowohl in Fragen wie in Antworten. Rabbi Nilton Bonder unterstreicht, dass es klug ist, diese Bereiche zu erkennen, wenn man die Frage sinnvoll beantworten will.[7] Das erhöht auch die Chance, dass eine beantwortete Frage weiterführt «zu einer neuen, die es vorher noch gar nicht geben konnte»[8].

Fragen sind also dann weiterführend, wenn das Nichtwissen einen deutlichen Teil der Frage markiert. Ebenso sind Antworten dann kreativ, wenn das Nichtwissen einen deutlichen Teil der Antwort markiert. «Es nimmt kein Ende, sondern immer einen neuen Anfang [...]»[9]

Je besser man das Ausmass des eigenen Nichtwissens versteht, umso tauglichere Such- und evtl. Findungsprozesse werden möglich. Vielleicht können wir uns erst dann von (scheinbar) fraglosen Denkmustern befreien, wenn wir begreifen, dass sie die Hauptursache für Verblendung und Täuschungen sind.

Das Ambivalenzverhältnis, die kreative Spannung kann gekappt werden. Ein verlässlicher Indikator für die Zerstörung der Ambivalenz liegt dann vor, wenn *Antworten* bereits «grösstenteils vorgebildet» sind[10], wenn bestimmte Antworten schon gar nicht (mehr) diskutiert (und das heisst immer auch: befragt) werden dürfen.

Die Spannung ist auch dann gekappt, wenn bestimmte *Fragen* (oder gar neue Fragen) nicht (mehr) gestellt werden dürfen. Oder wenn sie nur noch um sich selber kreisen. Sie können dann zu «Monstern» werden: Warum ...? warum habe ich nur ...?

Öfters sind Satzgebilde, die als Fragen erscheinen, gar keine Fragen, sondern Scheinfragen, innerhalb eines selbstverständlich vorausgesetzten Systems, das durch diese Scheinfragen ebenso verdeckt wie betoniert werden soll. Fragen sind nur noch «dumme» Fragen.

Eine zerrissene Saite klingt nicht mehr.

7 Bonder: Rabbi (vgl. Anm. 1), S. 47.

8 Susanne K. Langer: Philosophie auf neuem Wege. Das Symbol im Denken, im Ritus und in der Kunst, Frankfurt a. M. 1965, S. 107.

9 Melinda Nadj Abonji: Tauben fliegen auf. Roman, Salzburg/Wien ^{6}2010, S. 37 (dort auf das gesellige Essen in der Vojvodina bezogen).

10 Ludwig Fleck: Entstehung und Entwicklung einer wissenschaftlichen Tatsache. Einführung in die Lehre vom Denkstil und Denkkollektiv, Basel 1935 (Neuausgabe: Frankfurt a. M. 1980, ^{7}2008 [stw 312]), S. 91.

Einige Frage-Dialoge[11]

Könnte es nicht sein, dass es manchmal anspruchsvoller ist, eine Antwort zu wagen als nur Fragen zu stellen?
Weshalb sagst du: «... nur Fragen zu stellen»?
Exponierst du dich nicht weit weniger, wenn du nur Fragen stellst und damit Antworten ausweichst?
Exponierst du dich nicht weit weniger, wenn du nur Antworten gibst und damit den Fragen ausweichst?
Weshalb sagst du: «... *nur* Antworten»?

Wäre eine Antwort-mit-neuen-Türen nicht eine nur vorläufige und damit eigentlich gar keine richtige Antwort?
Wer behauptet das?

Könnte ich nicht auch einmal deshalb glücklich sein, weil ich keine Frage mehr stellen muss?
Woran erinnerst du dich?

Gibt es nicht auch Fragen, die darauf warten, erst noch gefunden, entdeckt, ausgegraben zu werden?
Dann gäbe es Fragen, die zu rasch, zu hastig, zu unüberlegt, zu ungeduldig gestellt werden?
Was fällt dir dazu ein?

Ist dir schon aufgefallen, wie oft Eltern ihren Kindern Fragen stellen nach der Melodie: «Was habt ihr heute in der Schule gemacht? Hattet ihr eine Prüfung? Was für eine Note hast du gekriegt?»
Sehntest du dich danach, von deinen Eltern solche Fragen zu hören?
Wie wäre es, auch an die Eltern dieselben Fragen zu richten, die sie ihren Kindern stellen?

Kennst du nicht auch die Sehnsucht nach definitiven, abschliessenden, einschliessenden Antworten?
Versprechen sie nicht eine Sicherheit, die wir manchmal tatsächlich brauchen?
Wofür?

Wie geht es dir?
Hast du Zeit?

Das Fragezeichen-Gelage

«Mein Sohn streckt mir seine Schultafel hin
die Zweitklässler üben Satzzeichen
Punkt, Komma, Ausrufezeichen, Fragezeichen
ich betrachte sein Werk
wie feine Regentröpfchen wirken die Punkte und Kommas

11 Angeregt durch den Fragedialog, den Bonder zitiert: «Fragt einer einen Juden: ‹Warum antwortet ihr auf eine Frage immer mit einer Gegenfrage?› Und der Jude erwidert spontan: ‹Warum nicht?›» Siehe Bonder: Rabbi (vgl. Anm. 1), S. 33.

sie regnen den Ausrufezeichen auf den Kopf
die als stramme Soldaten in Reih und Glied stehen
schön ausgerichtet, gerade, exakt und sauber
im krassen Gegensatz zu den letzten zwei Reihen
wo die Fragezeichen sich zu einer Art Gelage
eingefunden haben
hier scheint es keine Ordnung zu geben
die Fragezeichen kümmern sich weder um Grösse noch Abstand
kugelrund, bucklig, klein oder hoch aufgestengelt
tummeln sie sich auf der Tafel
manche kämpfen sichtlich um ihr Gleichgewicht
während bei andern der Punkt wie ein schwerer Stein
an ihren Füssen hängt
lange betrachte ich diese eigenwillige Gesellschaft
soll ich sie gelten lassen?
mein Sohn spürt die Unsicherheit.»[12]

reimen

fragen
zagen
tragen
schlagen
jagen
klagen
tagen
plagen
ragen
nagen
sagen
wagen

Aus dem Bilderbuch «Die Grosse Frage»

Sagt der Tod: «Du bist auf der Welt, um das Leben zu lieben.»
Sagt der Gärtner: «Um Geduld zu haben, bist du auf der Welt.»
Sagt der Bäcker: «Du bist da, um früh aufzustehen.»
Sagt die Ente: «Ich habe überhaupt keine Ahnung.»
Sagt der Stein: «Du bist da, um da zu sein.»
«Du bist da, weil ich dich lieb habe», sagt die Mutter.»[13]

12 Christoph Müller: Fragen in der pfarramtlichen Tätigkeit. Pastoraltheologische Überlegungen, in: ThZ 44/1988, S. 355–375; S. 355.

13 Wolf Erlbruch: Die grosse Frage, Wuppertal, [9]2009.

Antworten

Das muss man einfach so sehen! (sagt ein junger Systematiker)
Wäre es nicht angemessener, zu differenzieren?
Man muss auch einmal ohne Wenn und Aber etwas zur Kenntnis nehmen.
Merkst du, dass du mit Vorliebe das Wort «muss» gebrauchst?
Es gibt eben Dinge, an denen nicht zu rütteln ist.
Das macht aber keinen Spass!
Ja, das muss man einfach so sehen!

Fragen Sie ruhig – ich habe 1000 Antworten parat!

«PT: Und dann gibt es im Whitney Museum eine Retrospektive Ihrer Filme.
AW: Vielleicht, ja.
Finden Sie das aufregend?
Nein.
Warum nicht?
Sie sind, wenn man über sie redet, besser als wenn man sie sich ansieht.
Ihre Arbeit als Künstler ist so variationsreich, wie bei Leonardo. Sie sind Maler, Filmemacher, Verleger … Glauben Sie, dass das einen Künstler ausmacht?
Nein.
Können Sie für mich definieren, was ein Künstler ist?
Ich glaube, ein Künstler ist jemand, der etwas gut kann. Zum Beispiel jemand, der gut kochen kann.»[14]

Fragebogen[15]

Auf welche Fragen gibt Ihr Leben Antwort?
Können Sie sich an Fragen erinnern, die Sie nicht mehr losgelassen haben?
Wollten Sie als Kind auf jede Frage eine Antwort?
Welche Frage haben Sie erst spät in ihrem Leben entdeckt?
Welche Fragen haben Sie in die Irre geführt? und welche Antworten?
Gibt es Fragen, die Sie geärgert oder in Rage gebracht haben? Weshalb?
Ist es Ihnen auch schon passiert, dass Sie gehandelt haben, ohne sich gross zu fragen, und die entscheidenden Fragen erst nachher vor Augen gekommen sind?
Können Sie (z.B. nach einem Vortrag) Ihre Frage kurz und prägnant formulieren? Weshalb? Weshalb nicht?
Haben Sie am heutigen Tag gelebt? Woraus schliessen Sie das?
Ist für Sie «Gott» eher eine Antwort oder eine Frage? Gab es in dieser Sache unterschiedliche Phasen in Ihrem Leben?
Welche Fragen sind in Ihrem (religiösen oder säkularen) Credo stillschweigend vorausgesetzt?
Welche Farbe hat Ihre Frage nach Gott?

14 Kenneth Goldsmith (Hg.): Interviews mit Andy Warhol, Schmiheim 2005, S. 364f.
15 Inspiriert durch die Fragebogen von Max Frisch, in: Max Frisch: Notizbuch mit den Fragebogen von Max Frisch, Frankfurt a. M. 2011 (diese Ausgabe ist mit leeren Seiten für eigene Notizen versehen).

Haben Sie einen anderen Vorschlag?

«Ein junger Amerikaner reist durch Indien, auf der Suche nach dem Sinn des Lebens. Er erfährt, dass ganz droben auf einem der unzugänglichsten Gipfel des Himalaya ein Heiliger lebt, von dem es heisst, er kenne die Antwort auf diese Frage. Der junge Amerikaner verbringt viele Wochen auf der Wanderschaft, unter grossen Mühen und Strapazen, und erreicht endlich den Ort, wo der Heilige wohnt. Und da sitzt der weise Mann, reglos, den Blick auf den Mount Everest gerichtet. ‹Ich heisse John P. Shultz›, sagt der junge Amerikaner. ‹Ich bin aus Cleveland, Ohio, und ich suche nach dem Sinn des Lebens. Ich habe gehört, Sie wüssten ihn. Könnten Sie mir sagen, was der Sinn des Lebens ist?›

Ohne den Blick vom fernen Gipfel des Mount Everest abzuwenden, intoniert der Heilige feierlich: ‹Das Leben ist wie die Lotusblüte.›

Der junge Amerikaner sagt nichts und sinnt über diesen dunklen Satz nach. Lange Zeit herrscht Schweigen. Dann tritt ein leichtes Stirnrunzeln auf das Antlitz des Heiligen, er wendet den Blick von dem fernen Bergesgipfel ab und fragt den jungen Amerikaner besorgt: ‹Oder haben Sie einen anderen Vorschlag?›»[16]

16 Berger: Lachen (vgl. Anm. 3), S. XIX.

De la rumination du lièvre à la réfraction de la lumière

Commentaire théâtralisé sur le pur, l'impur, la première cuite et la première œuvre d'art de l'Histoire : l'Arc-en-ciel

Pierre Paroz

A. Point de départ

Dans Lévitique 11,4–6 on peut lire cette énormité : « Ainsi, parmi les ruminants, et parmi les animaux ayant des sabots, vous ne devez pas manger ceux-ci : [...] le lièvre, car il rumine, mais n'a pas de sabots : pour vous, il est impur ».

Voici un texte biblique très intéressant, en ce qu'il contient une erreur manifeste et incompréhensible, quelle que soit la version ou la traduction choisie. Une croix indépassable pour tous les fondamentalistes et les intégristes qui défendent la vérité littérale de l'Ecriture. Et il s'agit de bien plus que d'un détail, tel que le donne à penser la note de la TOB[1] adossée à notre verset : « e) Le mouvement de ses lèvres a fait classer le lièvre parmi les ruminants ». Si l'on prend l'auteur du texte au sérieux, force nous est de constater qu'il pense faire un travail de recension fondamentale du vivant, un travail scientifique autant qu'une œuvre de législateur : il pense tout à la fois révéler l'ordre fondamental des choses et enseigner au peuple la bonne manière de s'y conformer pour mener une vie juste. La notion ici décisive est celle de *pureté*. Pour la mentalité archaïque qui s'exprime ici, la science est l'équivalent d'un effort de nomenclature : il s'agit d'observer et de classer à l'aide d'une hiérarchie de genres et d'espèces tous les objets et les êtres de l'univers. Slogan : une place pour chaque chose, et chaque chose à sa place. Est « pur » tout ce qui relève de sa classe, impur ce qui est à cheval sur deux classes normalement disjointes ; ainsi le caractère « ruminant » va normalement de concert avec la possession de sabots, comme chez la vache, la chèvre ou le mouton, qui sont donc classés purs ; le lièvre par contre est regardé comme impur, car il rumine (soi-disant), mais n'a pas de sabots ; le porc, lui, est impur aussi, mais pour des raisons inverses, car il porte sabots, mais ne rumine pas.

On n'imagine pas à quel point nos ancêtres des temps archaïques étaient de véritables obsédés de l'ordre et du classement. C'est d'ailleurs ainsi que la Bible nous narre la Création du monde en son premier chapitre : « Au commencement », est-il écrit, « Elohim fit les cieux et la terre »[2]. Mais ce n'est encore qu'un chaos, un « tohu-bohu » comme le dit si bien le texte, et le véritable travail de la Créa-

1 Traduction Œcuménique de la Bible, comprenant l'Ancien et le Nouveau Testament, Paris 1996.
2 Gn 1,1.

tion consistera à distinguer les choses en les nommant et en les plaçant en leur lieu, de telle façon qu'il en sortira un cosmos bien ordonné, essentiellement pur.

Ainsi Dieu sépare successivement la lumière des ténèbres[3], appelant la première « jour », et les secondes « nuit » ; et voici que naît la succession bien ordonnée des jours et des nuits, l'écoulement du temps qui est une dimension fondamentale de l'ordre du monde.

Puis, nous dit-on, Dieu va séparer les « eaux d'en-haut » – qu'il dénommera « ciel » et contiendra dans une sorte de bassin appelé « firmament », et les « eaux d'en-bas » qu'il va également distinguer et séparer en deux masses bien distinctes, le « continent », qu'il appellera « terre », et l'amas des « eaux », qui fera les « mers ». Puis c'est au tour de la verdure, les végétaux portant semence « chacun selon son espèce », puis encore les luminaires nécessaires à l'éclairage de tout cela, le grand (le soleil) pour présider au jour, et le plus petit (la lune), aves les étoiles pour présider à la nuit. Ensuite de quoi, viendront les trois catégories d'animaux, ceux qui vivent dans les mers, les oiseaux et les rampants – attention, très important – chacun selon son espèce ; et pour finir l'homme, mâle et femelle, distinct des animaux, en ce qu'il est créé « à l'image et à la ressemblance » d'Elohim. Ce travail de mise en ordre du monde, se révèle aussi structurant en lui-même, en ceci qu'il dure six jours et que le septième, Dieu est censé s'être reposé de toute son œuvre, mouvement qui fonde le rythme hebdomadaire devant encadrer la vie sociale du peuple des fidèles.

B. L'occasion pratique

Au départ du présent travail de réflexion, avant même ce projet d'article pour une « Festschrift », il y a eu une commande expresse, qui m'a été faite au titre d'ancien pasteur de Moutier : un jeune homme de mes amis s'est mis à planter de la vigne dans le périmètre du quartier de St-Germain, sur des terrains de la paroisse réformée qu'il a loués ou acquis. En automne 2009 il a organisé une fête sur l'esplanade de la Collégiale qui porte le même nom (St-Germain), avec un bœuf entier mis à la broche. Ce jour a connu une grande affluence, mais en côtoyant une Collégiale vide, froide, sombre et muette, on mesurait aussi l'isolement de l'Eglise, son éloignement de la ferveur populaire et de la vie réelle. Toujours est-il, qu'à l'affiche de la fête, il y avait un moment d'animation théâtrale annonçant la répétition du miracle de St- Germain. Ce fut un show burlesque, démarqué de la chronique hagiographique de Bobolène[4] sur la vie des deux saints locaux, Saint Germain et Saint Randoald, sur la tombe desquels un

3 Pour la suite de l'ensemble du premier récit de la Création : Gn 1,1–2,4.

4 Voir Gabriel Cuenin : Saints Germain et Randoald de Moutier. Autour du culte de Saint Germain martyr, premier abbé de Moutier-Grandval, dans : Zeitschrift für Schweizerische Kirchengeschichte/Revue d'histoire ecclésiastique suisse, 1/1950, p. 233–245.

grand nombre de guérisons miraculeuses sont réputées s'être produites pendant le Moyen Âge. Le thème de la farce moderne était : le « miracle » de la multiplication des amourettes du taureau mis à la broche ce jour-là. Interrogé sur ce que je pensais de ce jeu de scène en tant qu'ancien pasteur, je répondis : « Allécouilla ! »

Néanmoins, après discussion, il s'avéra que mon ami cherchait bel et bien à inscrire son effort vigneron dans le contexte de l'histoire du christianisme et en accord avec ses valeurs, et il me priait de l'aider dans ce sens. L'année suivante, j'ai donc participé à la conception du nouveau jeu de scène qui allait couronner la fête, devenue pour l'occasion, une vraie fête des vendanges : mon ami avait vendu une vigne cep par cep, et les acquéreurs avaient été invités à récolter au cours de la journée les grappes de raisin de leur cep. Nous sommes partis d'une idée empruntée à Rabelais dans son « Traité du bon usage du vin »[5] : des pèlerins (acteurs) accourus pour se faire guérir, sont chauffés à blanc par un bonimenteur qui leur promet monts et merveilles d'une cure de ce raisin. Au moment où ils vont y goûter, voici que sortent de la Collégiale des moines qui, une enluminure de la Bible de Moutier-Grandval à l'appui, supplient l'assemblée de patienter et de leur confier le raisin, le temps pour eux, de le laisser fermenter et se bonifier. Joignant le geste à la parole, les moines essaient de s'emparer du raisin et déclenchent une bagarre, interrompue par l'arrivée de la « mère nourricière », qui sort elle aussi de la Collégiale, pieds nus, en grondant que puisque les gens ont fait de ces fruits divins, des raisins de la colère, elle les retire à tous en les foulant des pieds. Ce qu'elle fait, en montant dans la bassine, où repose le raisin fraîchement cueilli et en le piétinant rageusement, tandis que l'équipage est ramené et disparaît dans la Collégiale.

Fin du deuxième épisode, sur la vague promesse du vigneron qu'il va tenter de récupérer ce qui peut l'être encore et donne rendez-vous à tous l'an prochain à pareille époque. C'est donc pour le troisième épisode de l'animation de la fête des vendanges de St-Germain que nous avons mis en route la présente réflexion sur la pureté, qui comprendra (on va le voir) le récit de la première « cuite » de l'histoire.

Dans les chapitres « B », je vais donc tenter de dire dans les grandes lignes comment nous comptons mettre en scène les réflexions présentées dans les chapitres « A ». Voici comment je propose de commencer : L'idée est d'avoir deux scènes : une première, encadrant l'autre, figurera l'école des moines de St-Germain, à laquelle s'est joint notre vigneron dans le but de récupérer son raisin ou ce qu'il en reste. Le cours, sur le thème de la pureté, est donné par le père prieur. Sur la seconde estrade seront jouées les scènes les plus saillantes rapportées dans le cours, par exemple la Création du monde sera présentée comme un grand

5 François Rabelais : Traité de bon usage du vin, Paris 2009.

rangement dans les cases appropriées des choses de l'univers par un Être masqué, hyperactif au son d'une musique endiablée[6].

A. Le déluge

Les hommes des temps primitifs ont-ils vécu dans la pureté, autrement dit, conformément à l'ordre des choses ? La réponse biblique est négative, comme on sait, quoique fort énigmatique : on apprend en effet que de mystérieux « fils de Dieu » se sont mis à reluquer les filles des hommes, les ont trouvées à leur goût et en ont eu des enfants. Le texte, peut-être composite, dit que c'était une époque de géants, « les héros d'autrefois, des hommes de renom ».[7] Il est possible que la source qui s'exprime ici, fasse référence à une vieille légende orientale racontant les frasques d'êtres gigantesques nés de l'union de mortelles avec des êtres divins. L'auteur semble passer sous silence les traits mythologiques de ce récit, n'en retenant qu'un aspect : le souvenir d'une race insolente qui peupla le monde aux temps anciens en jouant aux surhommes, illustration de la faute fondamentale de l'être humain contre l'ordre des choses : la tentative d'échapper à sa condition faible et mortelle. Le Seigneur est, nous dit-on, intervenu une première fois en limitant leur pouvoir (en leur refusant son Esprit et en bornant leur temps de vie). Cela ne suffira pas : l'impureté de leur mode de vie va décider le Créateur à retourner au chaos initial : « Ce jour-là », dit le texte, « tous les réservoirs du grand abîme furent rompus, et les vannes du ciel s'ouvrirent tout grand »[8].

Mais si l'homme refuse sa condition et désire maladivement déborder de sa classe, il en est un qui ne peut s'empêcher d'être ce qu'il est, et ce jusqu'au bout des ongles. C'est Dieu, aussi lit-on juste après, qui se veut un verdict définitif : « J'effacerai de la surface du sol l'homme que j'ai créé [...]. Mais Noé trouva grâce aux yeux du Seigneur »[9] lequel lui ordonne aussitôt de construire l'arche qui sera l'instrument de son salut et de la sauvegarde de la création toute entière.

A propos de l'arche, on peut jouer sur la surprise de sa forme : d'après les textes, il ne s'agit pas d'une splendide nef hydrodynamique, et même pas d'une barque ventrue à souhait ; par rapport à son contenu, ce n'est rien qu'une vulgaire caisse de trois étages : Jean Nouvel n'a rien inventé ! Détail cocasse (il n'est dit nulle part que Noé était un grand ingénieur de la construction navale) : l'arche semblait n'être fermable que de l'extérieur, si l'on en croit le vers 16 du chapitre 6 de la Genèse. Bref, la traversée de ces rescapés de la civilisation paraît se passer sans encombre.

6 Voir la scène de la réparation de la voiture dans le film « Le corniaud » de Gérard Oury, réalisé en 1965, avec Bourvil et Louis de Funès.

7 Voir dans Gn 6–9 l'histoire du déluge, précédée de l'épisode des géants Gn 6,1–4.

8 Gn 6,11.

9 Gn 6,8.

A l'arrivée, par contre, les événements se précipitent : Noé, aussitôt débarqué avec sa cargaison, bâtit un autel pour la reconsécration du monde. Le récit offre un parallèle très intéressant avec la fin de l'histoire de la création, dont il prend la place, couronné qu'il est par ce mot d'ordre implicite : « Plus jamais le déluge ! » En vérité, Dieu se laisse séduire par le caractère vulnérable et pitoyable de ce restant de vie. Malgré le penchant naturel de l'homme vers le mal, (malgré, pourrait-on dire, son impureté congénitale), Dieu promet la pérennité du monde : « J'ai mis mon arc dans la nuée pour qu'il devienne un signe d'alliance entre moi et la terre : Quand je ferai apparaître des nuages sur la terre et qu'on verra l'arc dans la nuée, je me souviendrai de mon alliance entre moi, vous et tout être vivant quel qu'il soit »[10].

On ne peut s'empêcher ici de penser que c'est comme si Dieu lui-même avait changé : comme s'il avait fait une expérience qui l'avait transformé. Et c'est tout naturellement vers l'arc-en-ciel que l'on se tourne, pour se demander, s'il n'y a pas quelque chose dans sa nature qui le prédestine à jouer ce rôle de signe d'alliance avec une création mal venue et malgré cela, tout de même rescapée. Ce caractère ne pourrait-il pas avoir quelque chose de commun avec l'impureté? Rien de plus pur dans notre imaginaire que la lumière blanche, et pourtant elle n'est qu'un mélange de sept couleurs définies chacune par une longueur d'onde différente. Scientifiquement, l'arc-en-ciel est un phénomène qui s'explique par la réfraction de la lumière passant au travers des gouttes de pluie. Réfraction et diffraction font plus généralement partie du comportement quantique des ondes lumineuses, lesquelles apparaissent comme aussi espiègles que le lièvre, autant à cheval entre deux classes, ayant à la fois les propriétés, pourtant contradictoires, d'un train d'ondes et celles d'un jet de particules. Cela, même si les anciens l'ignoraient, nous paraît riche de sens : sur son chemin, le Créateur rencontre une impureté créatrice, une impureté qui est aussi une précieuse source de richesse.

B. Comme Newton

Dans l'exploitation théâtrale de ces passages, il est prévu de continuer avec la classe d'école des moines. On tentera d'associer les enfants au spectacle, par exemple en leur ayant fait dessiner l'arche de Noé.

Mais c'est surtout la scène qui suit l'accostage de l'arche que nous nous préparons à faire ressortir, essentiellement en présentant le Créateur comme une sorte de Newton en pleine expérience d'optique, un prisme à la main, et réussissant à reproduire les couleurs de l'arc-en-ciel. L'idéal serait de pouvoir répéter aussi en spectacle la fameuse expérience des fentes de Young, qui met en évidence la double nature à la fois corpusculaire et ondulatoire de la lumière.

10 Gn 9,13sq.

L'essentiel est de créer une atmosphère d'émerveillement quasi poétique devant les surprises de la nature. Un Dieu qui joue avec sa Création, et qui invite les hommes à partager sa passion scientifico-poétique.

A. L'ivresse noachique[11]

Noé passe pour le premier cultivateur. Et sa culture est la vigne. Bon. Mais le texte semble dire que Noé n'avait aucune idée de l'effet que la boisson fermentée qu'il pouvait tirer du fruit de sa récolte, était capable d'exercer sur lui. Cette première « cuite » de l'histoire a l'air d'être un accident du hasard. Et on peut lui donner tout le temps nécessaire à cette découverte du phénomène de la fermentation et des effets de l'alcool sur l'organisme, puisque selon le comput du récit, le vénérable patriarche est déjà âgé de 600 ans au moment du déluge, et qu'il ira gaillardement jusqu'à 950 ! Toujours est-il qu'il se lâche, qu'il éprouve une bouffée de chaleur et qu'il commence à se déloquer dans sa tente. Cet épisode et la suite sont si visuels que la scène peut être jouée telle quelle, avec l'intervention d'un des fils qui surprend son père dans cette situation scabreuse et le dit à ses frères, et la réaction de ceux-ci, empreinte d'un respect scrupuleux, et, pour terminer, avec la malédiction prononcée par Noé sur le fils qui l'a surpris.

A vrai dire surgit ici une difficulté exégétique de taille : la triade des fils de Noé nomme toujours et dans l'ordre Sem, Cham (en précisant qu'il est le père de Canaan) et Japhet.[12] Dans le corps du récit, c'est bien Cham qui surprend son père, et pourtant la malédiction paternelle tombe nommément sur Canaan, au vers 25 du chapitre 9 de la Genèse : « Et il lui dit : Maudit soit Canaan ! Qu'il soit pour ses frères le dernier des esclaves ». L'hypothèse la plus vraisemblable est que l'auteur final a compilé plusieurs traditions, dont l'une devait attribuer aux fils de Noé les noms de Sem, Japhet et Canaan. Par la suite, le texte reprend la triade Sem, Cham et Japhet, en enchaînant au chapitre 10 avec une généalogie qui ambitionne de couvrir l'ensemble du repeuplement de la terre par les fils de Noé. Résumant les connaissances de géographie planétaire qu'on pouvait avoir en Israël autour du VIIIe siècle avant Jésus-Christ, le présent récit affirme l'unité de l'espèce humaine issue d'une souche commune. Il n'y a rien à redire à cela, dans la mesure où on voit dans ce développement les effets de la bénédiction prononcée par le Seigneur après le déluge. Mais maintenant, une malédiction précise s'ajoute au bilan qui donne au récit la force d'une explication étiologique : compte encore tenu de l'effet boule de neige des rédactions des exégètes qui se copient les uns les autres (les Britanniques disent plaisamment que toute littérature est un plagiat, à l'exception de la toute première – qui ne nous est

11 L'épisode de l'ivresse de Noé se trouve en Gn 9,20–27.
12 Gn 9,18 ; 10,1.

malheureusement pas parvenue !), on obtient un résultat tout chargé d'idéologie et hautement suspect.

Car qu'est-ce que l'effet étiologique ? C'est la prétention d'expliquer – donc de légitimer – un état de fait actuel, en soi peut-être discutable, voire inadmissible, comme l'esclavage d'un peuple sous la botte d'un autre, par une histoire censée s'être passée du temps des anciens. Notre texte, qui voit en Sem l'ancêtre du peuple hébreu (qui fait partie du groupe plus vaste des Sémites), justifie très concrètement sa domination sur le pays de Canaan et ses premiers habitants. Mais l'histoire nous interdit d'oublier que par-delà cette circonstance, ce texte et son exégèse malheureuse ont servi à justifier l'infériorité et la servitude de la race noire en général.

Ce serait trop long de reparcourir ici toute l'histoire de l'interprétation de la malédiction de Noé[13] : disons seulement qu'un des aspects qui a le plus donné à gloser, réside dans la sévérité de la réaction de Noé : d'après certains exégètes rabbiniques, il faut supposer de la part du fils indigne un acte d'une réelle perversité, tel qu'un acte homosexuel et incestueux, ou bien qu'il aurait carrément châtré son père ![14]

Il semble que ce soit sous la plume de certains parmi les premiers savants musulmans appliqués à l'étude des Écritures juives, (dans le Coran même, il n'y a pas trace de ce motif), qu'on trouve l'idée de la malédiction atteignant bel et bien Cham et sa première descendance : sont nommés au vers 6 du chapitre 10 : « Fils de Cham : Kush, Mitsraïm, Pout et Canaan ». Or Kush est considéré comme l'ancêtre du peuple éthiopien, Mitsraïm des Égyptiens, et Pout des Arabes en général ou des Lybiens[15], c'est-à-dire en majorité des peuples « foncés ». Le lien entre la malédiction de Noé d'une part, et la noirceur de peau et la destinée de servitude de certains peuples d'autre part, devient une représentation populaire, comme en témoignent les « Contes des mille et une Nuits » ou encore un apocryphe syriaque chrétien du Ve ou VIe siècle intitulé « La Caverne des Trésors ». A l'époque moderne, on verra réapparaître ce motif au XVIIe siècle chez certains protestants fondamentalistes hollandais, et de là, il va se transporter et prendre une grande ampleur aux États-Unis d'Amérique au fur et à mesure que se développe la traite des Noirs. Depuis lors, le texte biblique qui nous occupe, a souvent été utilisé par des partisans, aussi bien que par des adversaires de l'esclavagisme, à l'appui de leurs thèses.[16]

13 On consultera avec profit sur Internet l'article que Wikipedia consacre à la malédiction de Cham : http://fr.wikipedia.org/wiki/Malédiction_de_Cham (11.08.2011).

14 Voir Bereshit Rabba 36:5.

15 Voir les notes critiques de la TOB ou de la Bible de Jérusalem.

16 Les références de toute cette documentation se trouvent dans l'article Internet précité (voir note 13).

En réalité, notre réflexion sur la pureté suffit tout à fait à donner sens à tout le passage. L'acte de Cham/Canaan est dans sa simplicité foncièrement impur, contraire à l'ordre des choses, hors classe pour tout dire ; ce qui est conforme à l'ordre juste des choses, c'est quand le père découvre la nudité de son enfant, au moment de sa naissance, et suivant le sexe de l'enfant crie son nom. En découvrant la nudité de son père et en faisant des gorges chaudes, le fils, en quelque sorte, fait marcher le monde à l'envers ! Le manque de respect envers le père, mais pas seulement, est flagrant. De plus, la sanction se comprend : celui qui contrarie l'ordre des générations se voit sanctionné dans sa génération, c'est-à-dire dans sa descendance, par où il a péché.

Mais une malédiction est pire qu'une simple sanction ; elle hypothèque l'avenir. C'est pourquoi quand les Israélites décrivent leur Dieu comme un « Dieu jaloux, poursuivant la faute des pères chez les fils sur trois et quatre générations », ils ajoutent : « mais prouvant sa fidélité à des milliers de générations ». Autrement dit, Noé se révèle en sa sanction plus royaliste que le roi, et la dérive exégétique qui associe la couleur de la peau de certaines populations à la destinée de l'esclavage et aux suites de la malédiction proférée par Noé, même si elle se révèle comme un malentendu, est aussi révélatrice d'autre chose, à savoir que l'homme n'est ni ange, ni bête, et que qui veut faire l'ange, fait la bête. Notre conclusion sur ce texte se lira ci-après, à la fin du point « B ».

B. Le dénouement

Comme on l'a dit, tout cet épisode de l'ivresse de Noé sera tout simplement joué sur la seconde scène. L'acteur jouant Noé aura tout loisir de montrer son personnage sous les dehors ridicules d'une « cuite » inattendue, autant que mémorable ; on l'entendra chanter sous sa tente, tandis qu'il enverra promener ses vêtements. On jouera aussi la réaction des trois fils, celle, un peu grivoise de Cham/Canaan, et celle, d'un mortel sérieux, des deux autres reculant avec la couverture.

Mais sur la première scène aussi, il y aura quelque chose à voir et à entendre, à savoir la lecture des principales conjectures exégétiques, anciennes et modernes sur la malédiction de Noé, faite par les élèves, mais attention : à voix haute et tous ensemble, de manière à produire une invraisemblable cacophonie savante et absurde.

Quand elle aura pris fin, quelqu'un prononcera le mot de la fin qui surprendra peut-être le père abbé : c'est qu'au moment où Dieu apprend à s'accommoder d'une certaine part d'impureté dans le monde, Noé s'oriente vers la mortelle pureté ; au moment où Dieu invente la tolérance, l'homme invente … le racisme.

Moralité : Baudelaire, cité par Hubert Reeves, a écrit :

> « Il est l'heure de s'enivrer ! Pour n'être pas les esclaves martyrisés du Temps, enivrez-vous ; enivrez-vous sans cesse ! Mais de quoi ? De vin, de poésie ou de vertu, à votre guise, mais enivrez-vous ! »[17]

Nous préciserons pourtant : de grâce, choisissez l'ivresse divine plutôt que l'humaine, partagez plutôt celle, joyeuse, de l'auteur des mondes qui, en jouant avec la lumière, réconcilie, que celle, triste et sombre de Noé qui exclut.

17 La citation est prise dans « Le spleen de Paris » de Baudelaire. Elle sert à l'astronome québécois Hubert Reeves de conclusion à son livre « L'heure de s'enivrer », Paris 1986.

Ds Lied vo de Bahnhöf

das isch ds lied
vo de bahnhöf wo dr zug
geng scho abgfahren isch
oder no nid isch cho
und es stöh
lüt im rägemantel dert
und tüe warte

und ds gepäck
hei si abgstellt und zwöi chind
luegen am outomat
öb nid doch dert no meh
usechöm
als die caramel wo si
scho hei gässe

und dr bahn-
hofvorstand telephoniert
d'mütze hanget ar wand
und im wartsaal isch gheizt
sitzt e ma
won e stumpe roukt wo stinkt
und list ds amtsblatt

mängisch lüt-
tet e gloggen und en ar-
beiter mit schwarze händ
stellt e weiche me weis
nid für was
dänk für d'güeterwäge wo
vor em schopf stöh

und dr bahn-
hofvorstand leit d'mützen a
s'fahrt e schnällzug verby
und es luftet no gäng
wäretdäm
dass dr vorstand scho sy huet
wider abziet

das isch ds lied
vo de bahnhöf wo dr zug
geng scho abgfahren isch
oder no nid isch cho

Der Värslischmid als Homiletiker

Mani Matters «Lied vo de Bahnhöf»[1]

David Plüss

Die Lieder von Mani Matter haben meine Kindheit begleitet. In der Schallplattensammlung meines Vaters waren die Singles der Berner Troubadours, vor allem aber die von Mani Matter gut vertreten. Und wir haben sie auf dem alten Grammophon abgespielt, immer wieder, immer wieder. Sie haben uns Knirpse und unsere Eltern gleichermassen fasziniert. Sobald ich die ersten Gitarrengriffe beherrschte, habe ich die Chansons von Mani Matter selber gesungen und begleitet. Und ich singe sie bis heute.

Der 1972 in einem Autounfall viel zu früh verstorbene Mani Matter wäre in diesem Jahr 75 Jahre alt geworden. Einige seiner Lieder sind gewissermassen zum Deutschschweizer «Volksliedgut» avanciert, werden von Primarschulklassen gesungen oder am Feuer im Pfadi-Lager geträllert, immer mit Gitarrenbegleitung. Sie wurden aber auch von jungen Musikern der Pop- und Rockszene wie Stéphane Eicher, Züri West und Dodo Hug bearbeitet und interpretiert.[2] «Dr Hansjakobli und ds Babettli» oder «Dr Ferdinand isch gstorbe» kennt jedes Kind und auch jeder Erwachsene Deutschschweizer Herkunft.[3]

Was macht die anhaltende Faszination von Mani Matters Berner Chansons aus? Wie kommt es, dass diese seit rund fünfzig Jahren jung und alt sowie Menschen aus unterschiedlichen Milieus anzusprechen und zu begeistern vermögen? Darüber wurde bereits viel sinniert und geschrieben.[4] Ich werde mich auf das Lied «Ds Lied vo de Bahnhöf»[5] konzentrieren und der Frage nachgehen, was von Matters Liedermacher-Kunst für die rhetorische Kunst der Predigt und die liturgische Kunst, Gott zu feiern, zu lernen wäre. Dabei werde ich nicht nur auf die

1 Mani Matter: Ds Lied vo de Bahnhöf, in: ders.: Us emene lääre Gygechaschte. Berndeutsche Chansons, Zürich/Köln 1969, S. 56–57. Die Melodie und der Text des Liedes sind auf der gegenüberliegenden Seite abgedruckt.

2 Vgl. dazu die 1992 zum 20. Todestag von Mani Matter herausgebrachte CD «Matter Rock. Hommage an Mani Matter», div. Interpreten, Zytglogge, Gümligen/BE.

3 Mani Matter hat seine Lieder zunächst selber herausgegeben (Matter: Gygechaschte [vgl. Anm. 1]). Nach seinem Tod erschienen zwei weitere Bände (Mani Matter: Warum syt dir so truurig? Berndeutsche Chansons, Zürich/Köln 1973; Mani Matter: Einisch nach emne grosse Gwitter. Berndeutsche Chansons, Zürich/Düsseldorf 1992), die von seiner Frau Joy Matter in Zusammenarbeit mit Dieter Fringeli, Franz Hohler und anderen ediert wurden.

4 Vgl. insbes. Franz Hohler: Mani Matter, Zürich 1992; Christine Wirz: Mani Matter. Vom «värslischmid», der ein Poet war, Bern 2003; Stephan Hammer: Mani Matter und die Liedermacher. Zum Begriff des «Liedermachers» und zu Matters Kunst des Autoren-Liedes, Bern 2010.

5 Sihe Anm. 1.

publizierten Chansons, sondern darüber hinaus auch auf Matters in den Sudelheften und im Rumpelbuch publizierten Tagebucheintragungen und Aphorismen zurückgreifen.[6]

Die Bahnhofslieder

Matter hat mehrere Bahnhof- und Eisenbahnlieder geschrieben, komponiert und gesungen.[7] Bahnhöfe faszinierten ihn offenbar. Eine Faszination, die einerseits mit seinem Grossvater Bernhard Matter zusammenhängt, der oberster Schweizer Eisenbahner war und sich seinem Enkel als eine beeindruckend energische Persönlichkeit eingeprägt hat.[8] Andererseits symbolisieren Bahnhöfe für Matter das Leben im Übergang, die Passage, die Grenze, das Ungesicherte. Sie erlauben dadurch einen Blick von aussen und einen Blick auf das Ganze des menschlichen Lebens. Den Bahnhofsliedern ist daher durchgängig ein philosophischer Zug eigen.[9]

Die Form als Inhalt

Das Lied «Ds Lied vo de Bahnhöf»[10] ist in mehrerer Hinsicht bemerkenswert. Wer es sich anhört oder selber singt, findet sich selbst sogleich auf einem Bahnsteig wieder und vernimmt das rhythmische Rattern der vorbeifahrenden Güterzüge. In der fünften Strophe erlebt er, wie ein Schnellzug sich nähert, ohrenbetäubend vorüberrattert und wieder entschwindet. Die Zuhörerin steht nicht in Zürich oder Olten, sondern in Burgdorf oder Zofingen, jedenfalls in einem Provinzbahnhof einer Kleinstadt. Es ist noch nicht die Zeit der leise vorüberzischenden Intercity-Züge. Man muss sich noch die Ohren zuhalten wegen des Lärms der Räder beim Passieren der Gleisverbindungen.

6 Die Sudelhefte und das Rumpelbuch (Mani Matter: Sudelhefte. Rumpelbuch, Oberhofen am Thunersee 2011) erschienen posthum (Mani Matters Sudelhefte, Zürich 1974; Mani Matter: Rumpelbuch, Zürich 1976), waren von Matter aber zur Veröffentlichung gedacht. Matter verstand sich selbst nicht nur als Liedermacher, sondern auch als Poet und Schriftsteller mit philosophischen Ambitionen, wobei ihm Ludwig Hohl als Vorbild diente, an dem er sich stilistisch und thematisch orientierte, von dem er sich aber auch in charakteristischer Weise unterschied. Vgl. dazu Johannes Künzler: Schreiben vom Schreiben. Mani Matter im Dialog mit Ludwig Hohl, in: Peter Erismann/Rudolf Probst/Hugo Sarbach: Ludwig Hohl. «Alles ist Werk», Frankfurt a. M. 2004, S. 227–236.

7 Neben dem genannten sind es die Lieder «dr mönsch isch wi dä» und «ir ysebahn» (Matter: Warum syt dir so truurig? [vgl. Anm. 3], S. 8–9. «Ir Ysebahn» ist zugleich der Titel einer 1973 posthum erschienenen LP. Matter liess sich zudem verschiedentlich in Zügen fotografieren. Siehe Hohler: Matter (vgl. Anm. 4), S. 91; Wilfried Meichtry/Pascale Meyer (Hg.): Mani Matter (1936–1972), Oberhofen am Thunersee 2011, S. 102–105.

8 Vgl. Hohler: Matter (vgl. Anm. 4), S. 8ff.

9 Hammer: Liedermacher (vgl. Anm. 4) hat die zentrale Bedeutung philosophischer Fragen für Matters Lieder herausgestellt.

10 Matter: Gygechaschte (vgl. Anm. 1), S. 56f.

Es ist der mit Bedacht gewählte und kunstvoll gestaltete Rhythmus, aber auch die ausgesprochen einfache und repetitive Melodieführung, welche diesen Effekt zeitigen.[11] Der Bahnhof wird nicht beschrieben oder reflektiert, sondern er wird inszeniert, er wird zur Aufführung gebracht und zwar rhythmisch und melodisch. Das Lied kommt ausgesprochen schlicht daher. Was uns Matter hier vorführt, ist aber in seiner Schlichtheit und Reduktion hohe Kunst. Es ist die Kunst, Inhalte nicht nur in die passenden Formen zu verpacken und sie dadurch zu illustrieren, sondern Ausdrucksformen als Inhalte zu gestalten. Hier ist die Form schon fast alles.

Bereits an dieser Stelle lässt sich ein erster Vergleich mit der Predigt anstellen. Der Homiletiker ist an den Grundsatz der nordamerikanischen *new homiletics* erinnert, wonach es in der Predigt nicht darum gehe, *über* die christliche Hoffnung zu sprechen, sondern diese rhetorisch aufzuführen; nicht die Packungsbeilage eines Medikaments zu verlesen, sondern dieses zu verabreichen.[12] Oder mit dem Neologismus von Martin Nicol und Alexander Deeg gesprochen: Es geht in der Predigt nicht um ein diskursives oder belehrendes *RedenÜber*, sondern um ein performatives *RedenIn*.[13]

Der Rhythmus der Sprache

Nun hat «Ds Lied vo de Bahnhöf» nicht nur einen mit dem besungenen Gegenstand mimetisch korrespondierenden Rhythmus und eine kunstvoll reduzierte Melodie, sondern eben auch einen verbalisierten Inhalt. Matter war nicht nur Liedermacher, sondern auch «Värslischmid», das heisst Dichter, Schriftsteller. Zunächst fällt auf, dass die Strophen des Liedes nicht gereimt sind – ganz im Unterschied zu den meisten Matter-Chansons, bei denen der Reim eine überaus wichtige Rolle spielt.[14] Auf den Reim wird verzichtet, und zwar zu Gunsten der Rhythmisierung der Sprache. Matter gestaltet hier einen rhythmischen Sprechgesang mit starker Dynamik.

Ein Seitenblick auf den Gottesdienst macht deutlich: Auch Predigten und Liturgien haben einen Rhythmus. Oder formaler ausgedrückt: Lebendige Rituale stellen sequenzierte Verhaltenseinheiten dar, die von einem bestimmten Rhythmus und nicht nur von Inhalten oder Texten bestimmt werden. Ritual- oder Gottesdienstteilnehmer erleben diese dann als stimmig und bewegend, wenn es ihnen

11 Vgl. zum Rhythmus Wirz: Matter (vgl. Anm. 4), S. 65–67.

12 Vgl. Martin Nicol: Preaching from Within. Homiletische Positionslichter aus Nordamerika, in: PTh 86/1997, S. 295–309; Martin Nicol: Einander ins Bild setzen. Dramaturgische Homiletik, Göttingen 2002.

13 Vgl. Nicol: Einander ins Bild (vgl. Anm. 12); Martin Nicol/Alexander Deeg: Im Wechselschritt zur Kanzel. Praxisbuch Dramaturgische Homiletik, Göttingen 2005.

14 So auch Wirz: Matter (vgl. Anm. 4), S. 68–70.

gelingt, sich in den Rhythmus einer Liturgie einzuschwingen, diesen im Vollzug des Ritus aufzunehmen und mitzugestalten durch Bewegungen und Gesten, durch Gesang oder gemeinsam gesprochene Gebete. Das darstellende liturgische Handeln und die rhetorische «Circulation» des religiösen Bewusstseins (Schleiermacher[15]) haben einen Puls, den es zu beachten und zu gestalten gilt. Dieser Rhythmus des Rituals ist einerseits anthropologisch bedingt. Er ist abhängig von der Atmung und dem Puls der beteiligten Menschen. Andererseits wird er beeinflusst vom Gottesdienstraum, vom Temperament einer Gemeinde und vom Anlass der Feier. So schwingt eine Abdankungsfeier mit einer grossen Trauergemeinde in anderer Kadenz und Dynamik als ein ganz normaler Predigtgottesdienst in einer Kleinstadtkirche und dieser wiederum anders als eine Taizé-Feier in einer romanischen Krypta oder als ein charismatischer Worship in einer Event-Halle. In der Liturgie gilt es, den Puls des jeweiligen liturgischen Anlasses wahrzunehmen und zu gestalten, ihn liturgisch zu transformieren. Ein solches Verständnis der liturgischen Handlungsdynamik hat Konsequenzen für die Predigt. Wenn die Predigt kein Fremdkörper innerhalb der Liturgie, sondern Bestandteil derselben sein soll, dann geht es darum, dass sie sich kontrapunktisch in den Rhythmus der Liturgie einschwingt, dass sie den rituellen Puls aufnimmt und der eigenen Gattung anverwandelt. Denn auch eine Predigt hat ihren Rhythmus. Auch hier kommt es darauf an, diesen wahrzunehmen und bewusst zu gestalten. Und zwar so zu gestalten, dass darin nicht nur die sprecherischen Möglichkeiten und Grenzen der Predigerin zum Ausdruck kommen, sondern die rhetorisch rhythmisierte Predigt als Teil der Liturgie wahrnehmbar wird, die ihrerseits einen Resonanzraum des Kirchenraumes und des Anlasses bildet.

Am Deutlichsten kommt der Rhythmus der Predigt wohl bei afroamerikanischen Predigern zum Ausdruck, die es verstehen, ihre Gemeinden rhetorisch und geistlich in Schwingung zu versetzten, und zwar durch eine Steigerung der Sprechdynamik und Lautstärke wie auch durch rhythmisches Sprechen, in welches die Gemeinde mit Akklamationen und Lobpreisungen einfällt.[16]

Die Szenerie

Zurück auf das Perron und zu Matters «Lied vo de Bahnhöf»: Es werden einzelne Szenen beschrieben, Handlungssequenzen, knapp und verdichtet: «es stöh lüt im rägemantel dert und tüe warte»; «dr bahnhofvorstand telefoniert, d'mütze hanget ar wand»; «im wartsaal isch gheizt, sitzt e ma, won e stumpe roukt, wo stinkt und list ds amtsblatt». Szenen, die sogleich aufleuchten, sich mit einer

15 Vgl. Friedrich Schleiermacher: Die praktische Theologie nach den Grundsätzen der evangelischen Kirche im Zusammenhange dargestellt von Dr. Friedrich Schleiermacher, Berlin 1850, S. 71–75.

16 Vgl. zur Dynamik homiletischer Rhetorik den anregenden Beitrag von Andrea Bieler: Das bewegte Wort, in: PTh 95/2006, S. 268–283.

Stimmung verbinden, obwohl sie nur mit wenigen Pinselstrichen hingeworfen wurden, ohne jegliche Ausschmückung. Adjektive fehlen fast gänzlich.

Allerdings fügen sich die einzelnen Szenen zu einem Bild zusammen, werden zu einer Szenerie konstelliert, ohne eine lineare Handlungsabfolge zu ergeben. Es wird keine Geschichte erzählt, sondern eine Situation skizziert. Eine Szenerie, die sich aus einzelnen, unabhängigen Handlungssequenzen aufbaut, welche an unterschiedlichen Orten stattfinden, ohne aufeinander bezogen zu sein, aber doch zusammenklingend, zu einem Akkord, zu einem Gemälde mit wenigen Strichen.

Es ist allerdings keine fröhliche Szenerie, die hier skizziert wird. Sie ist vielmehr melancholisch gestimmt. Es ist die Atmosphäre menschlicher Tristesse, die Matter hier kunstvoll in Szene setzt.

Das offene Kunstwerk

Das aus Einzelszenen bestehende Gemälde stellt sich als *offenes Kunstwerk* dar[17], welches den Zuhörer nicht in einen Plot verstrickt, ihn weder belehrt noch gängelt, sondern ihm die Freiheit lässt, sich in der präsentierten Szenerie zu bewegen, bei den enttäuschten Kindern vor dem Caramel-Automaten oder beim Arbeiter mit den schwarzen Händen zu verweilen und anderem weniger Beachtung zu schenken. Es herrscht keine kausale Handlungslogik, sondern eine szenische oder atmosphärische Evidenz. Eine Evidenz allerdings, die eine eigene Dynamik, ja einen Sog entfaltet. Offenheit heisst hier nicht Beliebigkeit, im Gegenteil!

Dasselbe gilt für eine gute Predigt. Für eine Predigt, die mit Gerhard Marcel Martin[18] und Wilfried Engemann[19] als offenes Kunstwerk zu konzipieren ist, die den Hörer nicht gängelt oder belehrt, sondern ihn zu eigener Produktivität anregt: zur eigenen Predigt, zur Entdeckung des Evangeliums in den Ambivalenzen seines Lebens. Diese Entdeckung kann ihm nicht abgenommen werden. Sie kann nicht rhetorisch vermittelt oder der Hörerin gar übergestülpt werden, sondern muss sich ereignen am Ort des individuellen Hörens, Nachdenkens und der engagierten Aneignung (*Auredit*[20]) des Predigtvortrags. Die eigentliche Predigt entsteht im Kopf der Hörerin und des Hörers. Theologisch gesprochen geht es um die Wirkung des Heiligen Geistes im religiösen Subjekt, ohne die die Predigerin nur leeres Stroh drischt.

17 Zum semiotischen Programm des offenen Kunstwerks vgl. Umberto Eco: Das offene Kunstwerk, Frankfurt a. M. 1998.

18 Vgl. Gerhard Marcel Martin: Predigt als «offenes Kunstwerk»? Zum Dialog zwischen Homiletik und Rezeptionsästhetik, in: EvTh 44/1984, S. 46–58.

19 Vgl. Wilfried Engemann: Der Spielraum der Predigt und der Ernst der Verkündigung: Predigt als offenes Kunstwerk. Homiletik und Rezeptionsästhetik, München 1998, S. 180–200.

20 Wilfried Engemann: Einführung in die Homiletik, Tübingen/Basel 2002, S. 172.

Allerdings stellt die Gestaltung einer Predigt als offenes Kunstwerk tatsächlich eine hohe Kunst dar. Die Eigenproduktivität der Hörer anzuregen, will gelernt sein. Die reformatorische Tradition der Katechismuspredigt mit moralischer Zuspitzung steht der offenen Predigt entgegen. Andererseits soll die Predigt die Hörerin auch nicht durch Sprünge, Inkonsistenzen und wilde Collagen verwirren. Ein fehlender innerer Zusammenhang öffnet die Predigt nicht, sondern schliesst sie gerade ab, indem sie Unverständnis und Konfusion erzeugt.

Die Konkretion

Von Matter ist zu lernen, wie die Offenheit gelingen kann. Der erste Grundsatz ist der der Konkretion. Alle Szenen im «Lied vo de Bahnhöf» sind ausgesprochen konkret. Konkretion heisst bei Matter allerdings nicht Idylle. Es werden keine Felder und Matten besungen wie in der traditionellen Mundartdichtung oder in Volksliedern, sondern wir stehen mit dem Lieddichter auf dem Perron des Bahnhofs, «wo der Zug geng scho abgfahre isch oder no nid isch cho». Es ist kein beschaulicher Ort, der besungen wird, sondern ein lärmiger und unwirtlicher. Gleichwohl entsteht an diesem unwirtlichen Ort eine Szenerie menschlichen Lebens in seiner Vielfalt, in seiner banalen Alltäglichkeit, in seiner Abhängigkeit und Ungesichertheit: Reisende, die in ihren Regenmänteln warten – das Wetter scheint trüb und kühl zu sein; Kinder, die am Süssigkeiten-Automaten herumdrücken, in der Hoffnung, ihm noch etwas zu entlocken; ein telefonierender Bahnhofvorstand, ein an den Gleisen hantierender Bahnarbeiter mit schwarzen Händen und ein stinkender Raucher mit dem Amtsblatt. Es sind Szenen ganz ohne Klischees und Kitsch, die dennoch jeder kennt, die einem nur allzu vertraut sind. Es sind Alltagsszenen, die üblicherweise ausgeblendet und übersehen werden. Matter gelingt es, diese ausgeblendete Alltäglichkeit ins Bewusstsein zu rücken, um daran die *conditio humana* zu verhandeln oder zumindest ins Spiel zu bringen.

Der Grundsatz der Konkretion gilt auch für die Predigt. Wenn das Ziel der Predigt darin besteht, das Leben der Hörer in das Licht der christlichen Hoffnung zu rücken[21], dann ist es unumgänglich, dieses Leben möglichst ungeschönt in seiner konkreten Alltäglichkeit und Ambivalenz in den Blick zu nehmen.[22] Matter war ein Meister der Alltäglichkeit, der das Vertraute neu sehen lehrte, das Verdrängte ins Bewusstsein hob und dem Unscheinbaren die Bedeutung eines Gleich-

21 So die bekannte Zielbestimmung von Ernst Lange: Zur Aufgabe christlicher Rede, in: Friedrich Wintzer (Hg.): Predigt, München 1989, S. 192–207.

22 Zur Bedeutung der Ambivalenz für Predigt und Liturgie vgl. Christoph Müller: Ambivalenzen in Kasualien. Wahrnehmungen und Umgangsweisen in Taufen, kirchlichen Trauungen und Bestattungen, in: Walter Dietrich/Kurt Lüscher/Christoph Müller: Ambivalenzen erkennen, aushalten und gestalten, Zürich 2009, S. 123–192.

nisses menschlichen Lebens gab. Gute Predigten sind konkrete Predigten, wobei es darauf ankommt, die aufgegriffenen Szenen sprachlich zu gestalten und zu verdichten. Und es ist wichtig, nicht eine Vielzahl unterschiedlicher Beispiele stichwortartig einzuspielen, sondern bei einem Beispiel, bei einer Erfahrung, bei einer Szenerie zu verweilen, um im Mikrokosmos eines Bahnhofs die *conditio humana – sub specie aeternitatis!* – zu entdecken.

Die Reduktion

Der zweite Grundsatz ist der der Reduktion. Matter pflegt einen ausgesprochen kargen, verdichteten Stil. Kein Wort ist zu viel. Ausschmückende Adjektive finden sich kaum. Die Sätze sind kurz und meist parataktisch verbunden. Wie beim Steinbildhauer entsteht die gesuchte Gestalt offenbar durch das Wegschlagen unnötigen Materials. Dadurch wird die Sprache konzentriert und geschliffen. Die Sätze sind durch einen Prozess der Verdichtung hindurch gegangen. Allerdings wird die Verdichtung nicht so weit getrieben wie in der Poesie etwa eines Gottfried Benn oder einer Louise Kaschnitz. Matter hat wie Martin Luther dem Volk aufs Maul geschaut. Er verwendet die durch den vielfachen Gebrauch geschliffene und ökonomisch reduzierte Alltagssprache. Dadurch wird die Sprache nicht widerständig und anspruchsvoll, sondern eingängig. Sie ist prägnant und wirkt natürlich. Sie ist sofort verständlich, auch wenn sich der evidente Sinn fast immer mit einem Hintersinn verbindet, ja in einen solchen mündet.

Die sprachliche Reduktion empfiehlt sich auch für die Predigt. Wer dem Volk aufs Maul schaut und sich zugleich die Disziplin auferlegt, auf ausschmückendes Beiwerk zu verzichten, predigt besser, weil eingängiger und berührender. Vor allem aber entwirft er eine Szenerie, in der sich die Hörerin frei bewegen kann. Die Botschaft wird nicht auf den Begriff gebracht und nicht in einen Merksatz gepresst, der sodann eingetrichtert wird, sondern sie offenbart sich der Hörerin in vertrauten Alltagszenen und -erfahrungen, wenn sie sich auf die Szenerie einlässt und sie auf sich wirken lässt. Reduktion heisst allerdings auch Konzentration auf *ein* Beispiel, auf *ein* Gleichnis, auf *eine* Erfahrung. Die Offenheit des Kunstwerks Predigt erfordert die Konzentration des Stils und des Bildgehalts.

Die an der Alltagssprache orientierte Verknappung des Ausdrucks und die Prägnanz der Metaphern und Vergleiche erhöht in der Regel die Qualität einer Predigt, stellt aber nur *eine* Möglichkeit homiletischer Kommunikation dar. Es gibt daneben – insbesondere im französischen Sprachraum – auch die solenne Kanzelrede, in der ein hoher Ton angestimmt und Ausschmückung bewusst und gekonnt eingesetzt werden. Für liturgische Texte wie Gebete sind Techniken der sprachlichen Verdichtung allerdings grundlegend. Umständliche und komplexe Satzkonstruktionen oder Ausschmückungen mit Adjektiven lassen Gebete disfunktional werden, indem ihre Zugänglichkeit und Verständlichkeit leidet und sie sich dadurch dem Mitbeten verschliessen. Allerdings gilt es auch hier, Matter zum Vorbild zu nehmen und die sprachliche Verdichtung nicht zu weit zu treiben. Gebete sind keine Gedichte. Sie wollen nicht durch überraschende Metaphern und amputierte Satzkonstruktionen irritieren und dadurch neue Sichtweise erschliessen, sondern sie wollen sich dem Beter und der Beterin als ihre eigenen Ausdrucksformen, Bitten und Klagen anempfehlen. Auch hier kann der Liturg von Matters Sprachkunst lernen, der die Verknappung auf einer zugleich eingängigen und anregenden mittleren Ebene hält.

Die Mundart

Sowohl die Konkretion wie die Verknappung verbinden sich mit einer weiteren Eigenschaft der Matter'schen Sprachkunst: mit seiner Mundart. Matter hat zwar sowohl in den «Sudelhelften» und im «Rumpelbuch» als auch als Jurist und Wissenschaftler Hochdeutsch geschrieben – und zwar ein präzises und zugleich verständliches, ein geschliffenes und prägnantes Hochdeutsch. Stilistisch orientierte er sich dabei an Ludwig Hohl, aber auch an Georg Christoph Lichtenberg und Karl Kraus.[23] Bekannt und populär wurde er aber vornehmlich als «Värslischmid», als Autor, Komponist und Interpret von Berndeutschen Mundartliedern.

Er gehört – zusammen mit Kurt Marti, Ernst Eggimann und Ernst Burren – zu den Protagonisten der in den 1960er Jahren aufkommenden «Berner modernmundart-Bewegung» [sic!][24], einer Bewegung, die sich bewusst absetzt von Heimatidylle, von der Verklärung des Bauernstandes und des Althergebrachten. «Ds lied vo de bahnhöf» ist ein eindrückliches Beispiel für diese Absetzbewegung. Hier wird gleichsam das Gegenteil einer heilen Welt inszeniert. Die Tristesse der Szene springt einen an. Hier wird nicht verklärt, sondern genau beobachtet und beschrieben, aber auch ins Grundsätzliche gewendet. Die Mundart dient dazu, die Prägnanz und Eingängigkeit der einzelnen Miniaturen zu steigern. Sie gehört zum Erfolgsrezept der Berner Chansons. Sie macht sie populär, ohne den Anspruch auf Reflexivität und Kritik aufzugeben. Matters Liedern ist durchgängig ein moralischer oder ein philosophisch-metaphysischer Zug eigen. Aber sie tragen diesen Anspruch nicht vor sich her, moralisieren oder belehren nicht. Kritik und Reflexion werden fast unmerklich eingespielt oder bilden, wie beim «Lied vo de bahnhöf», den Referenzrahmen der charmant erzählten Geschichten oder beschriebenen Szenen. Moral und Philosophie werden den Zuhörern nicht aufs Auge gedrückt, sondern ihnen eher beiläufig zugemutet.

Nun ist die Mundart bislang kein prominenter Gegenstand akademischer Homiletik.[25] Sie ist zwar gängig – zumal in der Berner Kirche –, wird aber im homil-

23 Vgl. dazu Künzler: Schreiben (vgl. Anm. 6).

24 Wirz: Matter (vgl. Anm. 4), S. 23–36.

25 Vgl. dazu Werner Kramer: Predigt und Predigtsprache. Praktisch-theologische Überlegungen zu

etischen Fachdiskurs fast gänzlich verschwiegen. Um die Reflexivität der Mundartpredigt zu verbessern, wäre die literaturwissenschaftliche Diskussion zur neuen Mundartlyrik seit Mitte des letzten Jahrhunderts, insbesondere die Arbeiten von Eugen Gomringer und Kurt Marti, zu rezipieren und für die Homiletik fruchtbar zu machen. Dabei dürfte deutlich werden, dass die Mundartpredigt kein einfach anzuwendendes Allerheilmittel gegen Abgehobenheit und Unverständlichkeit darstellt, sondern durchaus anspruchsvoll ist. Denn zum einen gilt es, die jeweilige Mundart syntaktisch und grammatikalisch zu beherrschen und zu pflegen; zum anderen ist die Mundartpredigt durch Anbiederung und die Banalisierung theologischer Gehalte bedroht. Denn in der Predigt geht es durchaus nicht nur um ein launiges oder geistreiches Räsonieren, sondern vor allem um das Ausrichten einer Botschaft, die Menschen berührt, verändert und befreit. Sie ist Textauslegung und als solche Pflege eines kulturellen Gedächtnisses. Dies setzt Massstäbe, auch für die Mundartpredigt.

Der Interpret

Mani Matter war nicht nur Liederdichter, sondern er hat seine Lieder auch selber vorgetragen, landauf und landab. Der Zusammenhang von Autorschaft, Komposition und Interpretation ist für die Berner Troubadours Programm, in Anlehnung an die französischen Chansonniers Georges Brassens, Jacques Brel und andere. Dabei gestaltet sich der Vortrag der Lieder ausgesprochen konzentriert und reduziert: Es genügen ein Stuhl und eine Gitarre. Auf weitere Requisiten wird verzichtet. Gleichwohl ist die Aufführung unabdingbar. Erst durch die Aufführung erhalten die Chansons ihre eigentliche, ihnen zugedachte Gestalt.

Dasselbe gilt für die Predigt und die Liturgie. Diese werden am Schreibtisch konzipiert, um im Kirchenraum vorgetragen und in Szene gesetzt zu werden. Es ist die körperliche, räumliche und akustische Gestaltung, welche das Predigtmanuskript und die liturgischen Texte zu dem werden lässt, wozu sie gedacht sind. Der Hinweis auf den unabdingbaren Zusammenhang von Autorschaft, Komposition und Interpretation mag in Sachen Gottesdienst als selbstverständlich erscheinen, aber er ist es nicht, und zwar weder in der Fachliteratur noch in der Praxis.[26] Die gebündelte Aufmerksamkeit der Predigerinnen und Liturgen gilt dem

Mundartpredigten, in: Beat Rüegger/Robert Schläpfer/Fritz Stolz: Mundart und Standardsprache im reformierten Gottesdienst. Eine Zürcher Untersuchung, Aarau/Frankfurt a. M./Salzburg 1996, S. 311–318; Ulrich Graf: «Deine Sprache verrät dich». Mundart oder Hochsprache im Gottesdienst, in: Kurt Handke/Hans Strub/Hansruedi Pfister/Matthias Grünewald: Gelingender Start. Arbeitsmaterial für die Ausbildung von Pfarrerinnen und Pfarrern, Zürich 2003, S. 75–81; André Urwyler/Irene Gysel: Dialekt oder Standardsprache?, in: Ralph Kunz/Andreas Marti/David Plüss (Hg.), Reformierte Liturgik – kontrovers, Zürich 2011, S. 353–375.

26 Vgl. dazu David Plüss: Vom Wort zur Performance. Die Wiederentdeckung des Rituellen in der evangelisch-reformierten Theologie, in: Bibel und Liturgie, 1/2011, S. 28–37.

Verfassen und Zusammenstellen von Texten. Die liturgische Komposition und Interpretation dagegen erfolgen meist mit der linken Hand, ohne viel Reflexionsaufwand, ohne dramaturgische Konzeption und ohne Probearbeiten.

Zum Schluss: Der theologisierende Philosoph

Was legitimiert nun aber eine homiletische und liturgiewissenschaftliche Lektüre eines Berner Mundartliedermachers abgesehen vom dessen rundem Geburtstag? Diese Frage soll abschliessend in aller Kürze beantwortet werden. Es sind vor allem drei Gründe zu nennen.

1. Im Vordergrund steht die beeindruckende *sprachliche und kompositorische Qualität* von Matters Berner Chansons. Durch deren Analysen erfahren die Sprachkunst der Predigt und die dramaturgische Kunst der Liturgie vielfältige Anregungen.

2. Sodann zeichnet die *Verbindung von Alltagserfahrung und Sinnfragen* nicht nur die Predigt, sondern auch Matters Chansons aus.[27] Die Wendung ins Grundsätzliche gelingt Matter im «Lied vo de Bahnhöf» durch eine Rahmung des Liedes mit vier identischen Zeilen. In diesen vier Zeilen wird die geschilderte Bahnhofsszene in den weiten Rahmen all der Bahnhöfe gestellt, «wo dr zug geng scho abgfahre isch oder nonig isch cho». Der Mensch erscheint als schutzloses, auf der Schwelle zwischen verpassten Gelegenheiten und noch (oder bleibend?) ausstehenden Möglichkeiten, ausgestattet mit wenig Schutz und Besitz: nur mit Regenmantel und Handgepäck. Matter skizziert hier die *conditio humana* in düsteren Farben und melancholischer Stimmung. – Wenn sich die Predigerin der Aufgabe stellt, das Leben ihrer Zuhörer in seiner Ambivalenz möglichst präzis zu erfassen, um es in das Licht der christlichen Hoffnung zu rücken, dann ist hierfür bei Matter einiges zu lernen. Vor allem dies, dass die Sinnfrage in, mit und unter den Alltagserfahrungen zu erörtern ist und eine Antwort nur angeboten, aber nicht belehrend aufs Auge gedrückt werden kann. Denn auch wenn Matter mit seinen Liedern keine religiösen Botschaften vermitteln wollte, so sind sie doch in keiner Weise hoffnungslos, sondern erhellend und dadurch auch befreiend.

3. Nicht zuletzt ist es Matters langjähriges *Interesse an theologischen Fragestellungen*, welche eine auf Predigt und Liturgie bezogene Lektüre rechtfertigt. Ein Interesse, welches in ein feuriges Plädoyer für den äusserlichen Kultus und das Symbol und gegen die vermeintlich reine, moralinsaure Innerlichkeit mündet, womit ich meine Überlegungen ohne weiteren Kommentar beschliesse:

> «Dorothee Sölle gelesen: ‹Atheistisch an Gott glauben›. Es sind einige sehr schöne Aufsätze in diesem Buch, ich bin fast mit allem einverstanden, wahrscheinlich würde ich eine ähnliche Position einnehmen, wenn ich protestantischer Theologe wäre. Und doch

27 So auch Hammer: Liedermacher (vgl. Anm. 4), S. 325–330.

scheint mir diese Position irgendwie unmenschlich: Der Christ wird auf seine geschichtliche Dimension beschränkt, er soll seine Pflichten gegenüber der Gesellschaft wahrnehmen, politisch tätig sein, heilend die Welt verändern, das ist alles. Da lieg etwas Verkrampftes darin, die frohe Botschaft ist, so verstanden, entsetzlich unfroh, oder dann von einer heilsarmeehaften erzwungenen Fröhlichkeit. Ich wurde den Gedanken nicht los, dass die Verfasserin eine schrecklich unattraktive Frau sein muss. Obschon intelligent und alles, was man will. Aber irgendwie fehlt im ganzen Protestantismus etwas, ohne das ich mir einen humanen Glauben nicht vorstellen kann. Man kann die Mystik, das Symbol, den Kultus, mit einem Wort: die äussere Form, einfach nicht ganz entbehren, sonst bleibt die Sache letztlich doch ein unfroher Moralismus, eine deutsche Innerlichkeit. Und man denkt mit Schaudern an die fürchterlichen, amorphischen Pfarrfrauen, die alle so unfröhlich fröhlich und ungeschminkt sind und Bürzi tragen. Dorothee Sölle ist gegen die Askese. Gut. Aber eine Nachfolge Christi, die keinen Stil hat, keine Gleichnisse, keine symbolischen Handlungen, nur lauter guten Willen zur Weltveränderung, ist eben auch eine schreckliche Askese; verglichen mit ihr ist ein Asket wie Franz von Assisi geradezu ein Bonvivant.»[28]

28 Matter: Sudelhefte (vgl. Anm. 6), S. 130 f.

1:14 / 5:50
240p

«Somewhere over the rainbow»

Was man für die pastorale Praxis von Keith Jarretts professionellem Grenzgang lernen kann

Thomas Schlag

Zumutungen pastoraler Praxis

Professionellen Theologinnen und Theologen wird nicht wenig zugemutet und sie muten sich selbst nicht selten (zu) viel zu.

In ihrer pfarramtlichen und religionspädagogischen Praxis soll es – so der selbst auferlegte Anspruch – um das Eigentliche, um Kern und Substanz, um den Sinn des Ganzen gehen. Natürlich sind sie Beauftragte und Repräsentanten einer Institution und deshalb mit einem recht klaren Berufsprofil und überprüfbarem Dienstauftrag, gar einem Pflichtenheft, ausgestattet. Und gleichwohl traut man ihnen zu – und sie selbst sich auch, über die Pflicht hinaus hinter die Dinge und darüber hinaus schauen zu können; vielleicht sogar Blicke ins Verborgene hinein wagen zu können, die den nicht Eingeweihten einstweilen unmöglich sind.

So erwartet man von Pfarrerinnen und Pfarrern, einerseits die Gehalte des christlichen Glaubens mitsamt seinen vielfältigen Symbol- und Bilderwelten in eine möglichst alltagsnahe und zeitgemässe Form giessen zu können. Andererseits wird ihnen abverlangt, die tragende Überlieferung immer wieder neu auf ihre Tragfähigkeit und Überzeugungskraft überprüfen zu können, für das Geheimnisvolle möglichst attraktiv zu begeistern, gar in es hineinzuführen, das Überlieferte so schön wie möglich zu zeigen und zu inszenieren sowie nicht zuletzt für die Sache selbst möglichst überzeugungsstark argumentieren zu können. Mit diesen von aussen gestellten und sich zugleich selbst zugemuteten Anforderungen umzugehen, ist Kerngeschäft professioneller Theologinnen und Theologen.

In der Praxis jedoch wird dieser Anspruch nicht selten pragmatisch erheblich eingedampft. So liegen für die pastorale und religionspädagogische Praxis inzwischen beinahe unendlich viele Handreichungen, Materialien, Tipps und Tricks vor, um den professionellen Anforderungen mindestens auf der pragmatischen Ebene möglichst sachgemäss und methodisch klug gerecht werden zu können.

Nehmen wir einmal einen «Klassiker» der biblischen Symbolwelt, den Regenbogen in Augenschein. Was lässt sich da – glaubt man der entsprechenden Anleitungsliteratur – doch alles anschaulich machen? So wird etwa vorgeschlagen, Kinder im Anschluss an die möglichst plastische Erzählung der Noah-Geschichte vom Neuanfang Gottes mit seiner Welt riesenhaft grosse Regenbogen in buntesten Farben gestalten zu lassen und diese dann möglichst markant in den Räumen des Klassenraums oder Gemeindehauses zu platzieren – als ein Hoffnungszeichen für die kommende Welt und auch schon für die hiesigen Verhältnisse. Ähnliches gilt für die gottesdienstliche Praxis: In wie vielen Gottesdiensten konnte man schon miterleben, wie die Botschaft des von Gott her geschlossenen Bundes seine Anschaulichkeit durch einen sichtbar umglänzenden und umgreifenden Regenbogen erfahren sollte. Konfirmandinnen und Konfirmanden schmücken den Kirchenraum zu «ihrem Fest» mit den schillernden Farben und Vorstellungen ihres eigenen Glaubens.

Damit sind aber solche praktisch-theologischen Handreichungen allerdings mindestens ambivalent: Denn dass solche Veranschaulichungsformen überhaupt möglich werden können, setzt voraus, dass die Überlieferung des Regenbogen-Motivs vorgängig tatsächlich von der Pfarrperson selbst überzeugend präsentiert worden ist. Auch die kreative Mitgestaltung des Gottesdienstes durch Jugendliche ist offenbar ja nur dann denkbar, wenn ihnen die Pfarrpersonen zuvor so empathisch wie emphatisch die Sachlage verdeutlicht haben.

So ist man in den vergangenen Jahren in Theorie und Praxis zu der Einsicht gelangt, dass weit mehr von den professionellen Theologinnen und Theologen selbst als von einem noch so kreativ-anschaulichen Methodeneinsatz abhängt. Dass nicht mehr das Amt die Person, sondern die Person das Amt trägt, hat in den vergangenen Jahren ganz wesentlichen Einfluss auf die pastoraltheologischen Grundsatzüberlegungen und die entsprechenden Selbstverständigungsdiskurse geprägt.

Die Person des Pfarrers und der Pfarrerin, des Religionslehrers und der Religionslehrerin ist im Zug einer neuen praktisch-theologischen Besinnung auf die Begegnungs- und Beziehungsdimension pastoralen Handelns nochmals neu in den Blick geraten – weit über den didaktisch kompetenten Vermittler hinaus.

Es scheint geradezu so, als ob beinahe so stark wie zu Zeiten der kerygmatischen Hochzeit das Wesentliche und Entscheidende von der Pfarr- und Lehrperson selbst abhängt. Neben und über die bisherige wohl vertraute Rede von den Sachkompetenzen tritt nun jüngst das Zauberwort der Selbstkompetenz. Die theologischen Profis sollen selbstkompetent, spirituell, authentisch, vorbildhaft sein.

Um nochmals das Bild des Regenbogens aufzunehmen: Davon kann offenbar letztlich nur, so die These, die Rede sein, wenn man sich als verantwortliche und verkündigende Person gleichsam selbst auf die innere Reise in diese geheimnisvollen Welten begeben hat und nun als Person mit diesen besonderen Erfahrungen auf die eigene Gemeinde, Schülerschaft und Konfirmandenschar neu zugeht. Gefordert ist somit so etwas wie ein vorauslaufendes Grenzgängertum oder doch zumindest die professionelle Fähigkeit, hinter die sichtbaren Dinge blicken oder diese doch wenigstens imaginieren zu können. Und schon gar nicht darf dann dieser Ansicht nach ein solches Grenzgängertum zur Routine werden: permanente, neuschaffende, energieaufwändige Authentizität scheint an allererster Stelle gefragt.

Wie soll man sich das aber nun konkret vorstellen inmitten der alltäglichen Praxis mit all ihren regelmässigen Inszenierungs- und Auftrittserfordernissen? Stellt es nicht eine permanente Überforderung dar, immer wieder neu überzeugend symbolisieren zu wollen, was den Kern und die Substanz des Ganzen ausmacht?

Ein Blick über den eigenen Professionszaun hinaus scheint sinnvoll. Insofern soll einmal gesehen werden, wie es eigentlich andere Profis auf dieser Grenze machen und wie diese es mit der geforderten Veranschaulichung des Eigentlichen halten.

Ein Blick darüber hinaus

Dafür beginne ich mit einigen Lobeshymnen auf eine konkrete professionelle Aktivität, wie man es sich als professioneller Theologe wohl kaum schöner vorstellen könnte. Dieses Lob lautet auszugsweise: «!!! God is speaking to us throughout nature & love, for sure throughout human art, poetry & music. Thanks for letting us being part of this wonderful moment in time when you [...] played this song!» Jemand anderes formuliert: «It's so emotionally exhausting. I truly don't know how anyone can invest so much time after time.» Und schliesslich schreibt ein anderer: «my god this literally had me in tears [...] absolutely the most beautiful version of this song I have ever heard, truly I was in tears I have never seen anyone make love to a piano in that way, speechless.» Was war passiert und was hat hier zu einem solchen Gottesbekenntnis, gar zu Tränen und gewisser Sprachlosigkeit geführt?

All diese Menschen haben sich ein bestimmtes You-Tube-Video angesehen und dieses nun kommentiert. Es handelt sich dabei um: «Keith Jarrett: Somewhere over the rainbow. Played at Tokyo `84 (5:49)»[1].

Es lohnt sich nun nicht nur angesichts dieser Kommentare, einmal zu schildern, was hier passiert ist, um möglicherweise davon ja für die pastorale Praxis lernen zu können. Denn wir haben es hier, wie im Folgenden anschaulich werden soll, in mehrfachem Sinn mit einem so energieaufwendigen wie riskanten und eigenartig schönen, berührenden Grenzgang – in gewisser Hinsicht durchaus mit einem transzendent anmutenden und Transzendenz eröffnenden Geschehen – zu tun.

Wenn ich im Folgenden auf das kleine Kunststück Jarretts eingehe, geht es mir dabei nur am Rande um die Entstehungsgeschichte und das von Harold Arlen komponierte Lied in seiner weiteren Wirkungsgeschichte. Natürlich könnte man ausführlicher darauf eingehen, dass dieses schon für sich einen der Klassiker der neuzeitlichen Film- und Jazzmusik darstellt und schon kurz nach seinem

1 http://www.youtube.com/watch?v=eq0EWNuR1H8 (15.5.2011).

erstmaligen Erscheinen im Film «The Wizard of Oz» im Jahr 1939 unzählige Versionen erfahren hat. Die homosexuelle Community der USA empfand den Song später als perfekten Ausdruck ihrer eigenen Sehnsüchte nach einer toleranteren und besseren Welt und «adoptierte» ihn wie eine Hymne. In verschiedenen Wettbewerben wurde es gar zum schönsten Lied des 20. Jahrhunderts, wahlweise zum schönsten Filmtitel des 20. Jahrhunderts gewählt. Eine Version des Jahres 1997 brachte es im Jahr 2010 (!) international erneut auf Topplätze – das dazu herausgekommene Video und die Geschichte des inzwischen verstorbenen Sängers mit dem geradezu unaussprechlichen und viel sagenden Namen Israel Kamakawiwo'ole gäbe selbst genug Stoff ab, um in zivilreligiösem Sinn gedeutet zu werden. Auch dies soll hier aber unterbleiben.

Dass es sich bei «Somewhere over the rainbow» in jedem Fall um einen besonderen Wurf gehandelt hat und handelt, scheint schon dem Komponisten Harold Arlen selbst schnell klar geworden zu sein, wenn er in der Erinnerung an die Entstehung schreibt, dass ihm die Melodie wie vom Himmel kam, als er gerade Auto fuhr: «It was as if the Lord said, ‹Well, here it is, now stop worrying about it!›.»[2]

Das Lied

Im Folgenden sei wenigstens – um von dort aus dann Jarretts Version besser einordnen zu können – angedeutet, wie es sich seiner Ursprungsgeschichte nach in besagtem Film selbst platziert und in welch wunderbarer Weise es erstmals durch Judy Garland als Dorothy auf die Leinwand projiziert wurde.[3]

Die Szene, in die das Lied eingebettet ist, beginnt damit, dass Dorothy auf der Suche nach einem eigenen Platz in der Welt ist: «A Place where there isn't any trouble, […] it's far, far away, behind the moon, beyond the rain […]», und dann setzt sogleich das Lied gleichsam als musikalische Fortsetzung dieser Sinnsuche ein:

«(A) Somewhere over the rainbow
Way up high
There´s a land that I heard of
Once in a lullaby

(A') Somewhere over the rainbow
Skies are blue,
And the dreams that you dare to dream
Really do come true

2 Vgl. http://www.haroldarlen.com/bio-6.html (15.5.2011).
3 Ebenfalls gut zu entdecken unter: http://www.youtube.com/watch?v=QhzbzwPNgXA (15.5.2011).

(B) Someday I´ll wish upon a star
And wake up where the clouds are far
Behind me

(B') Where troubles melt like lemon drops
Away above the chimney tops
That´s where you´ll find me

(A") Somewhere over the rainbow
Bluebirds fly
Birds fly over the rainbow
Why then, oh why can´t I?

(B") If happy little bluebirds fly
Beyond the rainbow
Why, oh why can´t I?»

Man muss diesen Text im Sinn behalten, wenn man sich nun also der Klavierversion Keith Jarretts widmet. Er selbst hält sich – um es an dieser Stelle schon vorwegzunehmen – an die einzelnen Teile, wiederholt allerdings das Ganze, also A, A', B, B', A", B".[4] Was passiert nun, welches Grenzgängertum ereignet sich in dieser Inszenierung? Um nicht weniger als das handelt es sich jedenfalls ganz offensichtlich in dieser Aufnahme aus dem Jahr 1984. Ich versuche im Folgenden, meine Eindrücke sowohl des Hörens als auch des Sehens wiederzugeben. Ich gehe dabei im Näheren nun dem Sekundenverlauf der 5:49 langen Aufzeichnung entlang.

Das Erste, was man wahrnimmt – «lange» vor der ersten Note, ist, dass Jarrett schon am schwarzen Flügel sitzt. Bevor überhaupt ein erster Ton erklingt, erfolgt eine Geste der Eröffnung. Die Hände werden gestreckt (0:03), mit dem inneren Handgelenk der linken Hand wird über die Stirn gewischt. Offenkundig ist dies nicht der Beginn des Konzertes. Jarrett sitzt aufrecht, geradezu stocksteif da, was im weiteren Verlauf noch von erkennbarer Bedeutung werden wird.

Wie soll man den ersten hörbaren Eindruck beschreiben? Ein tastendes und doch überaus prägnantes, ein kräftig-sicheres und doch zugleich ein suchendes Anschlagen des ersten Halbton-Akkords «Some...» (0:07). Erst nach einer gefühlten Ewigkeit wird von dort aus durch eine zweite halben Note die erste Oktave hergestellt «...where». Mit der absteigenden kleinen Sekunde wird auf das «O...» und weiter mit Hilfe einer weiteren absteigenden Terz zum» «...ver» geschritten, von wo aus sich dann der Regenbogen zeigt bzw. durch eine aufsteigende Tonfolge «the rainbow» versinnbildlicht wird.

Wie ein harter Wasserstrahl durchschlägt allerdings bei 0:17 der jetzt einsetzende Applaus des Publikums den hörbaren Fluss des ersten Motivs. Erstaunlich,

4 Noten, gemäss Jarretts Version, in Last Solo von 1984, unter http://www.youtube.com/watch?v=uHPpi9qxIgc&feature=related (15.5.2011).

dass Jarrett dadurch in seiner Konzentration augenscheinlich nicht gestört wird – das wird sich übrigens in späteren Jahren wesentlich ändern. Vielfach ist überliefert, dass inzwischen schon das geringste Räuspern im Publikum dazu führen kann, dass Jarrett ein ganzes Konzert unter- oder gar abbricht. Das kann kein Zufall sein; aber sind das Starallüren oder möglicherweise doch notwendiger Selbstschutz? Wir werden darauf zurückkommen.

Betrachtet man die Haltung des Pianisten während dieser ersten Takte, so steht diese geradezu im Kontrast zum Gehörten. Aus dem aufrechten Sitzen wird mehr und mehr eine gekrümmte Haltung; so als ob Jarrett mit jeder weiteren Note immer stärker in sich hinein wie in eine Gebetshaltung versinkt. Rücken und Kopf stehen nun im 90-Grad-Winkel zueinander – eine Körperhaltung, die erkennbar kaum längerfristig auszuhalten ist. Im zweiten Teil des Grundmotivs (A) richtet sich der Pianist kurz wieder auf: Die erneuten Halbtone «way up high» führen musikalisch gleichsam an das Ende des ersten Bogens. Diese Fortsetzung des Motivs nimmt den ersten Teil auf und erfolgt im gleichen Rhythmus, aber mit weniger starken Intervallsprüngen, «There's a land that I heard of / once in a lullaby» – und wieder versinkt Jarrett in sich selbst – vielleicht in die Erinnerung an das urvertraute Kinderlied, vielleicht in die Grundstimmung des geborgenen oder nach Geborgenheit suchenden Kindes – jedenfalls als geradezu «unschuldiges Kind am Klavier»[5].

Mit der beginnenden Wiederholung des ersten Motivs ab 0:45 (A') werden nun die Arme maximal ausgestreckt und der ganze Oberkörper entfernt sich so weit wie möglich vom dunklen Flügel. Nun ändert sich auch zum ersten Mal die Kameraeinstellung: Aus dem Blick über die Schulter wird die Totale. Ein Licht von oben, in das Jarrett senkrecht nach oben hineinblickt, erhellt nur Gesicht und Hände und legt einen hellen Bodenkreis um den Flügel (0:48). Jarrett versinkt in dieser zweiten Durchführung des Motivs erneut in sich, beginnt nun immer wieder den Kopf zu schütteln, als ob er es – was wohl, die Melodie?, die Situation?, den Text? – selbst nicht fassen könnte. Im zweiten Teil der Wiederholung (1:00) richtet er sich erneut auf und blickt bis zum Ende der Motivdurchführung (1:21) «senkrecht nach oben» – wobei diese letzte Formulierung nur scheinbar paradox ist.

Mit der Exposition (B und B') (ab 1:22) beginnt nun die Konkretisierung der bisher formulierten Sehnsucht nach dem, was hinter dem Regenbogen ist: Irgendwann wird man sich beim Anblick einer Sternschnuppe etwas wünschen, und aufwachen, wo die Wolken fern hinter einem liegen, alle Sorgen wie Zitronenbonbons dahingeschmolzen sind und man selbst weit über allem Irdischen zu finden sein wird. Wieder ist Jarrett ganz in sich gekehrt und richtet erst am

5 Peter Rüedi: Keith Jarrett. Die Augen des Herzens, in: Siegfried Schmidt-Joos (Hg.): Nur der Himmel ist Grenze. Sammy Davis jr., Jimi Hendrix, Keith Jarrett, Frankfurt a. M./Berlin/Wien 1985 (Idole 5), S. 156.

Schluss dieser konkreten Sehnsucht seinen Blick wieder nach oben. In einem immer stärkeren Ritardando wird die Tonfolge immer zögerlicher fortgesetzt, so als ob man diesem Wunschzustand selbst kaum trauen könnte. Dies geht gleichsam in alle Fragen auflösender Form danach nochmals in den Refrain (A') über (2:02).

Nun ändert sich die Kameraeinstellung in prägnanter Weise: Aus dem Vollbild wird eine Unschärfe, und eine Art Lichtstrahl legt sich über die Szenerie (2:04). Erst wenige Sekunden später wird deutlich, dass dieser Lichtstrahl nichts anderes als die Tastatur darstellt, die nun immer schärfer ins Bild rückt (2:10) und im Unterschied zu den bisherigen Kameraeinstellungen nun alle Konzentration auf die Finger Jarretts einnimmt. An dieser Stelle wäre das Lied selbst eigentlich zu Ende, aber Jarrett beginnt nun nochmals von Beginn an (2:35). Dabei wird das Thema nun deutlich variiert, erstmals in ein Fortissimo verstärkt und Jarrett erhebt sich nun erstmals sogar ganz von seiner Klavierbank (2:56), rückt mit der Körpermitte an die Tasten heran (2:59) und variiert das Thema nun zunehmend freier.

Bei der zweiten Ausführung des Grundthemas geht nun die Kamera nochmals nach einer Überblendung (3:35) in eine ganz neue Perspektive und zeigt den Künstler gleichsam in tiefer Entfernung weit unter sich, der Lichtkreis bedeckt nur noch etwa 1/9 des gesamten, ansonsten schwarzen Screens. Ab 4:12 und der erneuten Durchführung von B und B' wechselt nun die Kamera ganz in die Nähe und zeigt nun erstmals das Gesicht Jarretts von vorn als unmittelbares Gegenüber. Auffallend ist die mehrfach horizontal gefurchte Stirn, Ausdruck und Gestus erscheinen einem Liebesakt nicht unähnlich; mit erneutem Kopfschütteln und grossen kreisenden Bewegungen des Oberkörpers wird schliesslich das Grundthema A'' erneut aufgenommen (4:30). Erneut geht die Kamera in die weit entfernte Beobachterposition, wie um den Moment der Intimität zu schützen. Mit der erneuten Aufnahme von B'' (5:01) gelangt Jarrett spürbar an das ruhige, konzentrierte Ende seiner Ausführungen und Aufführung. Die Kamera überblendet erneut und zeigt nun nur seinen Rücken. Ritardando und Pianissimo nehmen ein letztes Mal das Thema auf: «If happy little bluebirds fly / Beyond the rainbow / Why, oh why can't I?» Unmittelbar vor dem Schlussakkord ertönt ein Niesen aus dem Publikum, was einen Youtube-Kommentator zu Recht dazu bringt, sich zu ärgern: «Oh my god ... I could kill the person who sneased at 05:20!!!!!.» Mit dem Schlussakkord, den Jarrett nochmals auf mehrere Oktaven hin ausdehnt, versinkt er nochmals ganz in sich. In 5:32 beginnt der Beifall, der Künstler erhebt sich langsam, das Licht geht an, er verbeugt sich und verbindet dies mit einer asiatischen Dankesgeste und einem abschliessenden leichten Lächeln.

Der Grenzgänger

Betrachtet man dieses kleine Kunstwerk, so wird plausibel, was in einer Musikkritik folgendermassen formuliert ist: «Jarrett, das ist ein Virtuose, der sein Klavier zum Singen bringt und uns demonstriert, warum ein Flügel Flügel heisst. Mag sein, dass man die Tasteninstrumente einst aufgrund ihrer Form nach den Bewegungsorganen der Vögel benannte. Jarrett jedoch lässt uns quasi auf seinen Flügeln sitzen und nimmt uns mit auf eine Reise, die zuweilen sogar bis ‹Somewhere Over the Rainbow› führt, die uns verändert, bereichert und angehoben zurücklässt; musikalische Höhenflüge.»[6]

Damit zeigt dieses Stück zugleich etwas vom Charakter des Grenzgängers und dem selbst gesetzten wie erwarteten Anspruch überhaupt: Was erwartet den Hörer Jarretts beim Besuch eines seiner Konzerte, «was hat der Jarrett-Junkie [...] von seinem Genie zu erwarten, das sich vor jedem Konzert in den Zustand der Unschuld versetzt? Erleuchtung, Wiederholung oder Apotheose? [...] Dann, wenn alles gesagt, gehört und geliebt wurde, dann kommen jene Momente, die sich von selbst ergeben, beinahe beiläufig, scheinbar unabsichtlich in ihrer Schönheit.»[7]

In der Tat schafft Jarrett insbesondere in seinen Solokonzerten bis heute «eine Art Sakralraum der Stille» – «die lange Stille vor seinem ersten und nach seinem letzten Ton» hat «rituelle Funktion»[8]. Er ist sich selbst dieser Erschliessungskraft – gar seiner Funktion als «göttliches Medium»[9] offenkundig sehr wohl bewusst, wenn er zu einer Veröffentlichung einmal formuliert: «Ich glaube nicht, dass ich etwas schaffen, sondern dass ich ein Kanal für die schaffende Kraft sein kann. Ich glaube an den Schöpfer, und so ist dies in Wahrheit sein Album durch mich an Euch, mit so wenig Dazwischengeschaltetem wie auf dieser medienbewussten Erde möglich»[10]. Oder wie es wiederum ein Kommentator des Videos auf Youtube fasst: «He is truly somewhere over the rainbow.»

Meine These ist, dass sich gerade die Orts- und Sinnsuche Dorothys aus «Wizard of Oz» in der Interpretation Jarretts in dessen eigene Person hinein verlegt und von diesem in so professioneller wie persönlicher Weise zum Ausdruck gebracht und in diesem hoch energieaufwendigen Grenzgang intensiv ins Bild gesetzt wird. Das entscheidende Ethos lautet: Variation statt Routine. Es geht um nicht weniger als den immer wieder neuen Versuch, dem Grundtext erneut Neues zu entlocken, das Thema zu umspielen, und dies eben nun nicht nur

6 http://www.musik-dach.de/2010/05/08/08-05-2010-somewhere-over-the-rainbow/ (15.5.2011).

7 http://www.zeit.de/2005/20/M-Keith_Jarrett (15.5.2011).

8 Rüedi: Jarrett (vgl. Anm. 5), S. 159.

9 Uwe Andresen: Keith Jarrett. Sein Leben. Seine Musik. Seine Schallplatten, Gauting-Buchendorf 1985, S. 82.

10 Andresen: Jarrett (vgl. Anm. 9), S. 82.

durch Variationen des Themas, sondern durch die eigene Person selbst.[11] Oder wie er selbst sagt: «Ideally, I'd like to be the eternal novice, for then only the surprises would be endless.»[12]

Von einer solchen Grenzgänger- und Künstlerschaft kann pastorale und pädagogische Praxis viel lernen. Allerdings nur dann, wenn sie sich dabei zugleich die Grenzen der Verfügbarkeit des Angestrebten immer wieder in ebensolcher Radikalität bewusst macht.

Insofern ist im Blick auf Jarretts Interpretation in einer mindestens zweifachen Hinsicht Bedenken anzumelden. Zum einen ist der Vorwurf wohl nicht ganz unberechtigt, dass es sich hier um eine ausgesprochen affektierte Kunstausübung handelt. Ein wenig Schlangenbeschwörung und Glenn Gould ist auch kaum von der Hand zu weisen. Zum anderen aber ist noch auf sehr viel Schwerwiegenderes zu verweisen, was mit der Biographie des Künstlers selbst unmittelbar zusammenhängt. Es ist kaum vorzustellen, wie man sich diese körperlich und geistig notwendige Energie tatsächlich über einen längeren Zeitraum hinweg erhalten kann.

Jarrett hat selbst, nur wenige Jahre nach dieser Aufnahme aus dem Jahr 1984, einen kompletten Zusammenbruch erlitten oder wie es wiederum Konrad Heidkamp beschreibt: «Grundprinzip des Lebens, der Improvisation: sich erinnern, was gewesen ist, um weiterspielen zu können und es im selben Augenblick zu vergessen, um frei zu sein. Wer so spielt, wer versucht, die Formeln und Schablonen im Kopf und in den Händen zu vermeiden, der bewegt sich nahe am Abgrund, im ständigen Versuch, die Balance zu halten. Der Zusammenbruch Keith Jarretts Mitte der neunziger Jahre war nicht unerklärlich, das Chronische Erschöpfungssyndrom, das selbst das Heben einer Teetasse zur ermüdenden Tagesarbeit machte, erschien wie die Kehrseite einer Kunst, die ständig unter Hochspannung stand. Als er 1999 schliesslich wieder mit seinem Trio auftrat, war es die Neugeburt eines Mannes, der wieder zu spielen gelernt hat. Aber Solokonzerte? ‹Mit sich selbst zu tanzen?› Nie wieder.»[13]

Riskante und verheissungsvolle Grenzgänge pastoraler Praxis

Eine solche Praxis – der Grenzgang als Grenzerfahrung bis an und über die Grenzen hinaus – hat also ganz offenkundig einen nicht unerheblichen Preis zur Folge: Oder um es professionstheoretisch für die Pfarr- und Lehrpersonen zu sagen: An bestimmten Anforderungen durch sich selbst und andere, mögen sie auch noch so verheissungsvoll erscheinen, kann man nicht selten viel zu schwer tragen. Die

11 Vgl. auch die sehenswerte Filmdokumentation von Mike Dibb: Keith Jarrett. The Art of Improvisation, DVD-Video, s.l.: EuroArts Music International, 2005.

12 Zitiert nach Ian Carr: Keith Jarrett. The Man and his Music, Glasgow 1991, S. 166.

13 http://www.zeit.de/2005/20/M-Keith_Jarrett (15.5.2011).

Beauftragung zur Ausführung des Amtes und die eigene Selbstverpflichtung mit immer wieder neuen, kreativen Improvisationsversuchen können sich zu einer ebenso produktiven wie niederdrückenden spannungsvollen Einheit verbinden.

Sollte man, kann man also einen solchen Vergleich wirklich sinnvollerweise anstellen, den professionellen Theologinnen genialische und improvisatorische Kompetenz zutrauen und zumuten? Oder befördert man durch die Zumutung, Transzendenzräume zu eröffnen und heilige Orte zu bespielen, nicht gerade über kurz oder lang den energetischen Zusammenbruch? Andererseits kann das Erzeugen eines solchen besonderen Moments, die sicht- und hörbare Symbolisierung und Veranschaulichung des Regenbogens, ganz offenkundig bei den Anwesenden stummen, heiligen Schauder erzeugen. Risiko und Verheissung liegen folglich nahe beieinander und vermutlich ist das eine oder das andere kaum denkbar.

So sollten sich Pfarrpersonen immer wieder von schillernden, wagemutigen und wohl auch narzistisch-künstlerischen Grenzgängern wie Jarrett ausserhalb ihrer eigenen Profession inspirieren lassen. So sollte man sich durchaus von dem inspirieren lassen, was über Jarretts Solo-Konzerte gesagt wird: «Sie sind ein Ritus, ein spiritueller Vorgang, eigentlich kollektive Trips, während denen ein musikalischer Hexer seine Anhänger aus dem Schweigen durch die Räume seiner Imagination führt und zurück zum Schweigen»[14] und weiter: sie «sind der grösstmögliche denkbare Akt der Selbstentäusserung»[15]. Erst von dort her wird es dann überhaupt möglich, dass die Zuhörer in dem, was sie hören und sehen, ihre eigene Emotionalität zu entdecken vermögen.

Zwar sind durchaus die Gefahren einer solchen Selbstinszenierung und Selbstaufgabe deutlich bewusst zu machen, aber vor allem die Chancen, hier wenigstens für eine bestimmte Zeit mit der eigenen Sache zusammenzugehen und darin aufzugehen. Anders als bei Jarrett ist dann aber zu hoffen, dass sich dies immer als ein dialogisches Geschehen manifestiert: Sowenig der Gottesdienst ein Konzert (höchstens bei manchen Freikirchen) und die Gemeinde ein Publikum ist (ebenfalls höchstens bei vielen Freikirchen), können sich TheologInnen in ihrer Praxis als Alleinunterhalter verstehen, auf die sich, am liebsten im abgedunkelten Raum, der Einzelscheinwerfer richtet.

Auch wenn der Begriff Spiritualität gegenwärtig Gefahr läuft, kolossal überschätzt und geradezu zum Container-Begriff für bestimmte pastorale Wunschvorstellungen einer neuen *ecclesiola in ecclesia* zu werden, so ist eine Orientierung am spirituellen Potential der Grenzgänger anderer Disziplinen doch mehr als hilfreich. Denn was ohne Frage eine erhebliche Schwierigkeit für die gegenwärtige kirchliche Praxis darstellt, ist doch, wenn nach aussen hin alles nur noch

14 Rüedi: Jarrett (vgl. Anm. 5), S. 187.
15 Rüedi: Jarrett (vgl. Anm. 5), S. 189.

als schwer und damit auch als schwerfällig, als administrativ und damit gerade nicht mehr als improvisationsoffen, als normativ und damit gerade nicht mehr als kreativ und ästhetisch gestaltbar erscheint.

Es geht folglich um nicht weniger, als die Hoffnung darauf, tatsächlich im unverfügbar geeigneten Moment hinter den Regenbogen blicken zu können und das «Darüber-Hinaus» in der eigenen Praxis und Person so zur Anschauung zu bringen, dass dies auch für andere Personen als im wahrsten Sinn des Wortes attraktive, anziehende Praxis erlebt wird. Dies bringt es dann aber auch notwendigerweise mit sich, theologische Erkenntnis nicht als Geheimwissen für sich selbst zu behalten, sondern damit selbst in die Öffentlichkeit hinein zu gehen, mit der ganzen Person erzählend, als ganze Person verkündigend.

Der Pfarrer ist nicht per se qualitativ anders, weder als Person noch durch seine Beauftragung, seinen Dienst oder seine erworbene Qualifikation. Allerdings sollte er sich die Kunst erwerben, ein mögliches, von Gott her geschenktes Anderssein sich selbst und dem anderen Gegenüber in seiner Person zu verdeutlichen und entsprechend zu artikulieren und damit gleichsam auf theologische Weise Emotionalität zu erzeugen. Ob und was dabei über den Regenbogen hinausreicht, muss und darf unverfügbar bleiben, professionelle Annäherungen sind gleichwohl so notwendig wie möglich.

Und vielleicht braucht es dann manches Mal «eine schwere Geburt, die sich da abspielt»[16], um reiche Momente erleben und die entsprechenden Reaktionen erfahren zu können, tatsächlich die ganze Energie des ewigen Novizen, gleichsam unter Einsatz und möglichem Verlust des ganzen Lebens – dies ist nicht zuletzt eine zutiefst biblische Einsicht hinsichtlich der Frage des eigentlichen Lebensgewinns.

Hoffentlich nicht, bis einem Hören und Sehen vergeht, sondern sich gerade sowohl über das Hören wie über das Sehen etwas Besonderes, und sei es nur ein Augenblick, erschliesst. Senkrecht nach oben!

16 Andresen: Jarrett (vgl. Anm. 9), S. 51.

«Hommage aux enfants de Lewis Caroll»

Ein Schichtenporträt zu den Kinderbildern von Claude Guichard

Kurt Schori

Als ich die Kinderbilder des französischen Malers Claude Guichard in seinem Atelier in Chardonnay (Südburgund) zum ersten Mal sah, prägten sie sich mir in einem kurzen Augenblick so sehr ein, dass die Anziehung, die sie auf mich ausübten, in meinem Gedächtnis haften blieb. Es waren im Ganzen vier oder fünf Porträts, welche im Atelier hinter Bildern, auf Gestellen oder irgendwo zwischen Leinwänden herumlagen oder -standen. Eines nach dem andern holte der Künstler sie aus diesen Ecken hervor und legte sie vor uns auf den Tisch mit den Worten: «Ihr könnt sie alle nehmen, macht damit, was ihr wollt.» Gedacht waren sie als mögliche Ausstellungsobjekte für eine Ausstellung in Bern, die Katharina Bütikofer[1] in der Galerie «Quer» an der Junkerengasse zusammenstellte. Ich betrachtete das Bild, das ich in den Händen hielt, genauer.

Sofort fiel mir der Blick auf. Die Kinder sind auf den Bildern nicht in natürlicher Position abgebildet, sondern hergerichtet und geschminkt. Die Haare sind drapiert, fallen in Locken ins Gesicht und verlieren sich direkt ausserhalb des Gesichts in einem dunklen Hintergrund. Dieser dunkle Hintergrund hat eine merkwürdig zerrissene Form. Wenn man das Bild von weitem betrachtet, wirkt es fast wie ein Fleck, der in der Mitte aufgehellt ist. Der Fleck ist aber scharf und unregelmässig. Wie ein Fetzen eines willkürlich zerrissenen Papiers.

Ich nehme eines der Porträts in die Hand und betrachte es genauer. Die Einbettung in den Hintergrund wird weiter dadurch unterstützt, dass das Gemälde auf ein altes, bereits vielfach gefaltetes Papier gemalt ist. So ergibt sich ein Bild, das von den Rändern her in mehrfacher Weise aufgerissen ist – durch die fleckenartige Form, durch die Vermischung der Figur mit dem dunklen Hintergrund und durch das verbrauchte, vielfach gefaltete Papier, das offenbar nicht zufällig vom Künstler verwendet wurde. Durch all das wird aber der Ausdruck des in der Mitte des Bildes herausgearbeiteten Gesichtes unterstrichen – und darin vor allem

1 Katharina Bütikofer, Kunstpädagogin und ehemalige Fachdidaktikerin für Bildnerisches Gestalten an der Pädagogischen Hochschule Bern. Sie betätigt sich vor allem als Kuratorin, Ausstellungsbegleiterin und Galeristin. Sie hat ein ausgesprochen sensibles Gespür für «neue Töne» im gegenwärtigen Kunstschaffen, das in ihrem permanenten Galeriekasten («contrast») an der Kramgasse 54 in Bern laufend dokumentiert wird. Ihr verdanke ich nicht nur den Kontakt zu Claude Guichard, sondern auch die Informationen aus dem Interview, das sie während der Vorbereitung für diesen Beitrag mit ihm führen konnte und das die Hintergründe der Entstehung der Serie «Hommage aux enfants de Lewis Carroll» etwas erhellt.

der Blick. Dieses Gesicht erscheint in einer Klarheit und Leuchtkraft, als würde es an Weihnachten aus der Finsternis durch ein altes Holzfenster in eine hell erleuchtete Wohnung schauen. Formen und Töne des Gesichtes sind klar, ebenmässig und wie aus Elfenbein geschnitzt; und es erscheint inmitten der dunklen Formen darum herum.

Durch einen markanten Kontrast wird das Zentrum des Bildes geschaffen, dieses helle und klare, ohne Konturierung gemalte Gesicht. Doch diese Klarheit wird irritiert durch den Blick des Kindes, der nicht an der Aussenwelt haftet, nicht gerichtet ist auf eine Aufgabe, ein Objekt oder eine Spur, sondern sich irgendwie verliert im Universum des Inneren, in der Tiefe der Seele. Er drückt eine Mischung aus Leere und Fülle, aus Irritation und Klarheit aus.

Dieser Blick lässt mich als Betrachter unmittelbar Anteil haben an dieser Unergründlichkeit und dem Geheimnis, das sich in diesem Kind verbirgt. Es ist, als würde man durch den Blick ins Innere sehen, in die unscharfen Gedanken des Kindes, als würde man in den wehenden, unsicheren Gefühlen seiner Seele lesen. Als wären hier nicht Formen, Konturen und Töne gezeichnet, sondern Gedanken-Gefühle, die mit vielfältigen Materialien aufs Papier gebracht und so sichtbar gemacht sind. Die Augen werden auf seinen Bildern tatsächlich zu Fernstern der Seele. Man sieht, dass der Maler an den Seelen der Kinder interessiert ist. Die Bilder spiegeln gleichzeitig durch die starren Umrisse und die marmorartigen Gesichter einerseits und durch die Ausdruckskraft des Blicks Härte und Zartheit, Zerrissenheit und Lebendigkeit.

Lieber Maurice, Kinderbilder sind, wie Du weisst, in den letzten dreissig Jahren – seit den achtziger Jahren des letzten Jahrhunderts – ein grosses Thema in der Religionspädagogik. Zunächst war es die sozialhistorische Aufarbeitung der Kinderbilder, die die Wissenschaft belebte, dann später die erneute Suche nach den kindlichen Auffassungs- und Verarbeitungsweisen, den spezifischen kindlichen Ausdrucksformen, und zuletzt der Blick aus der «Kinderperspektive» als ein empirischer Zugang zu den Kinderwelten. Immer hat sich gezeigt, dass diese Annäherungen mehr oder weniger hilflose Versuche sind, sich einem nicht bewältigten und vielleicht nicht bewältigbaren Thema zu nähern – einem Thema, das uns beide auch im Projekt «Rituale und Ritualisierungen in Schweizer Familien» beschäftigt und verbunden hat. Mich hat das Thema schon geraume Zeit vor dieser intensiven Zusammenarbeit, in der Auseinandersetzung mit Françoise Dolto, Hans Saner, Martinus J. Langeveld, Lloyd de Mause und vielen anderen beschäftigt;[2] dann vor allem aber auch in unserer gemeinsamen Auseinandersetzung mit Michael Sebastian Honig, dessen «Entwurf einer Theorie der Kindheit»[3]

2 Kurt Schori: Probleme einer Anthropologie des Kindes, in: ZFP 55/2003, S. 47–64.

3 Michael Sebastian Honig: Entwurf einer Theorie der Kindheit. Die generationale Ordnung, Frankfurt a. M. 1999.

unsere Arbeit im Projekt begleitet hat, und dem wir in diesen unvergesslichen Sitzungen in den Jahren des Projektes immer wieder begegnen durften.

Was bedeutet eine Perspektive auf das Kind im Interesse des Kindes? Was bedeutet eine Kinderperspektive? Diesem Thema haben wir uns angenähert über das Weihnachtsfest, über die Rolle der Kinder an Weihnachten, und einiges davon ist in den zahlreichen Bänden über das Projekt ja nun dokumentiert.[4] Mir war in dieser Zeit immer auch bewusst, dass die wissenschaftliche religionspädagogische Annäherung an das Thema «Kind» vielleicht nicht die am meisten geeignete ist, dass wir als Wissenschaftler uns möglicherweise Hilfe holen müssen bei den Künstlern.

Kinder sind immer wieder Thema und Motiv für Künstler gewesen, haben sie fasziniert, und sie haben sie in vielfältiger Weise in Bilder gesetzt. Dabei haben die wenigen biblischen Szenen, die von Kindern erzählen, eine nicht unwesentliche Rolle gespielt, wie etwa in Max Liebermanns «Der zwölfjährige Jesus im Tempel», das in unvergleichlicher Weise dieses Kind in die Mitte der Gelehrten und Pharisäer stellt und diese ihm dienstbar macht – ein Bild, das für gewaltiges Aufsehen sorgte, da Max Liebermann Jude war. Es gibt dazu eine wunderbare Analyse des katholischen Religionspädagogen Alex Stock,[5] eines Exzentrikers der Religionspädagogik, der dir sicher ebenso viel bedeutet wie mir.

Mich haben diese Blicke der Künstler immer schon interessiert und auch fasziniert; und das muss mit einer Ebene zu tun haben, welche über das Bild erreichbar, mit dem Text und der blossen Reflexion, aber nicht zu erschliessen ist.

Warum nun aber die Bilder von Claude Guichard? Der Künstler ist Franzose. Er teilt damit die Sprache mit dir. Ich weiss nicht, ob das von Bedeutung ist. Aber seine unauffällige, bescheidene, allem Pathos, aller Grosspurigkeit und Eitelkeit absagende Art hat mich von Anfang an beeindruckt. Es war ein grosser Zufall, dass ich ihn kennenlernen durfte, was mit der von Katharina Bütikofer arrangierten Ausstellung seiner Bilder in Bern zusammenhing. Ich bekam dadurch auch Gelegenheit, mit ihm über diese Bilder zu sprechen, die einen solchen Eindruck auf mich gemacht hatten.[6] Die folgenden Ausschnitte stammen aus einem Inter-

4 Maurice Baumann/Roland Hauri (Hg.): Weihnachten. Familienritual zwischen Tradition und Kreativität, Stuttgart 2008; Kurt Schori: Kinder in Familienritualen. Zur kindlichen Erfahrung von Religion in rituellen Prozessen, Stuttgart 2009; Christoph Morgenthaler/Roland Hauri (Hg.): Rituale im Familienleben. Inhalte, Formen und Funktionen im Verhältnis der Generationen, Weinheim/München 2010.

5 Alex Stock, Junglehrer und Musterknabe. Zur Bildungsgeschichte des zwölfjährigen Jesus, in: Rüdiger Lux (Hg.): Schau auf die Kleinen ... Das Kind in Religion, Kirche und Gesellschaft, Leipzig 2002, S. 118–140.

6 Claude Guichard, geboren 1933, lebt und arbeitet in seinem Atelierhaus in Chardonnay im Südburgund. Er wurde geboren in Grenoble, absolvierte klassische Ausbildungen an den Akademien in Grenoble und Paris und war zeit seines Lebens tätig als Maler. Seine Werke wurden in zahlreichen Ausstellungen gezeigt und mit mehreren Preisen geehrt. Claude Guichards Arbeiten zeichnen sich aus durch eine grosse zeichnerische und malerische Fähigkeit. Hauptmotiv ist dabei –

view, das Katharina Bütikofer im April 2011 mit ihm zu diesen Bildern führen konnte.

Zur Inspiration der Bilder durch Lewis Caroll

«Es war in Paris ca. 1980, als ich eine Ausstellung der Fotos von Lewis Carroll[7] in einer Galerie besuchte. Ich erinnere mich, ich war eher enttäuscht. Die Bilder von Carroll waren zu klein, zu perfekt in diesen viktorianischen Rahmen; die Kinder zu verkleidet. Trotzdem, wie immer, skizzierte ich in mein Carnet, um meine Sicht zu schärfen. Natürlich sagte mir Lewis Carroll etwas, sicher war er pädophil, und ‹Alice im Wunderland › sein echtes Psychodrama, weit entfernt von Lieblichkeit. Übrigens, als ich in New York im Central Park war, sah ich eine grosse Bronzegruppe mit Alice und den Protagonisten der Geschichte [...] aber es war etwas Verbindendes in all den Bildern, eine Traurigkeit [*une tristesse*]. Und diese fand ich dann auch in den Blicken von Kindern in Chardonnay, eine zeitlose Traurigkeit. Darum habe ich die Serie ‹Hommage aux enfants de Lewis Carroll› genannt, nicht eine Hommage an Lewis Carroll, sondern an die Kinder, die er inszeniert hat.»[8]

«Le fil conducteur: la tristesse». Der Ausdruck der Kinder in der Serie

«Es begann um etwa 1990 – also zehn Jahre nach der Ausstellung in Paris – mit T. Dieser hatte gerade eine schwere Gehirnoperation hinter sich, er besuchte mich mit seiner traurigen, alleinerziehenden Mutter im Atelier, sie waren Nachbarn von mir, hier in Chardonnay. Ich war von seinem Blick fasziniert und porträtierte ihn. Ich erinnere mich: Während der ganzen Sitzung war er abwesend, anderswo, sein Blick hatte etwas Unergründliches. Weder die Mutter noch ich konnten ihn aus dieser Stimmung bringen. Mit ihm erinnerte ich mich an die Kinder von Lewis Carroll, an die Ausstellung in Paris. Aber nicht an die viktorianische Aufmache, nicht an die Ganzkörperstellungen,

neben Tieren, Pflanzen, Bäumen – immer wieder der menschliche Körper. Er ist philosophisch höchst interessiert und hat aktiv an archäologischen Saharaexpeditionen teilgenommen. Im Moment arbeitet er an einer Serie grossformatiger Porträts.

7 Zwischen 1858 und 1880 war Lewis Carroll, heute vor allem als Autor von «Alice im Wunderland» bekannt, auf die neue technische Errungenschaft der Fotografie gestossen. Das Medium interessierte ihn vor allem auch wegen seiner technischen Schwierigkeiten, mit welchen es damals noch behaftet war. Sobald die Möglichkeit des Fotografierens einfacher zugänglich wurde und breitere Schichten erreichte, hörte er damit auf. Von ihm sind ca. 1000 Bilder erhalten, wobei man davon ausgeht, dass er in dieser Schaffensperiode wohl mehr als 3000 Bilder gemacht hat. Ein Grossteil seiner Arbeiten wurde zerstört, nicht zuletzt von ihm selbst. Unter diesen Bildern finden sich zahlreiche Abbildungen von Kindern, die nach typisch spätviktorianischer Manier erstellt sind. Carroll stand und steht bis heute aufgrund der erhaltenen Nacktfotos von Kindern unter dem Verdacht der Pädophilie. Vgl. dazu Christian Georg Fries: Die Kulmination des romatischen Mythos vom «unschuldigen Kind» im Leben und Werk Charles L. Dodgsons alias Lewis Carroll, des Autors von «Alice im Wunderland», Diplomarbeit Universität Wien, Historisch-kulturwissenschaftliche Fakultät, 2008.

8 Die Serie entstand ca. 1990.

> einzig an die Traurigkeit, die wie ein Leitmotiv durch all diese Bilder ging. Diese *tristesse*, weit entfernt von einer alltäglichen Traurigkeit, wenn ein Kind etwa gestraft wird, vielmehr eine unergründliche, existentielle Traurigkeit. Und sie konzentrierte sich im Auge, im Blick, in diesem Tränenblick [*regard de larme*]. Es war diese Stimmung, die ich in meine Kinderserie brachte, nicht äusserliche Ähnlichkeiten zu den Fotos von Carroll.»[9]

Die Bilder wurden wenig später in einer Ausstellung in Amsterdam gezeigt. Einige der Arbeiten wurden verkauft. Damit war ich unter der Hand bzw. unter diesen Bildern zu Lewis Carroll gestossen, dem Exzentriker in der Kinderwelt schlechthin. Auf «Alice im Wunderland», die Geschichte des Ausflugs der kleinen Alice in das Zauberland der psychischen Monster, die Geschichte, in der es um sprachliche Exzentrik, um phantastische Gestalten, um britischen Humor, um das Thema Grösser-und-kleiner-Werden und um die Frage geht, ob es sich lohnt, grösser zu werden oder ob es nicht doch besser ist, klein zu bleiben.

Claude Guichard hat diese Thematik der Kindheit sicher auf eine eigenwillige Art aufgenommen. Mit der Tristesse, seiner Wahrnehmung der kindlichen Gestalt, öffnet er einen Blick, der stark geprägt ist von der Zerbrechlichkeit. Wahrscheinlich ist es kein Zufall, dass er immer wieder gerade diese Zerbrechlichkeit auch an den porträtierten Kindern betont. Die Zerbrechlichkeit ist die innere Seite, die andere Seite starker Persönlichkeiten und Charakteren, wie Lewis Carroll eine war. Man muss durch die Augen der Kinder in ihrem Inneren lesen, um sie zu entdecken, um die Zerbrechlichkeit, aber auch um die Zerstörung zu entdecken, die im menschlichen Leben am Werk ist, und die besonders in den Kindern, in den Augen der Kinder sichtbar wird.

Nach seiner Wahrnehmung ist die Zerstörung ein anthropologisches Datum, besonders bei Kindern sicht- und spürbar, aber nicht nur da am Werk. Und diese Zerstörung soll im Kunstwerk sichtbar werden. Sie existiert als Untergrund unter oder Hintergrund hinter dem Bild, unter oder hinter dem, was im Kunstwerk erscheint. Konsequenterweise wird sie deshalb auch am Papier demonstriert und

9 Claude Guichard stellt seine Schaffensweise als Arbeit «mit gleichzeitiger Zerstörung» dar. «Beinahe hätte ich eines der Porträts damals zerrissen.» Er bearbeitet den Hinter- und Untergrund seiner Zeichnungen und Gemälde. Er zerknüllt das Papier, setzt es einem Zerstörungsakt aus, um die Zerrissenheit sichtbar zu machen. Er arbeitet dann schnell und konzentriert, präzise. Für die Kinderbilder, von welchen er im Ganzen etwa acht hergestellt hat, brauchte er nur je eine Sitzung. Er arbeitet absolut ohne fotografische Unterstützung. Wichtig ist für ihn die typische *préparation* vor allem des Papiers. Er sagt, dass er seinen Schmerz, seine Zerrissenheit, seine Brutalität nicht am Sujet, sondern am Untergrund, am Trägerpapier auslässt. Er zerknüllt es, färbt es ein, glättet, zerreisst, übermalt es. So wird das Papier bei den Kinderbildern zur Haut. Er verwendet verschiedene Tuschen und Tinten, die er selber mischt, verdünnt, anrührt. Eine dieser dunklen Flüssigkeiten heisst «Terre de Cassel» (Kasselerbraun). Die Arbeiten sind reine Aquarelle auf dieser vorbereiteten Papierhaut. Am Ende der Arbeit zerstört er oft seine Werke, zerreisst sie, es bleiben Fragmente. Auch bei den Kinderbildern. «Alles andere wäre zu lieblich, zu illustrativ. Siehst du, wenn man diese Bilder zuerst ansieht, aus der Distanz, sind es nur Flecken, dunkle Flecken.»

nicht am Werk – aber so, dass sie das Werk doch immer auch bedroht. In der Weise, wie Claude Guichard die Kinder malt, versucht er sie in ihrem Bedroht-sein zu zeigen. Und das Berührt-Sein durch diese Bilder rührt vielleicht daher, dass sie an diese permanente Gefahr erinnern.

Ich weiss nicht, ob ein theologischer oder religionspädagogischer Blick auf diese Bilder statthaft ist. Wenn er zu wagen wäre, dann wohl als Blick, der durch die Passionsgeschichte geschärft ist, in welchem die Kinder zu Lämmern Gottes werden, was vielleicht alle Menschen in gewisser Weise sind, wenn man sie von der anderen Seite, von der inneren Seite her betrachtet, von derjenigen Seite, die von aussen nicht sichtbar ist, die oft sorgsam zugedeckt bleibt und keine Chance hat, an die Öffentlichkeit zu kommen, die vielmehr der Zerstörung in doppelter Weise ausgesetzt bleibt: der Zerstörung als Einschränkung, als Behinderung einerseits und der Zerstörung als Behinderung, die nicht sichtbar werden soll andererseits. Und das wäre dann auch der Sinn dieser existentiellen Traurigkeit, der Tristesse, die der Künstler in den Bildern sichtbar zu machen versucht.

Ästhetische Sinnangebote in multireligiösen Gebetsräumen

Der Raum der Stille im Reformierten Kirchgemeindehaus in Männedorf

Johannes Stückelberger

Multireligiöse Gebetsräume

Es gehört heute fast zum Standard, dass in öffentlichen Gebäuden wie Krankenhäusern, Bahnhöfen, Flughäfen, Universitäten, Schulen, Shopping Malls, Altersheimen oder Messegebäuden multireligiöse Gebetsräume eingerichtet werden: Räume – auch interreligiöse Gebetsräume, Räume der Stille, Andachtsräume oder Meditationsräume genannt –, die sich von Kirchen und Kapellen darin unterscheiden, dass sie als Adressatinnen und Adressaten nicht nur eine Religionsgemeinschaft haben, dass sie vielmehr Vertreterinnen aller Religionen offen stehen. Es sind Räume für die individuelle Einkehr und Sammlung, manche werden auch für Feiern und Andachten kleinerer Gruppen genutzt. Auftraggeber und Betreiberinnen dieser Räume sind in unseren Breitengraden in der Regel die christlichen Kirchen, vereinzelt stehen dahinter aber auch kommunale oder andere Initiativen.[1]

Konzeptuell sind diese Räume eine Herausforderung: eine Herausforderung für die Auftraggeber, die diesen Räumen Nutzungskonzepte zugrundelegen müssen, eine Herausforderung für die Architekten und Künstlerinnen, die diese Konzepte architektonisch und gestalterisch umsetzen dürfen, schliesslich eine Herausforderung für die Betreiber, die diese Räume einer sinnvollen Nutzung zuführen wollen. Es stellen sich Fragen, deren Beantwortung aufseiten der Nutzung in den Kompetenzbereich der Praktischen Theologie und der Religionswissenschaft fallen, aufseiten der Gestaltung in den Kompetenzbereich von Architekten, Künstlerinnen sowie beratenden Kunsthistorikern.[2]

1 An Literatur über multireligiöse Gebetsräume gibt es noch nicht sehr viel. In chronologischer Reihenfolge ihres Erscheinens seien genannt: Interreligiöse Räume, hg. von Ralf Meister, Kunst und Kirche 2/2000; Schwerpunkt: Räume der Stille – Stille Räume, Das Münster 4/2004; Sabine Kraft: Räume der Stille, Marburg 2007; Herbert Justnik (Hg.): Andreas Duscha. Places of Worship. Interreligiöse Gebetsräume auf Flughäfen, Ausstellungskatalog Wien (Österreichisches Museum für Volkskunde), Wien 2008; Stille Räume. Spitalkirchen, Spitalkapellen, Räume der Stille, Aufbahrungsräume, hg. von der Evangelisch-reformierten Landeskirche des Kantons Zürich, Abteilung Diakonie und Seelsorge, Zürich 2009; Multireligiöse Gebetsräume, hg. von Alois Kölbl und Johannes Stückelberger, Kunst und Kirche 2/2010.

2 Eine kunsthistorische Beratung im Bereich Kirchenästhetik (Bau, Umbau, Neugestaltung von Kirchen, Räumen der Stille etc.) bietet das Kompetenzzentrum Liturgik der Theologischen Fakultät der Universität Bern an (www.liturgik.unibe.ch).

Wie soll man multireligiöse Gebetsräume gestalten? Und wie soll man sie nutzen? Die traditionellen Ausstattungsstücke christlicher Kirchen wie Altar, Kanzel, Taufstein, Kreuz oder biblische Bilder sind nicht angebracht. Sie würden den Raum ausschliesslich als christlichen Raum auszeichnen. Der leere Raum scheint auch keine Alternative zu sein. Man möchte ja den Besucherinnen irgendein Sinnangebot machen: ein Angebot, das ihnen Orientierung gibt. Man kann die Bibel auflegen, den Koran und andere Schriften. Vielleicht will man die Besucher aber nicht nur über das Wort erreichen, sondern ihnen noch weitere Sinnangebote machen: mit einer besonderen Gestaltung und Ausstattung des Raumes, einer bestimmten Atmosphäre, einem Bild, einem Symbol oder einer speziellen Akustik. Doch was macht man dann mit diesen ästhetischen Sinnangeboten? Wie lassen sie sich nutzen? Mit diesen Fragen will ich mich hier auseinandersetzen, im Bewusstsein und in der Überzeugung, dass gerade in multireligiösen Gebetsräumen dem ästhetischen Sinnangebot eine besonders grosse Bedeutung zukommt.

Ein meiner Meinung nach sehr überzeugendes ästhetisches Sinnangebot findet sich im Raum der Stille im neu erbauten Reformierten Kirchgemeindehaus in Männedorf (Kanton Zürich). Der Raum wurde im Januar 2011 eingeweiht. Die Architekten sind Stücheli Architekten, Zürich. Gestaltet hat den Raum die in Genf lebende Künstlerin Carmen Perrin.

Ich will im Folgenden zunächst ein paar Informationen zur Entstehung dieses Raumes geben, dann den Raum genau beschreiben, in einem nächsten Schritt seine künstlerische Gestaltung interpretieren und benennen, welche ästhetischen Sinnangebote der Raum macht, und schliesslich ein paar Ideen zusammentragen, wie man den Raum unter Einbezug seiner Gestaltung für Rituale, kleine Feiern oder Meditationen nutzen kann.

Ein Beispiel

Im Juni 2005 hat die Evangelisch-reformierte Kirchgemeinde Männedorf dem Verkauf ihres Kirchgemeindehauses an die Politische Gemeinde sowie eines grösseren Landstückes in unmittelbarer Nähe an eine Versicherungsgesellschaft zugestimmt und damit den Weg für den Bau eines neuen Dorfzentrums, des Zentrums «Leue» Männedorf, geebnet. Dieses umfasst drei Baukomplexe, die alle auf einen gemeinsamen öffentlichen Platz ausgerichtet sind: 1. den an der Stelle des alten Kirchgemeindehauses errichteten grossen «Gemeindesaal» mit Räumen für vielfältige Nutzungen, 2. das «Zentrum», in dem zwei Grossverteiler, ein Café, viele Kleingeschäfte, Dienstleistungsbetriebe und Firmen eingemietet sind, und 3. das neue Kirchgemeindehaus, das eine Art Klammer bildet zwischen den beiden anderen Komplexen. Die Kirche ist an diesem Platz zentral positioniert, zwischen Politik und Wirtschaft.[3]

Diese spezielle Konstellation bewog die Kirchgemeinde, ihr Kirchgemeindehaus einer breiteren Öffentlichkeit zugänglich zu machen. Es sollte ein Gebäude werden nicht nur für die Pfarrpersonen, für die Mitarbeiterinnen in der Verwaltung, für Konfirmandinnen und Konfirmanden, für Schulklassen, Jugendliche, die darin ihre Jugendräume haben oder für Teilnehmerinnen und Teilnehmer an den verschiedensten kirchlichen Veranstaltungen. Auch zufällige Passanten, Personen, die im «Zentrum Leue» ihren Geschäften nachgehen, nicht zuletzt jene, die in diesem Zentrum arbeiten, sind in dem Gebäude willkommen.

Von Anfang an gehörte zum Bauproramm des Kirchgemeindehauses ein Raum der Stille, der Mitgliedern aller Konfessionen und Religionen öffentlich zugänglich sein soll, wobei die Kirchgemeinde sich als Gastgeberin versteht. Die mit der Planung beauftragen Architekten schlugen vor, diesen Raum der Stille über dem Haupteingang – somit dem öffentlichen Platz zugewandt – zu platzieren. Der Raumteil weist die Form eines Kubus auf und ist fensterlos. Dadurch gibt er sich als besonderer Raum zu erkennen, der offensichtlich der normalen Funktionalität eines Büroraumes entzogen ist. Die Passanten mögen sich fragen, was sich hinter diesem Kubus verbirgt. Auf der neben dem darunter befindlichen Haupteingang angebrachten elektronischen Anzeigetafel, auf der auf aktuelle Veranstaltungen der Kirchgemeinde hingewiesen wird, findet man die Information, dass es sich um einen Raum der Stille handelt, der allen zur individuellen Benützung offen steht, in dem es ausserdem zu bestimmten Zeiten spirituelle Inputs gibt.

Bereits in der Planungsphase wurde eine durch die Kirchenpflege eingesetzte Arbeitsgruppe damit beauftragt, in Zusammenarbeit mit einem Experten Vorschläge auszuarbeiten für die künstlerische Gestaltung des neuen Kirchgemeindehauses und insbesondere des Raumes der Stille. Nach einem längeren Evaluationsverfahren betraute die Kirchenpflege die in Bolivien geborene und in Genf lebende Künstlerin Carmen Perrin mit dieser Aufgabe.[4] Perrin beschränkte sich darauf, einen Vorschlag für den Raum der Stille vorzulegen. Die künstlerische Gestaltung konnte fast ausschliesslich mit Spendengeldern finanziert werden. Eröffnet wurde der Raum im Januar 2011.[5]

3 Zum neuen Zentrum «Leue» in Männedorf vgl.www.zentrum-leue.ch (1.5.2011).

4 Den besten Überblick über das frühere Schaffen von Carmen Perrin gibt das Buch von Hervé Gauville: Vorsicht Hochspannung. Carmen Perrin 1983–1996, Baden, 1996. Die Arbeiten, die Carmen Perrin bis 2004 für den öffentlichen Raum geschaffen hat, sind publiziert in: Carmen Perrin. Contexts. Public Situations, Basel 2004.

5 Bettina Bernet: Neues Bild für Dialog mit Gott, in: Zürichsee-Zeitung Bezirk Meilen, 19.1.2011, S. 5; Brigitte Ulmer: Irisierende Orientierungspunkte. Carmen Perrin gestaltet in Männedorf einen Ort der Einkehr, der Sammlung und des Innehaltens, in: Neue Zürcher Zeitung Nr. 24 vom 29. Januar 2011, S. 25.

Vor der Auftragserteilung liess die Arbeitsgruppe der Künstlerin ein Nutzungsprofil des Kirchgemeindehauses und speziell des Raumes der Stille, das theologische Profil der reformierten Kirchgemeinde sowie das architektonische Konzept des neuen Kirchgemeindehauses zukommen. Darüber hinaus äusserte sie sich zur Funktion, zum Inhalt, zu den Orten und zu den Elementen der künstlerischen Gestaltung. Man wollte die Künstlerin möglichst umfassend über die Ausgangslage informieren und ihr gegenüber als Dialogpartnerin auftreten. Ja man scheute sich nicht, dem Auftrag sogar ein Thema zugrunde zu legen, indem man formulierte: «Die künstlerische Gestaltung soll nicht ‹bloss› dekorativ sein, sondern eine klare Aussage, ein Motto, ein Thema transportieren […]. Die Arbeitsgruppe hat sich auf das Thema ‹Vielschichtigkeit› geeinigt. Es hat sich aus den im Anhang abgedruckten Nutzungs- und Architektur-Profilen sowie dem kirchlichen Profil herauskristallisiert. Die künstlerische Gestaltung […] erlaubt uns, die Differenziertheiten in baulicher Hinsicht (Materialien, Architektur) sowie auf emotionaler Ebene (zwischenmenschliche Begegnungen, Stimmungen) umzusetzen. Vielschichtigkeit zeigt sich auch anhand der drei sich angrenzenden Gebäude, der verschiedenen Nutzungsbereiche im Kirchgemeindehaus, der Offenheit gegenüber anderen Religionen sowie der unterschiedlichen Besuchergruppen. Dabei geht es nicht um Schwarz oder Weiss, nicht um Gegensätzliches, sondern um Verbindendes, Zusammenhängendes, sich Ergänzendes – genauso wie sich das bauliche und benutzerorientierte Zusammenspiel präsentiert. Das Projekt soll diese Vielschichtigkeit, welche sich auf mehreren Ebenen gleichzeitig abspielen kann, auf spannende Weise künstlerisch umsetzen.»[6]

Raumkonzept

Der Zugang zum Raum der Stille führt vom Foyer des Kirchgemeindehauses über eine Treppe in den ersten Stock. Am Eingang des Raumes wird der Besucher gebeten, seine Schuhe aus- und je nach Belieben Filzpantoffeln anzuziehen. Nach dem Öffnen einer massiven dunklen Tür betritt man eine Art Vorraum, in dessen linke Wand eine schmale beleuchtete Nische eingelassen ist, in der verschiedene Übersetzungen der Bibel, der Koran und andere Schriften stehen. Sofort fällt auf, dass nicht nur die Wände und die Decke, sondern auch der Boden weiss sind. Ein breiter Durchgang auf der linken Seite im hinteren Teil des Vorraumes führt in den Hauptraum. Das heisst, man wird nicht direkt, sondern indirekt in diesen geleitet und steht nun in einer von dessen Ecken, von wo aus sich einem der Raum in der Diagonale erschliesst.

6 Projektstudie Künstlerische Gestaltung des neuen Reformierten Kirchgemeindehauses Männedorf. Programm, von der Arbeitsgruppe Kunst am Bau genehmigt am 27. Oktober 2008, S. 4 (Typoskript, Archiv des Autors).

Der Raum weist einen quadratischen Grundriss auf mit einer Seitenlänge von 5,70 Metern. Die Höhe beträgt 3,40 Meter. Im Abstand von 1,10 Metern von der Wand ist der Boden in der Mitte um eine 15 Zentimeter hohe Stufe abgesenkt. Die Seitenlänge dieser Absenkung beträgt 3,50 Meter und entspricht somit in etwa der Höhe des Raumes. Das heisst, die Absenkung ist die Basis eines imaginären Würfels, der eine Art idealen Raum im Raum bildet. In den Sockel sind von oben nicht sichtbare Leuchtelemente eingebaut, mit denen die vertiefte Mitte direkt, der übrige Raum indirekt beleuchtet werden können. Darum herum sind vierzehn graue Sitzwürfel verteilt, deren Grösse so bemessen ist, dass zwischen ihnen und der Wand ein kleiner Gang freibleibt. In die Decke ist ein rundes Fenster eingelassen, durch das Tageslicht in den Raum fällt und durch das man in den Himmel schauen kann.

Auf dem Boden der vertieften Mitte ist ein Liniennetz erkennbar. Auf einem Kreis, der dem Quadrat des Bodens eingeschrieben ist, sind in regelmässigen Abständen zwölf Punkte markiert, zwölf Punkte, die sich an den Himmelsrichtungen orientieren, die sich also nicht auf die Achsen des Raumes beziehen und deshalb gegenüber diesen leicht verschoben sind. Jeder der zwölf Punkte auf dem Kreis ist mit jedem anderen durch eine gerade Linie verbunden. Das ergibt ein mandalaartiges Muster, das in der Mitte ein dem Kreis angenähertes Dodekaeder ausgrenzt. Von dessen Mittelpunkt aus führen zwölf Linien zu den Punkten auf dem Perimeter. Die Grösse dieses inneren Kreises entspricht genau der Grösse des Okulus in der Decke. Von vieren der Punkte auf dem Perimeter, jenen, die sich ungefähr auf den Diagonalen des Quadrats befinden, werden die Linien, die sich in ihnen treffen, nach aussen weitergeführt, über die Sitzfläche, die Wände und die Decke, ja sogar bis in den Vorraum. Einige der Linien enden an der Decke am Perimeter des Okulus, andere an den Kanten zwischen Decke und Wand. Während von den vier Punkten am Boden aus die Linien radial und regelmässig ausstrahlen, bilden diese an der Decke ein unregelmässiges Muster, mit der Ausnahme von acht Linien, die – um das Fenster herum – zwei Quadrate ausgrenzen.

Das klingt alles recht kompliziert, und Letzteres ist auch kaum nachvollziehbar und erscheint wie ein Wunder. Wichtig ist, dass man erkennt, dass das Liniennetz zwar in sich eine regelmässige Struktur aufweist, dass es gegenüber der Ausrichtung des Raumes jedoch leicht verschoben ist und seiner eigenen Orientierung folgt. Am Boden wirkt das Muster homogen, an den Wänden und an der Decke weist es eine unregelmässige Struktur auf. Die Berechnung der Position der Linien war denn auch eine höchst komplexe Angelegenheit. Für deren Übertragung auf den Raum verwendete man mit dem Computer generierte Negativschablonen. Das gesamte Liniennetz weist eine Länge von 600 Metern auf.

Trotz der Dichtheit des Linienmusters entsteht in keinem Moment der Eindruck, als würden die Linien einen einschliessen oder einengen. Das Muster auf dem Boden sieht man gut, da es das von oben einfallende Licht spiegelt. Doch die

Linien auf den Wänden und der Decke sind – je nach Ort, an dem man steht oder sitzt und je nach Beleuchtung – kaum oder wenn, dann nur partiell, als heller Schimmer, zu erkennen. Die Linien sind mit einem durchsichtigen Lack auf die weisse Perlmuttfarbe von Boden, Wänden und Decke gemalt. Das heisst, sie unterscheiden sich in ihrer Farbigkeit kaum vom Grund, wohl aber in ihrem Glanzwert. Dadurch blitzen sie da und dort auf, je nach Position des Betrachters. Die Perlmuttfarbe hat eine leicht spiegelnde und irisierende Wirkung. Da die Lichtverhältnisse im Raum sich im Laufe des Tages verändern, sieht man einmal diese, ein andermal jene Linien besser.

Um einen möglichst einheitlichen weissen Raumeindruck zu erreichen, wurden für die Grundfarbe des Bodens, der Wände und der Decke, weil auf sie durch das Dachfenster unterschiedlich viel Licht fällt, Farben mit einem abgestuften Weissanteil verwendet. Damit wollte man störende Übergänge von Dunkel nach Hell vermeiden, der Raum sollte eine möglichst neutrale und ruhige Ausstrahlung erhalten.

An der Umsetzung des Kunstwerks von Carmen Perrin waren beteiligt: Stücheli Architekten AG, Zürich (Architektur), Lascaux Colors & Restauro, Brüttisellen (Entwicklung der Farbzusammensetzung speziell für dieses Projekt) und Max Schweizer AG, Zürich (verantwortlich für die Ausführung vor Ort).

Für ihre Arbeit liess sich Carmen Perrin von alten Seekarten, den sogenannten Portolankarten inspirieren, die um 1300 aufkamen und das Navigieren auf See auch ohne Sichtkontakt zum Ufer oder zum Himmel ermöglichten.[7] Sie waren bis in die Mitte des 16. Jahrhunderts in Gebrauch und wurden dann von den Seekarten in Mercatorprojektion verdrängt. Für die Orientierung wurde auf den Portolankarten ein Netz aus sogenannten Rumbenlinien eingetragen. Man nimmt an, dass beim Erstellen der Karten mit den Rumbenlinien begonnen wurde und erst nachträglich die Küstenlinien eingezeichnet wurden. Dieses Rumbennetz weist einen Mittelpunkt auf sowie sechzehn sogenannte Windrosen, die sich in regelmässigen Abständen auf einem um den Mittelpunkt gezogenen Kreis befinden. Jeder Punkt ist mit jedem sowie mit dem Mittelpunkt durch eine Linie verbunden. Das Liniennetz ermöglichte die genaue Kursbestimmung mittels Kompass.

Im Raum der Stille in Männedorf finden wir ein ähnliches Rumbennetz, mit der kleinen Abweichung, dass dieses statt sechzehn nur zwölf Windrosen aufweist. Zur Beschreibung ihres Projekts verwendet Carmen Perrin noch einen anderen Begriff, den des «Marteloio». Darunter versteht man eine Methode, die dem Seemann die Bestimmung des genauen Kurses erleichterte und mit der vor allem auch Abweichungen vom Idealkurs ermittelt werden konnten, und zwar auch bei bedecktem Himmel, allein mit Hilfe von Kompass, Karte und einer

7 Monique de La Roncière/Michel Mollat du Jourdin: Portulane. Seekarten vom 13. bis zum 17. Jahrhundert, Fribourg 1984.

Berechnungstabelle, der sogenannten «Tortela de marteloio»[8]. Die Methode erlaubte die Blindnavigation und somit auch grössere Meerüberquerungen.

Ästhetische Sinnangebote

Wenn wir die Subtilitäten einer Arbeit wie derjenigen von Carmen Perrin sehen und verstehen wollen, kommen wir nicht darum herum, die Arbeit genau anzuschauen und zu «lesen». Auf der Grundlage einer solchen präzisen Analyse beginnt das Werk erst zu leben, merkt man, dass viel mehr darin steckt, als man auf einen ersten flüchtigen Blick zu erkennen vermag. Das war das Anliegen und Ziel des vorigen Abschnittes. Doch wenden wir uns nun einer Interpretation der Arbeit zu. Dabei möchte ich insbesondere danach fragen, was sie an ästhetischen Sinnangeboten bereithält.

Zwei Bemerkungen im Voraus. Die erste Vorbemerkung betrifft die Art der künstlerischen Ausstattung des Raumes der Stille im Reformierten Kirchgemeindehaus in Männedorf. Man sucht in diesem Raum vergeblich nach den bekannten Symbolen der Weltreligionen. Man findet kein Kreuz, keinen Altar, keinen Gebetsteppich. Auch keine allgemeinen Symbole wie Steine, Pflanzen, Bilder der Sonne oder des Regenbogens. Keine Bilder in schönen Rahmen, keine Skulptur, kein Wandgemälde, kein farbiges Glasfenster. Und das soll auch so bleiben. Die Besucher sind im ersten Moment vielleicht irritiert, doch werden sie beim genaueren Hinschauen feststellen, dass der Raum auch ohne die herkömmlichen und allzu bekannten Zeichen Symbolcharakter hat, dass er eine Atmosphäre ausstrahlt, die man symbolisch lesen kann. Schon immer haben Künstlerinnen und Künstler neue Bilder gefunden für das, worum es in den Religionen geht. Der Raum hat eine Symbolik, die sich zum einen der Architektur, zum anderen der minimalen Gestaltung verdankt. Oder anders formuliert: Das Sinnangebot des Raumes basiert nicht auf Zeichen und Symbolen, sondern auf der künstlerischen Gestaltung des Gesamtraumes. Der Raum als ganzer bietet ein ästhetisches Sinnangebot.

Die zweite Vorbemerkung ist eine methodische. Die Arbeit von Carmen Perrin ist kein herkömmliches Bild im Sinne eines in sich geschlossenen Werkes. Es ist vielmehr eine Arbeit, die sich über den ganzen Raum ausdehnt, und die mit äusserst minimalistischen Elementen geschaffen wurde. Man spricht in der Kunst von Minimal Art, und Carmen Perrin hat ihre Wurzeln in dieser Kunstbewegung. Die Minimal Art zeichnet sich aber nicht nur – wie es der Name andeutet – durch ihre minimalistische Ästhetik aus, es ist darüber hinaus eine künstlerische Strömung, die explizit den Betrachter in das Werk einbezieht, indem es ihn einlädt,

8 Zur Navigation mit Hilfe der Tortela de marteloio vgl. Charles H. Cotter: Early tabular, graphical and instrumental methods for solving problems of plane sailing, Coimbra 1978, S. 5–11.

sich im Werk zu bewegen, es mit allen Sinnen zu erleben. Die Minimal Art schärft die Wahrnehmung des Betrachters und erhebt sie zum eigentlichen Thema des Kunstwerks.[9] Carmen Perrins Arbeit soll nicht zu schnell auf ihre Symbolik befragt werden, sondern zunächst einmal in ihrer räumlichen Struktur und Wirkung wahrgenommen und gelesen werden. Das haben wir bereits getan und wollen nun überlegen, welche Sinnangebote aus unserer Wahrnehmung und Lektüre resultieren.

Anderer Ort: Wer den Raum der Stille in Männedorf aufsucht, begibt sich an einen anderen Ort, der sich deutlich unterscheidet von den Bauten in der unmittelbaren Umgebung: vom belebten Platz, vom Einkaufszentrum, vom Gemeindesaal oder von den Büros, Sitzungszimmern und Jugendräumen im Kirchgemeindehaus. Es ist ein stiller Ort, ein in sich gekehrter Ort, ein Rückzugsort. Es ist ein Raum, der höher ist als alle anderen Räume im Kirchgemeindehaus, ein Raum, der einen speziellen Grundriss aufweist, einen «idealen» Grundriss, der in Alltagsräumen kaum Verwendung findet. Den Raum der Stille muss man aufsuchen wollen, man stösst nicht automatisch auf ihn und er zieht einen auch nicht an wie der Eingang eines Kaufhauses.

Wer den Raum schliesslich gefunden hat, wird sachte in ihn hineingeführt. Man wird gebeten, die Schuhe auszuziehen, nicht weil es ein heiliger Raum ist, aber doch ein anderer Ort. Dann wird man in einen kleinen Durchgang geführt, der – worauf die Künstlerin in ihrem Projektbeschrieb hinweist – die Funktion einer Schleuse hat, wo die Besucher ihre Angelegenheiten ablegen und die Erfahrung machen können, eine Grenze zu überschreiten.[10] Und dann betritt man den Hauptraum und wird dort eine Stufe hinab geführt in einen inneren Bereich, der durch das andere Niveau als ganz besonderer anderer Ort ausgezeichnet ist. Durch diese räumliche Dramaturgie wird man auf den Raum vorbereitet und eingestimmt.

Ort der Besinnung: Wer diesen Ort aufsucht, der möchte den Lärm und den Trubel des Alltags hinter sich lassen. Er sucht die Stille. Er sucht das Gespräch mit sich und Gott. Er sucht Antworten auf seine Fragen. Der fensterlose, im Grundriss quadratische Raum unterstützt ihn dabei. Er lenkt die Aufmerksamkeit in Richtung Zentrum. Mit dem Rücken zur Wand sitzend, richtet man sich in diesem Raum auf die Mitte aus. Diese Ausrichtung führt automatisch zu einer Konzentration, zu einer Konzentration der Sinne, zur Besinnung. Die Raum-

9 Zur Minimal Art vgl. Gregor Stemmrich (Hg.): Minimal Art. Eine kritische Retrospektive, Dresden/Basel 1995; James Meyer (Hg.): Minimalism, London 2000.

10 Carmen Perrin: Ein Punkt, in Beziehung und in Bewegung. Beschrieb des Projekts für das Reformierte Kirchgemeindehaus in Männedorf, 2008, S. 1, Typoskript, Archiv des Autors (Übersetzung Johannes Stückelberger); franz: Carmen Perrin: Un point relatif et mouvant, 2008, S. 1, Typoskript, Archiv des Autors: «Lorsque une personne pénétrera dans ce lieu, elle entrera d'abord dans un petit espace qui joue le rôle d'un sas et où elle pourra déposer ses affaires et vivre la sensation de ‹passer une frontière›.»

gestalt lässt diesen Raum als Ort der Besinnung erfahren. Auch das auf dem Boden angebrachte Liniennetz mit seiner klar erkennbaren Mitte, auf die zwölf Strahlen hinführen, trägt zu dieser Konzentration bei. Gleichzeitig übt der Raum aber keinen Zwang aus. Man kann sich in ihm frei bewegen, man kann ihn den Wänden entlang umschreiten, man kann nach Belieben hier oder dort Platz nehmen.

Ort der Orientierung: Die Orientierung auf die Mitte ist nicht die einzige, die der Raum anbietet. Jeder Punkt auf dem Perimeter des Kreises ist nicht nur mit der Mitte verbunden, sondern auch mit jedem anderen Punkt. Wer in diesem Raum Platz nimmt, ist eingeladen, nicht nur seine Beziehung zur Mitte, zu Gott oder zu sich zu reflektieren, sondern auch seine Beziehungen zu den Mitmenschen, die vielleicht mit ihm in dem Raum sitzen, oder auf die stellvertretend die Windrosen des Rumbennetzes hinweisen. Die vier Windrosen, bei denen die Linien nach aussen fortgesetzt sind, markieren genau die Himmelsrichtungen. Der Raum weist folglich nicht nur eine in sich geschlossene interne Ordnung auf, sondern nimmt Bezug auch auf ein externes Ordnungssystem. Wer den Linien über den inneren Kreis hinaus über die Sitzfläche, die Wände hoch und bis zur Decke folgt, erhält weitere Orientierungsmöglichkeiten.

So zufällig die Linien auf den Wänden und der Decke in ihrem Verlauf erscheinen mögen, so stehen doch auch sie mit dem Kreis am Boden in einer Beziehung und sind damit in eine Ordnung eingebunden. Einige der Linien enden am Rande des runden Dachfensters. Man kann sich vorstellen, wie sie durch diese Öffnung den Raum verlassen, um im grossen Raum, der den Raum der Stille umgibt, ihre Bahnen weiter zu ziehen. Oder ist es möglicherweise umgekehrt zu denken, dass die scheinbar zufällig durch die Atmosphäre blitzenden Linien von aussen durch den Okulus in den Raum strahlen, um dort am Boden ein in sich geschlossenes Ganzes zu bilden?

Jede der Linien trifft auf ihrem Weg – sei es von innen nach aussen oder von aussen nach innen – mit anderen Linien zusammen. Es bilden sich Kreuzungspunkte, besonders intensiv am Boden, aber auch auf den Wänden und an der Decke. Wer diesen Raum aufsucht, wird eingeladen, seinen Platz in dieser Welt nicht nur in Bezug auf seine eigene Bestimmung und seinen eigenen Weg zu reflektieren, sondern ihn auch in einen Bezug zu seinen Mitmenschen zu bringen, die auf anderen Wegen und in andere Richtungen unterwegs sind. Er ist eingeladen, über sein Netz von Beziehungen nachzudenken, das ihn trägt und hält. Am dichtesten ist dieses Netz am Boden, da, wo jeder von uns steht und lebt. An den Wänden und der Decke sind die Maschen lockerer, die Begegnungen zufälliger. Dort finden Begegnungen in der Vertikalen statt, Begegnungen in der Weite der weissen Wände.

Die Arbeit bietet aber nicht nur ein räumliches Orientierungssystem, sondern auch ein zeitliches. Schon hingewiesen habe ich auf die vier auch nach aussen strahlenden Windrosen, die die Himmelsrichtungen markieren. Gleichzeitig kann man sie als Hinweise auf die vier Tageszeiten, die Jahreszeiten oder die Lebensalter lesen. Und bei der Zwölfzahl der auf dem Kreisperimeter befindlichen Windrosen kommt man nicht umhin, an die Stunden des Tages, die zwölf Monate oder die zwölf Tierkreiszeichen zu denken. Der Kreis am Boden wird so zu einer Metapher für Raum und Zeit, in denen wir uns als Individuen bewegen, für die Zyklen, die unser Leben bestimmen. Der Kreis als komplexes Lebensrad. Dazu kommt noch ein weiteres Orientierungsangebot: Indem der innerste Kreis des Bodenmusters in seiner Grösse genau die runde Öffnung in der Decke spiegelt, erhält der Raum zusätzlich eine vertikale Orientierung. Himmel und Erde sind hier aufeinander bezogen.

Die Erfahrung von Zeit kann man in diesem Raum auch am zyklischen Wechsel der Tageszeiten und des Lichtes machen. Bei Sonnenschein kommt es je nach Sonnenstand vor, dass ein Lichtkegel direkt auf den Boden oder die Wände fällt. Von Minute zu Minute kann man dann beobachten, wie dieser Lichtkegel wandert. Auch wenn die Sonne nicht direkt hineinscheint, gibt es auf Boden, Wänden und Decke oft Lichtreflexe, die unerwartet aufscheinen und sich von einem Moment zum anderen verändern. Diese Lichtreflexe haben etwas Geheimnisvolles, kann man doch oft nicht genau nachvollziehen, wie sie entstehen. Aber auch bei diffuserem Wetter verändert sich das Licht kontinuierlich. Bei Nacht kann der Raum mit dem unter dem Podest angebrachten Lichtband beleuchtet werden. Am hellsten erscheint dann der vertiefte Boden mit dem Linienmuster. Das Loch in der Decke erscheint bei Nacht schwarz. Wer zu ihm hochschaut, sieht im Fensterglas sein eigenes Spiegelbild.

In einer ersten Projektierungsphase hatte die Künstlerin vorgesehen, in der Mitte des Kreises einen Kompass in den Boden einzulassen. Damit, dass sie schliesslich auf diesen Kompass verzichtete, signalisiert sie, dass ihr Orientierungsangebot kein absolutes, sondern ein relatives sein will. Für jeden, der diesen Raum aufsucht, ist ein anderer Weg der richtige. Jeder muss seiner eigenen Bestimmung folgen. Was du vor dir siehst, wer dein Gegenüber ist und wem du auf deinem Weg begegnest, hängt wesentlich davon ab, wo du selber sitzt und dich hin orientierst. In diesem Sinne ist der Titel zu verstehen, den die Künstlerin ihrer Arbeit gegeben hat: «Un point relatif et mouvant»[11], was man übersetzen kann mit «Ein Punkt, in Beziehung und in Bewegung», oder etwas freier: «Ein Punkt, mit vielen anderen Punkten dynamisch verbunden». Der Titel bringt zum Ausdruck, dass jeder Punkt in dem Liniengefüge in einer Beziehung zu einem anderen Punkt beziehungsweise zu vielen anderen Punkten steht. Möglicherweise versteht Carmen Perrin unter «Bewegung» die Multiplikation der Beziehungen: Stellt man

11 Carmen Perrin: Un point relatif et mouvant (vgl. Anm. 10), S. 1.

sich zum Beispiel auf eine der Windrosen und bewegt sich, das heisst, verändert seine Blickrichtung, so tritt man zu immer wieder neuen Punkten in Beziehung.

Der Raum mit seiner Gestaltung lädt dazu ein, darüber nachzudenken, wo wir stehen, in welchen Beziehungen wir leben und wohin wir uns orientieren wollen. Carmen Perrin beschreibt ihre Intention folgendermassen: «Mich interessiert die Idee, dass ich mich immer an einem relativen Punkt befinde, einem einzelnen Punkt, von dem aus ich mich auf meinem Weg orientieren muss, um mein Leben und meine Gedanken zu gestalten und andere zu treffen. [...] Die Arbeit der Selbstorientierung in der Welt muss immer wieder neu aufgenommen werden, überall, wo man sich befindet, unabhängig von der Kultur. Diese Arbeit führt dazu, dass das Individuum seinen Standort findet in der Gegenwart, dass es sich an eine bestehende Identität anlehnt, dass es auf Erfahrung und Sensibilität aufbaut, auf Elemente, die der Neugier eigen und zugänglich sind, und die ihm erlauben, seinen Weg zu gehen.»[12]

Ort der Imagination: Der Raum der Stille im Reformierten Kirchgemeindehaus in Männedorf ist auch ein Ort der Imagination, ein Ort, der unsere Vorstellungskraft und Phantasie anregt. Schon der Blick auf das Linienmuster am Boden weckt vielfältige Assoziationen und erlaubt Gedankenspielereien ad infinitum. In unserer Vorstellung können wir den Linien nachgehen. Wir können bei den Windrosen oder bei den Kreuzungspunkten die Richtung wechseln. Wir können das Muster als ganzes anschauen und feststellen, dass die Linien nicht nur radial verlaufen, sondern dass es auch viele Parallelen gibt, und dass diese Parallelen Quadrate und Rechtecke bilden. Lenkt man die Aufmerksamkeit auf die Flächen zwischen den Linien, so entdeckt man unzählige Dreiecke und Trapeze unterschiedlicher Grösse und Form. Faszinierend ist auch, wie die bei den Windrosen auf dem Kreisperimeter aufeinandertreffenden Linien zu einem Kreis oder Halbkreis zusammenschmelzen und zu Sonnen oder Sternen werden. Das sind keine Punkte im geometrischen Sinn, sondern Orte, an denen die verschiedenen Linien ein Ganzes bilden und ununterscheidbar werden.

Auch die Wände und die Decke des Raumes stimulieren unsere Vorstellungskraft. Zunächst, indem man auf ihnen gar nichts sieht. Doch dann blitzt plötzlich einer der Streifen auf, wir sehen einen Reflex, einen Lichtschimmer. Das Irisierende dieser Erscheinungen wirkt irritierend. Wir können nicht genau wissen, wo wir im nächsten Moment wieder etwas zu sehen bekommen. Es ist ein bisschen wie der Blick in den Nachthimmel, auf der Suche nach Sternschnuppen. Wenn man schliesslich eine sieht, ist man mit dem Wünschen schon zu spät. Die Wände und die Decke sind eine einzige Imaginationsfläche. Und wer in seiner Vorstellung den Raum durch die Öffnung in der Decke verlässt, dem tun sich noch weitere Räume auf.

12 Carmen Perrin: Ein Punkt, in Beziehung und in Bewegung (vgl. Anm. 10), S. 3.

Wer den Raum der Stille aufsucht, begibt sich auf eine Reise über das offene Meer. Kein Land, keine Berge sieht er mehr. Nur Himmel und Wasser. Und er selbst mitten drin in dieser Unendlichkeit, wie in einem kleinen Schiff. Michel Foucault vergleicht am Ende seines Vortrags über die «Anderen Räume», worunter er Räume wie Museen, Theater, Kinos, Bibliotheken, Bordelle oder Friedhöfe versteht, diese Räume mit einem Schiff, das über die grossen Meere fährt. Wie das Schiff sind für Foucault die anderen Räume Orte ohne Ort, Räume, die aus sich selbst leben, die in sich geschlossen und gleichzeitig der Unendlichkeit ausgeliefert sind. Das Schiff beschreibt er als «das grösste Imaginationsarsenal», als «die Heterotopie schlechthin»[13].

Auch der Männedorfer Raum der Stille ist ein solcher «anderer Ort», ein Ort mit einem riesigen Imaginationspotential. Und es dürfte kein Zufall sein, dass wie Foucault auch Carmen Perrin die Metapher des Meeres benutzt, indem sie dem Besucher des Raumes eine Seekarte mit auf den Weg gibt. Eine Karte, die diesem helfen will, seinen Weg über die weiten Meere zu finden. Das Finden des Weges ist dabei nur das eine. Das andere ist das Aushalten der Weite des Meeres. Wer den Raum der Stille aufsucht, wer an diesem Ort in sich hinein hört, wer hier seine Fragen an Gott richtet, der setzt sich der Unendlichkeit aus, der unternimmt eine weite Reise, eine imaginäre Reise. Die Gestaltung des Raumes gibt Orientierungshilfen. Doch geben diese nicht die Richtung vor und wollen auf keinen Fall die Imaginationskraft des Besuchers einschränken. Das Linienmuster ist ein Hilfsmittel zur Orientierung, doch orientieren muss sich der «Reisende» selbst.

Ort des Subtilen: Die Gestaltung des Raumes ist farblich zurückhaltend. Nicht mit grosser Rhetorik will der Raum auf das Sinnangebot dieses Ortes hinweisen. Man soll vielmehr selber entdecken können. Und man soll sich der Arbeit auch entziehen können, wenn man das Bedürfnis hat, nicht zu sehen, sondern vor allem zu hören. Carmen Perrin hat mit viel Feingefühl, mit grosser Behutsamkeit, mit Sorgfalt und Genauigkeit eine subtile Arbeit geschaffen: eine subtile Arbeit für einen subtilen Ort, an dem es um Subtiles geht.

Nicht zuletzt geht es an diesem Ort um die Dialektik von Sehen und Nicht-Sehen. Die reduzierte Farbigkeit des Raumes will im Besucher die feinsten Saiten zum Klingen bringen. Sie will seine Wahrnehmung aktivieren. Sie sagt: Schau genau hin. Und je genauer er hinschaut, umso mehr erkennt er, dass er in diesem Raum mit seinem Sehen an Grenzen kommt. Das Sehen geht in ein Nicht-Sehen über. Zweifel stellt sich ein. Doch kann aus diesem Zweifel und dem Nicht-Sehen ein neues Sehen resultieren: ein inneres Sehen, ein Sehen mit anderen Augen.

13 Michel Foucault : Des espaces autres, in: ders., Dits et Écrits 1954–1988, Bd. 4, Paris 1994, S. 752–762; dt.: Michel Foucault: Andere Räume, in: Aisthesis. Wahrnehmung heute oder Perspektiven einer anderen Ästhetik, hg. von Karlheinz Barck et al., Leipzig [2]1990, S. 34–46; die Zitate ebd., S. 46.

Es ist die Erfahrung des Seereisenden, der zwar einen Horizont sieht, jedoch nicht hinter diesen Horizont sehen kann. So kann der Männedorfer Raum der Stille auch als Metapher für die Begegnung mit Gott gesehen werden, mit einem Gott, der in seiner Sichtbarkeit unsichtbar bleibt.[14] Damit nun aber kein Missverständnis entsteht: Carmen Perrins Werk ist kein Bild von Gott. Gott begegnet dem Besucher nicht in der Gestaltung des Raumes. Der Raum vermittelt jedoch Erfahrungen, die mit Gotteserfahrungen verglichen werden können.

Ort der Begegnung

Der Raum der Stille im Reformierten Kirchgemeindehaus in Männedorf enthält eine Fülle von ästhetischen Sinnangeboten für Individualbesucher, aber auch für Gruppen. Was diese damit machen, fällt nun nicht mehr in den Kompetenzbereich des Kunsthistorikers. Ich will deshalb darauf zum Schluss nur noch kurz eingehen. Wofür bietet sich dieser Raum an, was kann oder soll darin stattfinden?

Als Raum der Stille ist dieser Ort insbesondere für eine individuelle Nutzung gedacht. Er will ein Ort des Rückzugs sein, ein Ort der Meditation, ein Ort, an dem man zur Ruhe kommen kann in der Hektik und den Turbulenzen des Alltags. Mit dem Verzicht auf religiöse Symbole einzelner Weltreligionen signalisiert der Raum, dass er allen offen steht. Die reformierte Kirchgemeinde ist hier lediglich die Gastgeberin. Die künstlerische Gestaltung des Raumes bietet – wie beschrieben – ein ästhetisches Sinnangebot. Darüber hinaus stehen im Eingangsbereich die Bibel sowie andere für die Meditation geeignete Schriften zur Verfügung, auch eine Glasschale mit einer Kerze, die man mit in den Raum nehmen kann.

Der Raum eignet sich auch für öffentliche Veranstaltungen: für Andachten im kleineren Kreis, für Meditationen, Lesungen und Gebete. Auch für diese Anlässe will der Raum nicht nur leere Hülle sein, die mit Wort und Musik gefüllt wird. Auch das ästhetische Sinnangebot nimmt an diesen Feiern teil und kann und soll dafür genutzt werden.

Der Raum befindet sich in einem Gebäude, in dem die kirchlichen Mitarbeiterinnen und Mitarbeiter ihre Büros haben, wo Seelsorgegespräche geführt werden, wo sich die Kirchgemeinde zu den verschiedensten Anlässen trifft, wo der Unterricht für Kinder und Jugendliche stattfindet, wo die Behörden ihre Sitzungen abhalten, wo freiwillige Mitarbeiterinnen und Mitarbeiter der Kirchgemeinde ein und ausgehen und wo die Jugendlichen ihre Jugendräume haben. Auch im Zusammenhang mit all diesen Aktivitäten im Haus bietet sich der Raum der Stille an. Der Raum kann das spirituelle Leben in der Gemeinde stärken, indem darin

14 Zum sichtbar unsichtbaren Gott vgl. Johannes Stückelberger: Der sichtbar unsichtbare Gott, in: Schritte ins Offene 4/2011, S. 4–7.

zum Beispiel regelmässig Mitarbeiterandachten stattfinden, oder indem man vor oder nach den Sitzungen des Seelsorgeteams, der Kirchenpflege oder anderer Gruppierungen darin für einen kurzen Moment zur Stille kommt und sich auf das Wesentliche besinnt, um das es in der kirchlichen Arbeit geht.

Der Raum dient auch der Religionspädagogik. Warum nicht jede Religions- und Konfirmandenstunde darin mit einem kleinen Ritual beginnen? Mit einem Impuls, einem Text, einem Lied oder einfach, indem man für einen kurzen Moment still wird? Allein der Akt, dass man vor dem Betreten des Raumes die Schuhe ausziehen muss, wird seine Wirkung auf die Schülerinnen haben, indem sie feststellen: Hier geht es um anderes, als was uns in einer normalen Schulstunde vermittelt wird. Hier treten wir vor Gott und ziehen deshalb die Schuhe aus, so wie Gott es Mose geboten hat, als er ihm im Brennenden Dornbusch begegnete. Und schliesslich lässt sich der Raum auch in der Seelsorge einsetzen, indem zum Beispiel die Pfarrperson ein Seelsorgegespräch, das sie in ihrem Büro auf dem gleichen Stock geführt hat, im Raum der Stille mit einem kurzen Gebet, einer kurzen Stille und einem Segen beschliesst.

Im Gottesdienst, im Religionsunterricht, in der Seelsorge bedarf es nicht immer vieler Worte. Manchmal genügen ein Ritual, ein Lied oder das ästhetische Sinnangebot eines Bildes oder eines künstlerisch gestalteten Raumes, um an jene existentiellen Fragen zu rühren, um die es in der Kirche geht. Ein ästhetisches Sinnangebot kann dem Alltag eine ritualisierte Gegenwelt gegenüberstellen. Es kann einen Ort der Begegnung schaffen, einen Ort auch der paradoxen Begegnungen. Es kann das Staunen wecken. Es kann eine religiöse Poesie vermitteln. Es kann im Hier und Jetzt Transzendenzerfahrungen ermöglichen. Es kann zur Begegnung mit Gott führen.[15]

15 Die letzten Gedanken lehnen sich zum Teil an Formulierungen an, die Maurice Baumann im Gespräch mit Alexander Sautter über Weihnachtsbräuche, ausgestrahlt von Radio DRS am 24.12.2010, 13.00–13.30 Uhr, verwendet hat zur Beschreibung der bis heute lebendigen Funktion von Weihnachtsritualen: http://www.drs.ch/www/de/drs/sendungen/tagesgespraech/2782.sh10162875.html (1.5.2011).

Wider das Reich Gottes auf Erden

Religionskritik und Ideologiekritik bei Friedrich Dürrenmatt

Matthias Zeindler

Glaube – Zweifel – Atheismus

Friedrich Dürrenmatt, der Pfarrerssohn aus Konolfingen, hat sich zeit seines Lebens mit der Frage des Glaubens auseinandergesetzt. Kein anderer Schriftsteller der deutschsprachigen Nachkriegsliteratur hat dies in einer vergleichbaren Intensität getan. Allerdings ist Dürrenmatts Werk weit davon entfernt, religiöse oder gar christliche Literatur zu sein. In seinem ersten Stück, «Es steht geschrieben», charakterisiert er den Autor so: «ein im weitesten Sinne entwurzelter Protestant, behaftet mit der Beule des Zweifels, misstrauisch gegen den Glauben, den er bewundert, weil er ihn verloren»[1]. Und in «Die Ehe des Herrn Mississippi» wird der Verfasser der Komödie von einer Figur bezeichnet als «zähschreibende[r] Protestant und verlorene[r] Phantast»[2]. Diese Zitate belegen schon: Die frühe Schriftstellerei Dürrenmatts ist als religiöse vor allem eine Problematisierung des Religiösen. In einem Interview von 1975 sagt Dürrenmatt von sich: «Ich bin meiner Veranlagung nach ein religiöser Mensch.» Um dann aber sogleich anzufügen: «Ich bin ein Zweifler, und ich zweifle und zweifle und zweifle.» Er liefert für dieses Ineinander von Glauben und Zweifel gar noch eine theologische Begründung: «Wenn es einen Glauben gibt, wenn es einen Gott gibt, wenn ich diesen Zweifel ernst nehme, nur dann kann ich diskutieren; dann ist dieser Zweifel der von Gott gewählte Schleier, den er vor sich zieht.»[3]

Diese dialektische Einstellung dem Glauben gegenüber weicht später einer entschiedenen Ablehnung. Er sei, lässt Dürrenmatt sich selbst in einer Erzählung sagen, «allergisch gegen das Wort ‹Glauben›».[4] Als anthropologisches Phänomen will er den Glauben zwar nicht bestreiten, denn «ohne Glauben kommt niemand aus»[5]. Diesem unausrottbar menschlichen Phänomen, dieser anthropologischen Konstante misstraut er aber tief, denn was «nur geglaubt werden kann, liegt im rein Subjektiven, im Emotionalen»[6]. Dem vom Glaubenden ausgesprochenen Ge-

1 Friedrich Dürrenmatt: Es steht geschrieben. Der Blinde. Frühe Stücke, Werkausgabe in 37 Bänden, Bd. 1, Zürich 1998, S. 58.

2 Friedrich Dürrenmatt: Die Ehe des Herrn Mississippi. Komödie und Drehbuch, Werkausgabe Bd. 3, Zürich 1985, S. 58.

3 Friedrich Dürrenmatt: Gespräch mit Heinz Ludwig Arnold, Zürich 1976, S. 40.

4 Friedrich Dürrenmatt: Der Mitmacher. Ein Komplex, Werkausgabe Bd. 14, Zürich 1980, S. 327.

5 Friedrich Dürrenmatt: Turmbau. Stoffe IV–IX, Zürich 1990, S. 228.

6 Friedrich Dürrenmatt: Gedankenfuge, Zürich 1992, S. 71.

halt fehlt als subjektiv-emotionaler Erscheinung jeglicher Sachbezug, das «Glaubensaxiom drückt nichts als ein Gefühl aus»[7], das Wort «Gott» ist «ein entleertes Wort: eine Groteske»[8]. Es ist darum nur konsequent, wenn Dürrenmatt zusammenfasst: «Ich halte die Frage, ob Gott existiere, für sinnlos.»[9] Sinnlos ist die Frage nicht aus existentiellen, sondern aus logischen Gründen. «Gott halte ich nicht mehr für denkbar, und an Nicht-Denkbares kann ich nicht glauben.»[10]

Man kann freilich fragen, ob ein derart robuster, eindeutiger Atheismus wirklich Dürrenmatts letztes Wort sein kann. Oder ob nicht der für die menschliche Existenz fundamentale Zweifel auch auf diese Einstellung angewendet werden muss, weil so etwas wie ein letztes Wort dem Menschen – und damit auch seinem Denken – gar nicht zusteht. So viel müsste auf jeden Fall zugegeben werden: Auch der Atheismus ist vom Zweifel nicht ausgenommen. Dürrenmatt selbst erweckt bis an sein Ende nicht den Eindruck, als sei für ihn die Gottesfrage abgeschlossen, im Gegenteil. In seinem essayistischen Werk begegnet man einem Autor, der von der Gottesfrage nicht loskommt, der immer wieder zu ihr zurückkehrt, ohne sie einmal hinter sich lassen zu können. Seine Distanzierung wird zwar immer lauter und heftiger, gerade dieser entschiedene Gestus dürfte aber Ausdruck dafür sein, dass die Sache für Dürrenmatt alles andere als entschieden ist. Ähnlich sieht es der Germanist Peter von Matt. Dürrenmatt, analysiert er, strukturiert seine Welt gemäss einem vertikalen Grundriss, unten die unerlöste, grausame Menschenwelt, oben der unerreichbare Gott. Dieses Weltmodell hält sich im Werk durch.

> «Auch wenn Dürrenmatt versucht hat, diesem Weltmodell alle christliche Theologie auszutreiben, wenn er sich immer verbissener zum Atheisten erklärte, […] weggekommen von diesem Grundriss ist er nie.»[11]

Zumindest strukturell, so von Matt, bleibt Dürrenmatt Theologe.

Glaube und Religion im Werk des Zweiflers

Friedrich Dürrenmatts dichterisches Werk ist durch und durch von religiösen Fraugen und Themen geprägt. Nimmt man das bildnerische Werk dazu, bestätigt sich der Befund nochmals.[12] Bereits im ersten publizierten Text, «Weihnacht» (1942), malt der junge Autor ein unübersehbar religiöses Bild:

7 Dürrenmatt: Gedankenfuge (vgl. Anm. 6), S. 72.
8 Dürrenmatt: Gedankenfuge (vgl. Anm. 6), S. 187.
9 Dürrenmatt: Turmbau (vgl. Anm. 5), S. 201.
10 Dürrenmatt: Turmbau (vgl. Anm. 5), S. 124f.
11 Peter von Matt: Sprengmeister, in: Der kleine Bund, 10. Oktober 2009, S. 9.
12 Dazu der Katalog zur Ausstellung «Friedrich Dürrenmatt. Schriftsteller und Maler», Bern/Zürich 1994.

«Es war Weihnacht. Ich ging über die weite Ebene. Der Schnee war wie Glas. Es war kalt. Die Luft war tot. Keine Bewegung, kein Ton. Der Horizont war rund. Der Himmel schwarz. Die Sterne gestorben. Der Mond gestern zu Grabe getragen. Die Sonne nicht aufgegangen. Ich schrie. Ich hörte mich nicht. Ich schrie wieder. Ich sah einen Körper auf dem Schnee liegen. Es war das Christkind. Die Glieder weiss und starr. Der Heiligenschein eine gelbe gefrorene Scheibe. Ich nahm das Kind in die Hände. Ich bewegte seine Arme auf und ab. Ich öffnete seine Lider. Es hatte keine Augen. Ich hatte Hunger. Ich ass den Heiligenschein. Er schmeckte wie altes Brot. Ich biss ihm den Kopf ab. Alter Marzipan. Ich ging weiter.»[13]

Ein religiöses Bild, eine Winterlandschaft, darin das Christkind, zentrale Figur der christlichen Tradition. Beides aber, Winterlandschaft und Christkind, werden unter Dürrenmatts Hand zu Bildern einer verlassenen Welt, einer Welt ohne Gott. Damit ist der Ton seiner frühen Prosa angeschlagen.

Von nun an folgt ein Werk mit religiöser Thematik dem anderen. Stärker als die frühe Prosa stellen die frühen Dramen die Frage nach dem Wesen des Glaubens. Auf «Es steht geschrieben» soll noch ausführlicher eingegangen werden, in «Der Blinde» steht die Titelfigur für die Stärke und die Schwäche des Glaubens. Der Kriminalroman «Der Verdacht» umkreist die Frage, welcher Glaube der grausamen Wirklichkeit dieser Welt standhält. Im Stück «Ein Engel kommt nach Babylon» stehen die Themen von Gnade und Armut im Mittelpunkt. In der Komödie «Der Meteor» behandelt Dürrenmatt gleichsam im Umkehrverfahren den unauflösbaren Zusammenhang von Auferstehung und Glauben: Ein Ungläubiger, der Nobelpreisträger Schwitter, erwacht wider Willen immer wieder aus dem Tod, mit der Folge, dass er dauernd Menschen aus seiner Umgebung in den Tod reisst. Auferstehung als Anfang des Todes statt des Lebens! Im Stück «Die Panne» wird ein Gleichnis des Jüngsten Gerichts auf die Bühne gebracht.[14] Bei der Lektüre dieser Werke erweist sich Dürrenmatt immer wieder als Autor mit einem bemerkenswerten Sensorium für theologische Fragen, als prophetischer Mahner in Gestalt des Christentumskritikers.

Die Christentumskritik kann gelegentlich auch die Form der wilden Groteske annehmen, dort, wo Dürrenmatt selbst absurde theologische Systeme ersinnt. So das Evangelium der Freude des Dorfpfarrers von Flötigen in der Erzählung «Die Mondfinsternis»[15], in welchem dieser das Problem gelöst habe, «wie Barth in Bloch und beide zusammen unter Berücksichtigung von Sölle, Söltermann und Gläuberich in Hegel zurückzuintegrieren wären»[16], eine Theologie ohne Gott, welche vom Christentum aussagt, «es sei die Freude selbst, und weil es die Freude

13 Friedrich Dürrenmatt: Aus den Papieren eines Wärters. Frühe Prosa, Werkausgabe Bd. 19, Zürich 1980, S. 11.

14 Matthias Zeindler: Gott der Richter. Zu einem unverzichtbaren Aspekt christlichen Glaubens, Zürich ^{2}2005, S. 14–16.

15 Friedrich Dürrenmatt: Stoffe I–III, Zürich 1981, S. 251–302.

16 Dürrenmatt: Stoffe I-III (vgl. Anm. 15), S. 277.

selbst ist, stellten sich alle die Fragen, die sich sonst stellten, überhaupt nicht mehr, das seien angesichts der Freude gleichgültige Fragen»[17]. Oder die «Theologie des Reichtums» des verhinderten Missionars Moses Melker im Roman «Durcheinandertal»,[18] welche ausgehend von den Seligpreisungen der Bergpredigt lehrt, dass «nur der Reiche der Gnade Gottes bedürfe, um glücklich zu werden»[19], ein Ansatz, in welchem einige eine Theologie der Armut entdeckten, «des Unerbittlichen nämlich, die Erkenntnis, dass die Gnade durch nichts berechtigt werden könne, mache ihre Unerbittlichkeit aus»[20]. In vertrackten theologischen Denkgebäuden wie diesen zeigt sich der lebenslange skeptische Leser von Barths Kirchlicher Dogmatik, gleichermassen fasziniert wie befremdet von deren beeindruckender Architektonik, der trotzdem – oder gerade deswegen – schreiben konnte: «Karl Barth erzog mich zum Atheisten»[21].

Eine neue Qualität des Dürrenmatt'schen Nachdenkens über Glaube und Religion stellt sein spätes biographisch-essayistisches Opus dar, welches in zwei Bänden unter der Genrebezeichnung «Stoffe» herausgekommen ist.[22] In diesen Kompositionen von Autobiographie, Essays und erzählenden Texten schreibt Dürrenmatt die Geschichte seines Lebens als Geschichte der Auseinandersetzung mit geschriebenen und ungeschriebenen Stoffen, Stoffen, welche Spiegel sind, «in denen, je nach Schliff, mein Denken und damit mein Leben reflektiert werden»[23]. Hier gewinnt die Reflexion nochmals deutlich an Umfang und Intensität, sie erreicht aber auch einen vorher nicht dagewesenen Grad an Komplexität und philosophischer Abstraktion. Hier ist der «Gedankenschlosser», als den Dürrenmatt sich auch bezeichnen kann, am Werk.[24]

Diese skizzenhaften Hinweise auf Dürrenmatts religiös geprägtes Werk lassen ermessen, wie umfangreich auch eine Auseinandersetzung damit ausfallen müsste. Es kann deshalb in einem kurzen Aufsatz wie diesem nicht darum gehen, sein religionskritisches Denken in dessen verschiedenen Facetten auszuleuchten. Wir wollen uns stattdessen auf einen Aspekt beschränken, Dürrenmatts Religionskritik in ihrer Ideologiekritik – und umgekehrt. Es wird sich allerdings zeigen, dass wir es bei diesem Aspekt gleichsam mit dem «heissen Kern» seiner Kritik an Religion und Glauben zu tun bekommen.

17 Dürrenmatt: Stoffe I–III (vgl. Anm. 15), S. 279.

18 Friedrich Dürrenmatt: Durcheinandertal, Zürich 1989. Vgl. dazu den Beitrag von Ralph Kunz in diesem Band.

19 Dürrenmatt: Durcheinandertal (vgl. Anm. 18), S. 16.

20 Dürrenmatt: Durcheinandertal (vgl. Anm. 18), S. 17.

21 Dürrenmatt: Turmbau. Stoffe IV–IX (vgl. Anm. 5), S. 209.

22 Dürrenmatt: Stoffe I–III (vgl. Anm. 15); Dürrenmatt: Turmbau. Stoffe IV–IX (vgl. Anm. 5); Vorarbeiten für einen dritten Band «Stoffe» aus dem Nachlass sind im Band Gedankenfuge (vgl. Anm. 6) herausgegeben worden.

23 Dürrenmatt: Stoffe I–III (vgl. Anm. 15), S. 11.

24 Dürrenmatt: Stoffe I–III (vgl. Anm. 15), S. 12.

Religion als Ideologie – dramatisch: Es steht geschrieben

Max Frisch eröffnet den Briefwechsel mit Friedrich Dürrenmatt 1947 mit einem Brief, in welchem er auf eine erste Lektüre des noch nicht aufgeführten Stücks «Es steht geschrieben» reagiert. Gleich im ersten Satz schreibt er: «[...] ich bin begeistert davon».[25] Und fährt dann fort:

> «Das Ganze hinterlässt mir einen tiefen Eindruck, eine Vision, die anhält, einzelne Scenen sind besonders stark, weil sie, wie mir scheint, gross gesehen sind, und ich bewundere vor allem die starke und eigene Vorstellungskraft, die sich in allem offenbart.»[26]

Dieser erste Eindruck Frischs ist bis heute nachvollziehbar. Dürrenmatts Erstlingsdrama frappiert nach wie vor durch seine elementare Kraft, durch die Souveränität, mit welcher der Autor alle Formen sprengt. Es begegnet einem eine Überfülle an Einfällen, welche zum Teil dramatisch kaum zu bändigen sind und gleichsam alle Nähte des Textes sprengen. Nach der Lektüre bleibt man mit dem Gefühl eines nur ansatzweise geformten Chaos' zurück, eines Vulkans, dessen Lava längst noch nicht abgekühlt ist.

«Es steht geschrieben» ist ein Drama über das Täuferreich von Münster, über den Auf- und Abstieg der Führer Jan Matthisson, Johann Bockelson und Bernhard Knipperdollinck und die Bekämpfung der Stadt durch den Bischof von Münster und Kaiser Karl V. In all dem ist es ein grausiges Panoptikum der Machtgier, der Instrumentalisierung des Glaubens und des blanken Zynismus. Allerdings ist deutlich, dass es Dürrenmatt nicht um eine blosse Demontage des Religiösen geht. Dafür ist er zu sehr von Glaubensfragen umgetrieben. Deshalb ist ihm auch ein klarer Atheismus ebenso verstellt wie ein klares Glaubensbekenntnis. Was bleibt, ist eine paradoxe Theologie, welche an einem Gott, der sich vollkommen entzieht, trotz allem festhält. Das Stück schliesst mit einem ergreifenden Monolog des hingerichteten Knipperdollinck an Gott, dessen Schlusszeilen lauten:

> «Die Tiefe meiner Verzweiflung ist nur ein Gleichnis Deiner Gerechtigkeit, und wie in einer Schale liegt mein Leib in diesem Rad, welche Du jetzt mit Deiner Gnade bis zum Rande füllst!»[27]

Wichtig nun für unsere Fragestellung: «Es steht geschrieben» ist nicht zuletzt ein Stück über religiöse Erwählung und damit über den Wahn, die Welt erlösen zu müssen oder zu können. Die Täufer bezeichnen sich als «die Heiligen, erwählt, zur Rechten des Herrn zu sitzen» (S. 14). Die Stadt Münster ist ihnen Siegel ihrer eschatologischen Auserwählung: «Zum Zeichen des Bundes gab er seinen Knechten eine Stadt, von der sie die Erde bezwingen werden und wo ihnen ein neuer

25 Max Frisch/Friedrich Dürrenmatt: Briefwechsel, hg. von Peter Rüedi, Zürich 1998, S. 95.
26 Frisch/Dürrenmatt: Briefwechsel (vgl. Anm. 25), S. 95.
27 Frisch/Dürrenmatt: Briefwechsel (vgl. Anm. 25), S. 148. Weitere Seitenzahlen im Text.

Salomo entstehen wird.» (S. 16) Dem korrespondiert das Selbstbewusstsein des letzten Herrschers über Münster, Johann Bockelson: «In dieser Stunde der Not nun hat der Herr mich zu eurem König erhoben, dem Antichrist zu widerstehen.» (S. 76) Das Erwählungsbewusstsein kippt in Münster sehr schnell in Hybris, wenn die Täufer es als ihren Auftrag sehen, ihre Herrschaft auszubreiten, «um das Reich Gottes in seiner Herrlichkeit auf Erden zu errichten und so den Lauf der Geschichte zu krönen» (S. 103). Sie sind zur gewaltsamen Usurpation berufen, «durch seine Gnade erwählt, die Erde zu beherrschen und seine Feinde durch das Schwert zu zwingen» (S. 106). Wenn man sich noch den zeitgeschichtlichen Hintergrund des Dramas vor Augen hält, dann liegt die Ideologiekritik hier offen zutage. Dies, obwohl es, so Dürrenmatt im Vorwort, «der Absicht des Verfassers entsprechender» wäre, «die mehr zufälligen Parallelen vorsichtig zu ziehen» (S. 11). Unabhängig von historischen Bezügen bleibt Dürrenmatts Diagnose: Wo Religion sich dazu berufen meint, das endzeitliche Reich Gottes aufzurichten, dort wandelt sich – das Experiment Münster zeigt es – ihre gewaltfreie Botschaft in Zwang und Gewalt. Und vor der Erfahrung des gerade zu Ende gegangenen Tausendjährigen Reiches wird man allgemeiner sagen können: Wo ein menschliches System eine endgültige Ordnung des Friedens zu etablieren beansprucht, dort drohen furchtbare Unordnung und blutiger Unfriede. Religionskritik und Ideologiekritik fallen hier zusammen.

Ideologie als Religion – narrativ: Der Verdacht

In Dürrenmatts zweitem Kriminalroman geht es nur an der Oberfläche um die Aufklärung eines Verbrechens, in seiner Tiefendimension ist der Roman ein Drama des Glaubens. Kommissär Bärlach lässt sich, um einem ehemaligen KZ-Arzt auf die Spur zu kommen, in eine Zürcher Nobelklinik einliefern. Sein Plan wird entdeckt, der Gesuchte, Dr. Emmenberger, will ihn durch eine Operation bei lebendigem Leibe beseitigen – so wie er es zu Nazizeiten an jüdischen Gefangenen getan hat. Die letzten Sequenzen des Romans beziehen ihre Dramatik nicht zuletzt daraus, dass sich zwischen den Protagonisten eine Auseinandersetzung um den Glauben abspielt. Die morphiumabhängige Ärztin Dr. Edith Marlok, Assistentin und Lebensgefährtin von Emmenberger, repräsentiert den Menschen, der alle Illusionen verloren hat. Als junge Kommunistin war sie «überzeugt, dass man dieses traurige Ding da aus Stein und Lehm, das sich um die Sonne dreht, unsere Erde, lieben müsse, dass es unsere Pflicht sei, dieser Menschheit im Namen der Vernunft zu helfen, aus der Armut und der Ausbeutung herauszukommen. Mein Glaube war keine Phrase.»[28] Vor Hitler flieht sie in die Sowjetunion, um aber

28 Friedrich Dürrenmatt: Der Richter und sein Henker. Der Verdacht. Die zwei Kriminalromane um Kommissär Bärlach, Werkausgabe Bd. 20, Zürich, 1998, S. 217. Weitere Seitenzahlen im Text.

auch dort von Gefängnis zu Lager geschoben zu werden. Blieb ihre Überzeugung auch dort noch fest, zerbrach sie im Konzentrationslager Strutthof, wohin Frau Marlok nach einem Gefangenenaustausch aufgrund des Hitler-Stalin-Pakts geraten war. «Es ist Unsinn, sich zu wehren und sich für eine bessere Welt einzusetzen. Der Mensch selbst wünscht seine Hölle herbei, bereitet sie in seinen Gedanken vor und leitet sie mit seinen Taten ein.» (S. 219) Gerettet wurde sie allein, weil sie zur Geliebten des Lagerarztes wurde.

Glaube braucht also für Dürrenmatt auf keine Transzendenz bezogen zu sein, auch der Kommunismus mit seinen Idealen von Nächstenliebe und Menschlichkeit kann als Glaube funktionieren, bis hin zur Selbstaufgabe für die grosse Idee. Wie der religiöse Glaube kann aber auch dieser Glaube von der Härte der Realität zerdrückt werden. Anders als Edith Marlok glaubt der Chefarzt der Klinik nicht an eine Idee, sondern allein an die Materie. Und er leitet aus diesem Materialismus seinen zweiten Glaubenssatz ab, «dass mir meine Existenz das Recht gibt, zu tun, was ich will» (S. 251). Eine auf ihre Materialität reduzierte Welt kennt keine Gerechtigkeit, keine Humanität, «es gibt nur die Freiheit, [...] die man sich nehmen muss» (S. 252). Höchster Moment der Freiheit wurde für Emmenberger derjenige, in welchem Menschen ohne Narkose die Qual seiner Operationen durchleiden – «in diesem zitternden, ohnmächtigen, weissen Fleisch unter meinem Messer spiegelt sich *mein* Triumph und *meine* Freiheit und nichts ausserdem» (S. 252). Glaube scheint hier das Gegenteil von Religiosität zu sein, gerade die Leugnung jeglicher geistigen Realität. Emmenbergers Bekenntnis hat aber, indem es als Sinndeutung der Wirklichkeit fungiert, seinerseits wieder die Qualität des Glaubens, eines Äquivalents zur religiösen Überzeugung. Und es ist insbesondere darum von religiöser Qualität, weil es dazu verführt, im Namen eines höheren Zwecks – und sei dieser die Realisierung der eigenen Freiheit – über andere Menschen zu verfügen. Wie in «Es steht geschrieben» wird die Rücksichtslosigkeit, mit welcher sich dieser Glaube über Menschen hinwegsetzt, zum Beweis seiner Gefährlichkeit und zum Index seiner Unwahrheit.

Emmenberger schildert Bärlach nicht nur seinen Glauben, er fordert ihn auch heraus, zu sagen, woran er denn glaube. Bärlach schweigt. Emmenberger nimmt dieses Schweigen zum Anlass, die zeitgenössische Religiosität zu kritisieren. «Ein Mensch der heutigen Zeit antwortet nicht gerne auf die Frage: Was glauben Sie? Es ist unschicklich geworden, so zu fragen» (S. 248). Der durchschnittliche Bürger, behauptet der Chefarzt, ist in Glaubensdingen unentschieden, weiss weder genau, woran er glaubt, noch, woran er nicht glaubt, behilft sich notfalls mit vagen Grossbegriffen wie Menschlichkeit, Toleranz, Gerechtigkeit, Nächstenliebe.

> «So leben sie denn dahin wie Würmer in irgendeinem Brei, der keine Entscheidung zulässt, mit einer nebelhaften Vorstellung von etwas, das gut und recht und wahr ist, wie wenn es in einem Brei so etwas geben könnte.» (S. 249)

Emmenberger dringt in Bärlach, ihm seinen Glauben zu zeigen, ihm zu beweisen, dass er einen ebenso festen Glauben wie er, der materialistische Arzt, besitze. Er verspricht ihm gar die Freiheit, wenn ihm dies gelinge – der Kommissär aber schweigt bis am Schluss. Ist er der laue Zeitgenosse in seinem entscheidungslosen Brei, wie Emmenberger ihn höhnisch zeichnet? Das ist nicht auszuschliessen, im Kontext des Romans bekommt aber diese Haltung eine völlig andere Färbung als in der zynischen Suada des Chefarztes. Wenn nämlich die unerschütterten Gewissheiten zu den Tyranneien des Jahrhunderts führen und Handlanger wie diesen kalten Mörder im Arztkittel hervorbringen, dann wird die Unentschiedenheit in Glaubensdingen mit einem Mal zur humanen Haltung. Zwar mag sie noch immer, wie Emmenberger festhält, einem biederen Geschäftssinn entspringen, faktisch bedeutet sie trotzdem das Eingeständnis menschlicher Begrenztheit. Der laue Glaube als Form der Selbstbescheidung.

Religion und Ideologie – reflexiv: das essayistische Spätwerk

Edith Marlok war eine gläubige Kommunistin, eine Glaubende also, bevor ihr jeglicher Glaube zwischen den Mühlsteinen grausamer Systeme zerrieben wurde. Auch der Marxismus ist in der Sicht Dürrenmatts eine Religion. In «Achterloo IV» lässt er darum Karl Marx sagen:

> «Die Religionen hassend, stiftete ich eine neue Religion, wie Jahwe sein Volk auserwählte, wählte ich das Proletariat aus, und wie Moses dem auserwählten Volk das Gesetz Jahwes übergab, übergab ich dem Proletariat das Gesetz der Weltgeschichte.»[29]

Marxismus und Judentum entsprechen sich strukturell, sie haben einen Glauben, eine Erwählung, ein Gesetz und sind damit beide in gleicher Weise religiös. In «Zusammenhänge» heisst es deshalb zusammenfassend: «Der Marxismus ist ebenso eine Religion wie das Christentum und das Judentum. Wie es gläubige Juden gibt, gibt es gläubige Kommunisten.»[30]

In seinem essayistischen Spätwerk greift Dürrenmatt die Parallelität zwischen Ideologie und Religion an verschiedenen Stellen wieder auf. Zu den Ideologien, welche in ihrer Beschaffenheit faktisch eine Religion darstellen, zählt er dabei neben Marxismus/Kommunismus/Stalinismus auch den Nationalsozialismus.[31] Die strukturellen bzw. funktionalen Entsprechungen zwischen den Systemen ziehen es nach sich, dass das eine System an die Stelle des anderen treten kann. In der neueren Geschichte ersetzen deshalb nicht nur Nationalsozialismus und Kommu-

29 Friedrich Dürrenmatt: Achterloo I. Rollenspiele. Achterloo IV, Werkausgabe Bd.18, Zürich, 1998, S. 516.

30 Friedrich Dürrenmatt: Zusammenhänge; Nachgedanken, Werkausgabe Bd. 35, Zürich, 1998, S. 39.

31 Zwischen den «Religionen» Faschismus und Kommunismus sieht Dürrenmatt allerdings auch gewichtige Differenzen. Vgl. Dürrenmatt: Stoffe I–III (vgl. Anm. 15), S. 211–219.

nismus den alten Glauben, nach deren Absterben vollzieht sich der umgekehrte Vorgang und religiöser Glaube gewinnt neu an Bedeutung. «Bricht die politische Ideologie zusammen, breitet sich die Religion aus.»[32]

Eine traurige Parallele konstatiert Dürrenmatt darin, dass jegliche Religion dazu neigt, grausam zu werden.

> «Der Glaube allein versetzt Berge. Unter ihnen sind unzählige Millionen begraben. Völker, Kulturen. Dem Glauben wohnt eine immense Grausamkeit inne. Das gilt für Religionen und Ideologien, die ja auch Religionen sind.»[33]

Stellt er diese Entsprechung lediglich fest, widmet er einer anderen, im «Mitmacher-Komplex» einen ausführlichen Gedankengang: dem Zusammenhang von Ideologie und Wissen. Er geht dabei vom Marxismus aus. Die Schwierigkeit des Marxismus liegt nach Dürrenmatts Dafürhalten darin, «dass er Glauben und Hoffnung verlangt»[34]. Zwar dachte Marx im Rahmen des Wissenschaftsverständnisses seiner Zeit wissenschaftlich, zunehmend wurde der Marxismus aber zur Spekulation, «er verfing sich in der reinen Deduktion seiner selbst, er wurde zum reinen Begriffssystem und, korrumpiert durch die Macht, zur Sophistik» (S. 156). Marxistisches Denken verliess damit das, was Wissenschaft charakterisiert, nämlich die Bewährung des Einzelnen am Allgemeinen. Das Besondere wurde im Marxismus dem Allgemeinen untergeordnet. Denn anders als die Wissenschaft «versteht sich die Ideologie als ein Dogma, dem die Beobachtungen angepasst werden müssen» (S. 157). Der Grund dafür ist, dass die Ideologie den grundsätzlich hypothetischen Charakter des Wissens und damit dessen unüberwindbare Relativität unterschlägt. «Im Gegensatz zur Wissenschaft hält die Ideologie ihre Konzeption für ein Axiom, das so einleuchtend ist, dass es nicht mehr bewiesen werden muss» (S. 157). Der grundlegende Unterschied zwischen Wissenschaft und Marxismus ist demnach ein erkenntnistheoretischer: Während der Wissenschaftler vom «Zweifel an den vorhandenen Konzeptionen» angetrieben wird, «kommt der Ideologe ohne Glauben nicht aus: Er will wissen und nicht zweifeln, darum muss er auch an sein Wissen glauben.» (S. 160) Das gesuchte Wissen, muss man ergänzen, ist ein absolutes, ein totales Wissen, das die prinzipielle Offenheit von Wissen zu transzendieren beansprucht. Diese Transzendierung vollzieht der Glaube. Damit, so Dürrenmatt, immunisiert er freilich das Wissen auch gegen die Realität.

Dürrenmatt kann die Gemeinsamkeiten von Ideologie und Religion auch ins Bild des Gefängnisses fassen, das beide sind. Gefangener in der Zelle seines Selbst zu sein, gehört zur *conditio humana*. Der Glaube geht über diese Einsicht aber

32 Dürrenmatt: Gedankenfuge (vgl. Anm. 6), S. 170.
33 Dürrenmatt: Gedankenfuge (vgl. Anm. 6), S. 70.
34 Dürrenmatt: Mitmacher (vgl. Anm.4), S. 154. Weitere Seitenzahlen im Text.

hinaus, indem er an einen Gefängnisdirektor und eine Gefängnisordnung glaubt, die dann auch von irdischen Gefängniswärtern überwacht wird.

> «Gleichgültig wer und was er ist, Jahwe, Allah, Lieber Gott, Karl Marx, das juristische Gerüst einer Gesellschaftsordnung oder ein ehernes Prinzip irgendeiner Doktrin, ja jenes der kommenden Notwendigkeit, wir sind umstellt von Gefängniswärtern, die vorgeben, an den Gefängnisdirektor zu glauben.»[35]

Wichtig ist hier: Nicht die Gefangenschaft unterscheidet Glauben und Nichtglauben, diese teilen beide. Unterschieden sind beide dadurch, dass der Glaube der Gefangenschaft einen Sinn unterstellt, den ihr der Nichtglaube verweigert.

Fast überflüssig zu erwähnen, dass bei der weitreichenden Verwandtschaft von Religion und Ideologie sich für Dürrenmatt auch deren Organisationsformen entsprechen. In «Achterloo» lässt er Kardinal Richelieu sagen: «Die Kirche ist etwas Absolutes, und die Partei ist etwas Absolutes. Beide denken global.»[36] Um diese Aussage in «Rollenspiele» folgendermassen zu erklären: «Das Vorbild der Kommunistischen Partei ist die Kirche, meine ewige Behauptung.»[37] Die Organisationsformen trifft dabei eine noch wesentlich radikalere Kritik, haben sie doch die ursprüngliche Absicht ihrer Systeme pervertiert.

> «Wie die christliche Kirche das Christentum, führt die kommunistische Partei den Kommunismus ad absurdum. Beide werden beider grösster Feind. Wie die Kirche die Christenheit hinderte, christlich zu werden, hindert die Partei die Kommunisten daran, kommunistisch zu sein.»[38]

Erschrecken und Verzicht

Dürrenmatt ist einen weiten Weg gegangen von «Es steht geschrieben» zu den späten Essays, auch in seiner Religionskritik. Meldete sie sich anfänglich in der Form des Zweifels und im Wissen um die Korrumpierbarkeit von Religion, wurde sie in den folgenden Jahrzehnten immer grundsätzlicher und allgemeiner. Liess der Zweifel des Anfangs auch positive Glaubensaussagen noch zu, wurde der Weg dazu später mit philosophischen Überlegungen logischer und erkenntnistheoretischer Art zunehmend verstellt. Die Position des reifen Dürrenmatt erscheint damit freilich auch freier von Anfechtung: Einen Zweifel an seinem grundsätzlichen Atheismus kann man beim Atheisten Dürrenmatt nicht mehr feststellen.

Durchgehalten hat sich im Verhältnis Dürrenmatts zur Religion die Überzeugung, dass sie der Ideologie nahe steht, wenn sie nicht gar mit ihr zur Deckung

35 Dürrenmatt: Gedankenfuge (vgl. Anm. 6), S. 81.
36 Dürrenmatt: Achterloo (vgl. Anm. 29), S. 455.
37 Dürrenmatt: Achterloo (vgl. Anm. 29), S. 261.
38 Dürrenmatt: Zusammenhänge (vgl. Anm. 30), S. 41.

kommt. In den späten Werken wird auch diese Parallelität – wie gezeigt – vor allem in theoretischen Vergleichen vorgeführt. Anders im frühen Werk. Hier spürt man noch deutlich das Erschrecken über die Geschichtswirksamkeit der Ideologien. Nationalsozialismus und Stalinismus sind nicht nur Grössen im philosophischen Spiel, sondern unmittelbar erfahrene Wirklichkeit. Die Dramatik von «Es steht geschrieben» und «Der Verdacht» entstammt auch dem Erschrecken in dieser Erfahrung: dem Erschrecken über die grausamen Möglichkeiten des ideologisch verblendeten Menschen. Religionskritik ist deshalb bei Dürrenmatt zwar nicht identisch mit Ideologiekritik. Sie geht in ihr nicht auf. Dürrenmatts Religionskritik hat aber ihren Ursprung an der Erfahrung der destruktiven Ideologien des 20. Jahrhunderts. Diese Erfahrung befeuert ihre Leidenschaft. Sie macht, wie eingangs erwähnt, den «glühenden Kern» dieser Kritik aus.

Auf Dürrenmatts Alternative zur Religion und Ideologie können wir nicht mehr eingehen, sie sei lediglich noch angedeutet. Wenn die Gefahr von Religion und Ideologie im überzogenen Anspruch darauf besteht, die Welt zu retten, dann kann die Alternative allein darin bestehen, auf diesen Anspruch zu verzichten. Am Ende von «Der Verdacht» sagt der Jude Gulliver genau dies:

> «Wir können als einzelne die Welt nicht retten, das wäre eine ebenso hoffnungslose Arbeit wie die des armen Sisyphos; sie ist nicht in unsere Hand gelegt, auch nicht in die Hand eines Mächtigen oder eines Volkes oder in die des Teufels, der doch am mächtigsten ist, sondern in Gottes Hand, der seine Entscheide allein fällt. Wir können nur im einzelnen helfen, nicht im gesamten, die Begrenzung des armen Juden Gulliver, die Begrenzung aller Menschen. So sollen wir die Welt nicht zu retten suchen, sondern zu bestehen, das einzige wahrhafte Abenteuer, das uns in dieser späten Zeit noch bleibt.»[39]

Dieser Satz Dürrenmatts, so können wir als Christen sagen, ist beste Theologie!

39 Dürrenmatt: Der Richter (vgl. Anm. 28), S. 264.

Abbildungsverzeichnis

Autoren

Pierre Luigi Dubied, Prof. Dr., professeur ordinaire emeritus en théologie pratique avec spécialisation en pédagogie de la religion et catéchétique à l'Université de Neuchâtel.

Albrecht Grözinger, Prof. Dr., Ordinarius für Praktische Theologie an der Universität Basel. Forschungsschwerpunkte: Religionen und Kirchen in pluralistischen Gesellschaften; Grundsatzfragen der Praktischen Theologie; Theologische Ästhetik; Homiletik.

Andreas Kessler, Dr., Dozent für Religionspädagogik an der Theologischen Fakultät der Universität Bern, Fachdidaktiker für Religionslehre am Institut Sek II der Pädagogischen Hochschule Bern und am Institut für Lehrerbildung Sek II der Universität Freiburg/Schweiz.

Ernst Axel Knauf, Prof. Dr., assoziierter Professor für Hebräische Bibel, Altes Testament und Umwelt an der Universität Bern. Forschungsschwerpunkte: Vordere Propheten als Nevi'im; Arabien und die Bibel von den Ursprüngen bis zur Entstehung des Islam; sozialwissenschaftliche Zugänge zur Geschichte Israels.

Ralph Kunz, Prof. Dr., Ordinarius für Praktische Theologie mit den Schwerpunkten Homiletik, Liturgik und Poimenik an der Universität Zürich. Forschungsschwerpunkte: Geschichte und Gegenwart der evangelisch-reformierten Gottesdiensttradition; neue Gottesdienst- und Predigtformen; Seelsorge mit Schwerpunkt religionsbezogene Gerontologie; Gemeindeaufbau und Kirchenleitung.

Andreas Marti. Prof. Dr., Titularprofessor für Kirchenmusik an der Theologischen Fakultät der Universität Bern, Gastdozent an der Theologischen Fakultät der Universität Zürich, Dozent an den Musikhochschulen Bern, Zürich, Lausanne und Graz, Kirchenmusiker in Köniz (BE), Fachbeauftragter der Liturgie- und Gesangbuchkonferenz der Evangelisch-reformierten Kirchen der deutschsprachigen Schweiz. Forschungsschwerpunkte: Methodik und Didaktik der Hymnologie; reformierter Gottesdienst im ökumenischen Kontext; Musik und Liturgie.

Moisés Mayordomo, Dr. habil., Dozent für Neues Testament und Antike Religionsgeschichte an der Theologischen Fakultät der Universität Bern. Forschungsschwerpunkte: Literaturwissenschaftliche Modelle und Evangelienforschung; paulinische Argumentation und antike Logik; Gewalt und Gewaltüberwindung im Neuen Testament; Wirkungs- und Rezeptionsgeschichte des Neuen Testaments.

Christoph Morgenthaler, Prof. Dr. Dr., Ordinarius für Seelsorge und Pastoralpsychologie an der Universität Bern. Forschungsschwerpunkte: Systemische Seelsorge; religiös-existentielle Beratung; Pastoralpsychologie und Religionspsychologie; empirische Forschung in der Praktischen Theologie; Seelsorge im Straf- und Massnahmenvollzug.

Félix Moser, Prof. Dr., professeur ordinaire en théologie pratique à l'Université de Neuchâtel. Domaines de spécialisation: Homilétique, liturgique et théorie de la communication religieuse. Recherches actuelles autour de la signification du culte pour la vie quotidienne.

Christoph Müller, Prof. Dr., Ordinarius emeritus für Praktische Theologie, insbesondere Homiletik, Liturgik und Kommunikationswissenschaft an der Universität Bern. Forschungsschwerpunkte: Hermeneutik; empirische Theologie, vor allem in Bezug auf Kasualien; Spiritualität.

Pierre Paroz, Dr., pasteur de l'Église réformée du Canton de Berne, professeur de gymnase (philosophie et histoire des religions) en retraite, auteur.

David Plüss, Prof. Dr., Extraordinarius für Homiletik, Liturgik und Theorie der religiösen Kommunikation an der Universität Bern. Co-Leiter des Kompetenzzentrums Liturgik an der Theologischen Fakultät der Universität Bern. Forschungsschwerpunkte: Liturgik; qualitative Religionsforschung; Visible Religion; Religion und Gesellschaft; Theologie und Geschlecht.

Thomas Schlag, Prof. Dr., Ordinarius für Praktische Theologie mit den Schwerpunkten Religionspädagogik und Kybernetik an der Universität Zürich, Vorsitzender der Leitung des Zentrums für Kirchenentwicklung (ZKE) an der Theologischen Fakultät der Universität Zürich. Forschungsschwerpunkte: Politische Bildung als Dimension evangelischer Religionspädagogik; Menschenrechte und «Verantwortungs-Lernen» als Thema ethischer Erziehung in Schule und Jugendarbeit; Evaluation kirchlicher Bildungspraxis (Konfirmandenunterricht, Erwachsenenbildung); pädagogische und theologische Aspekte des Schulfaches «Religion und Kultur» im Kontext schweizerischer Bildungsentwicklung; Kinderbibeln als Medien evangelischer Erziehung und Bildung; Partizipation und Leitung im Kontext von Kirchenentwicklung und Gemeindeaufbau.

Kurt Schori, Prof. Dr., Titularprofessor an der Pädagogischen Hochschule Bern, Privatdozent für Praktische Theologie/Religionspädagogik an der Theologischen Fakultät der Universität Bern. Forschungsschwerpunkte: Qualitative empirische Unterrichts- und Ritualforschung; Religionsdidaktik und Begründungsprobleme der Religionspädagogik und des Religionsunterrichts in Schule und Kirche; Verhältnis theologischer Aussagen zu Situationen und zur Erfahrungswirklichkeit.

Johannes Stückelberger, PD Dr., Kunsthistoriker, Dozent und wissenschaftlicher Mitarbeiter für Religions- und Kirchenästhetik am Kompetenzzentrum Liturgik an der Theologischen Fakultät der Universität Bern, Privatdozent für Neuere Kunstgeschichte an der Universität Basel, Redaktor der Zeitschrift «Kunst und Kirche», Berater von Kirchgemeinden in Fragen des Kirchenbaus und der künstlerischen Gestaltung von Kirchen. Forschungsschwerpunkte: Kunstgeschichte des 18. bis 21. Jahrhunderts; Protestantischer Kirchenbau; Liturgie und Raum; Multireligiöse Gebetsräume; Der Protestantismus und die Bilder; Kirchenbilder; Moderne Kunst und Religion; Bild und Natur; Rezeptionsgeschichte; Politische Ikonographie; Erinnerungskultur.

Matthias Zeindler, Prof. Dr., Leiter Bereich Theologie der Reformierten Kirchen Bern-Jura-Solothurn, Titularprofessor für Systematische Theologie an der Theologischen Fakultät der Universität Bern. Forschungsschwerpunkte: Theologische Ästhetik; Ekklesiologie; Fundamentaltheologie; Reformierte Theologie.